图解
史记故事

[西汉] 司马迁 ○ 著
陆瑶 ○ 编

中国华侨出版社
·北京·

图书在版编目（CIP）数据

图解史记故事 /（西汉）司马迁著；陆瑶编. —北京：中国华侨出版社，2018.3（2025.5重印）
ISBN 978-7-5113-7466-0

Ⅰ.①图… Ⅱ.①司… ②陆… Ⅲ.①中国历史—古代史—纪传体—通俗读物 Ⅳ.①K204.2-49

中国版本图书馆CIP数据核字（2018）第020997号

图解史记故事

著　　者：[西汉]司马迁
编　　者：陆　瑶
责任编辑：张亚娟
封面设计：阳春白雪
经　　销：新华书店
开　　本：720毫米×1040毫米　1/16　印张：18　字数：259千字
印　　刷：唐山玺鸣印务有限公司
版　　次：2018年5月第1版
印　　次：2025年5月第2次印刷
书　　号：ISBN 978-7-5113-7466-0
定　　价：65.00 元

中国华侨出版社　北京市朝阳区西坝河东里77号楼底商5号　邮编：100028
发行部：（010）88866779　传　真：（010）88877396

如发现印装质量问题，影响阅读，请与印刷厂联系调换。

前 言

  《史记》是我国汉代伟大历史学家、文学家司马迁所著,记载了上起轩辕下至汉武帝太初年,共三千多年的历史变迁。它规模宏大、体制完备,涉及哲学、政治、经济、文学、美学、天文、地理甚至医学、占卜等方面,几乎囊括了各个历史时期社会活动的全部内容,堪称一部百科全书式的鸿篇巨制。它既是对先秦文化的重要总结,也是后人了解西汉社会政治经济生活的第一手资料,鲁迅先生感叹其为"史家之绝唱,无韵之离骚"。

  《史记》以酣畅淋漓的笔触,浓墨重彩地展现了波澜壮阔的历史画卷,用一系列故事塑造了许多性格鲜明的人物形象。司马迁将历史、人物和主题统一起来,以"不虚美、不隐恶"的客观态度记述历史,字里行间流露出一种积极进取的精神和一股浩荡于天地之间的凛然正气。

  全书包括10表、8书、12本纪、30世家、70列传,共130篇。表是大事年表。书则记录各种典章制度记礼、乐、音律、历法、天文、封禅、水利、财用等。本纪是《史记》全书的总纲,以编年为体,记载历代帝王的世系,年代久远的以朝代为主,年代稍近的以帝王或实际当权者为主。世家亦以编年为体,记述王侯封国、开国功臣和有特殊地位、特殊影响的人物。其事或许并非牵涉全国,但对于某一封国或社会生活的某一方面有巨大影响,多数可视为国别史,诸如《晋世家》《楚世家》《孔子世家》《陈涉世家》等。而《史记》中以列传所占篇幅最多,可分为两大类:一类是人物传记,有一人一传的专传,有两人或数人的合传,按人物性质排列立传。所记人物范围极广,涉及贵族、官僚、政治家、经济家、军事家、哲学家、文学家、经学家、策士、隐士、说客、刺客、游侠、医士、占卜者、俳优等社会各个阶层。另一类是对外国或国内少数民族的记载,涉及中外关系史和国内民族关系史。"列传"对本纪起了充实和具体化的作用。

  以史为鉴,可以知千秋盛衰兴替,《史记》之所以为后人所重,不仅因为它是第一部纪传体通史，更因为它为后世留下了一部划时代的文学巨著。为了再现历史，《史记》中的很多传记是用故事构成的。如信陵君窃符救赵、蔺相如完璧归赵、孙膑教田忌赛马、荆轲刺秦王等，此外，对于《史记》中描写的人物，人们可以强烈地感受到他们神情毕露，如当时之人亲睹其事、亲闻其语。通过大量对历史人物的描写反映和推究了人类的生存方式，使人们得以在阅读中思考人类在世界中的地位和人类生活中的各种矛盾与困境，对于生活在现代的人们同样有着无尽的启发。

然而，随着时光的流逝，《史记》原本精彩的语言给当代人造成了一定的阅读障碍，加之篇幅浩繁，影响了普通读者对于这座巨大宝库的开掘。

有鉴于此，我们推出了这部彩图版的《图解史记故事》，精选原著中为人所称道的那些精彩独立完整的故事，按时间顺序对其进行整理编撰，通过科学的体例和创新的形式，全方位、新视角、多层面地诠释《史记》，力求在真实性、趣味性和启发性等方面达到一个全新的高度。

此外，本书还精选了大量内容涵盖面广、表现形式丰富的图片，包括出土文物、历史遗迹、战争示意图、名人画像等，与文字内容互为补充和解释。文图对应，将历史的丰富与精彩更直观、更真实、更立体地呈现在读者面前。

简洁精练的文字、多元的视觉元素、全新的视角、科学的体例和创新的版式设计有机结合，帮助读者从全新的角度和一个崭新的层面去考察历史、感受历史、思考历史。

目 录

本 纪

》**五帝本纪** …………… 2
　华夏始祖黄帝 ………… 2
　圣明的唐尧 …………… 4
　贤德的虞舜 …………… 6
》**夏本纪** ……………… 8
　大禹治水 ……………… 8
　夏朝兴衰 ……………… 11
》**殷本纪** ……………… 13
　成汤灭夏 ……………… 13
　盘庚迁殷与武丁中兴 … 15
　荒淫残暴的商纣王 …… 18
》**周本纪** ……………… 20
　烽火戏诸侯 …………… 20
》**秦本纪** ……………… 22
　秦穆公求贤 …………… 22
》**秦始皇本纪** ………… 24
　统一天下 ……………… 24

　焚书坑儒 ……………… 27
》**项羽本纪** …………… 29
　鸿门宴 ………………… 29
　楚汉相争 ……………… 32
　乌江自刎 ……………… 34
》**高祖本纪** …………… 37
　刘邦称帝 ……………… 37
》**吕太后本纪** ………… 39
　诸吕封王 ……………… 39
　诛灭诸吕 ……………… 41
》**孝文本纪** …………… 44
　汉文帝即位 …………… 44
　节俭的孝文帝 ………… 47
》**孝武本纪** …………… 49
　少君与少翁 …………… 49
　武帝求仙 ……………… 51

世 家

》**吴太伯世家** ………… 56
　夫差亡国 ……………… 56
》**齐太公世家** ………… 58
　姜太公封齐 …………… 58

　管仲相齐 ……………… 60
》**晋世家** ……………… 63
　晋秦之争 ……………… 63
　文公称霸 ……………… 65

~ 1 ~

》 楚世家 ················· 67
    一鸣惊人 ············· 67
    叔向论楚难 ··········· 69
》 越王勾践世家 ········· 71
    勾践入吴 ············· 71
    卧薪尝胆 ············· 73
》 郑世家 ················· 75
    桓公立国，庄公小霸 ···· 75
    子产安邦 ············· 77
》 赵世家 ················· 79
    三家分晋 ············· 79
    赵武灵王胡服骑射 ····· 81

》 田敬仲完世家 ········· 83
    齐威王治国 ··········· 83
    东帝齐湣王 ··········· 85
》 孔子世家 ·············· 86
    名显诸侯 ············· 86
    孔子归鲁 ············· 88
》 陈涉世家 ·············· 91
    大泽乡起义 ··········· 91
    陈王之死 ············· 92
》 外戚世家 ·············· 94
    薄太后和窦太后 ······· 94
》 萧相国世家 ············ 97
    相国萧何 ············· 97
    伴君如伴虎 ··········· 99
》 曹相国世家 ············101
    萧规曹随 ·············101
》 留侯世家 ··············103
    张良遇黄石公 ·········103
    运筹帷幄 ·············105
》 绛侯周勃世家 ·········107
    绛侯周勃 ·············107
    周亚夫制军用兵 ·······109

列 传

》 伯夷列传 ···············112
    伯夷和叔齐 ···········112
》 管晏列传 ···············113
    管仲为相 ·············113
    晏子的智慧 ···········114

》 孙子吴起列传 ·········116
    孙子练兵 ·············116
    增兵减灶 ·············118
    吴起之死 ·············120
》 伍子胥列传 ············122

伍子胥逃难 …………… 122
　　掘墓鞭尸 ……………… 124
》**商君列传** …………………… 126
　　商鞅入秦 ……………… 126
　　立木为信 ……………… 128
》**苏秦列传** …………………… 130
　　苏秦用事 ……………… 130
　　苏秦相六国 …………… 132
》**张仪列传** …………………… 135
　　苏秦激张仪 …………… 135
　　连横赵燕 ……………… 137
》**樗里子甘茂列传** …………… 139
　　"智囊"樗里子 ………… 139
　　左丞相甘茂 …………… 140
》**白起王翦列传** ……………… 142
　　名将白起 ……………… 142
　　王翦之意不在田 ……… 145
》**孟尝君列传** ………………… 147
　　相门有相 ……………… 147
　　冯谖客孟尝君 ………… 149
》**平原君虞卿列传** …………… 152
　　毛遂自荐 ……………… 152
　　解邯郸之围 …………… 154
》**春申君列传** ………………… 156
　　黄歇封相 ……………… 156
　　当断不断，反受其乱 … 158
》**范雎蔡泽列传** ……………… 160
　　脱险入秦 ……………… 160
　　远交近攻 ……………… 162

》**乐毅列传** …………………… 165
　　乐毅伐齐 ……………… 165
》**廉颇蔺相如列传** …………… 168
　　完璧归赵 ……………… 168
　　将相和 ………………… 170
　　廉颇不老 ……………… 172
》**屈原贾生列传** ……………… 174
　　屈原和《离骚》 ……… 174
　　屈原投江 ……………… 176
　　不得志的贾谊 ………… 178
》**吕不韦列传** ………………… 180
　　奇货可居 ……………… 180
　　李代桃僵 ……………… 181
　　饮鸩自杀 ……………… 183
》**刺客列传** …………………… 185
　　太子丹求贤 …………… 185
　　荆轲刺秦王 …………… 187
》**李斯列传** …………………… 190
　　李斯谏逐客 …………… 190
　　权宦赵高 ……………… 192
》**蒙恬列传** …………………… 194
　　蒙氏兄弟 ……………… 194
　　二蒙受害 ……………… 196
》**黥布列传** …………………… 197
　　乱世英雄 ……………… 197
　　黥布与随何 …………… 199
》**淮阴侯列传** ………………… 202
　　胯下之辱 ……………… 202
　　被封淮阴侯 …………… 204
　　韩信之死 ……………… 206

》樊哙郦商夏侯婴灌婴列传 207
- 从屠夫到列侯 ………… 207
- 忠厚长者夏侯婴 ………… 210
- 战功累累的灌婴 ………… 212

》季布栾布列传 214
- 季布的故事 ………… 214
- 栾布哭彭越 ………… 216

》袁盎晁错列传 217
- 名重朝廷 ………… 217
- 袁盎之死 ………… 219
- 晁错的聪明 ………… 221

》张释之冯唐列传 224
- 得遇明君 ………… 224
- 冯唐的逆耳之言 ………… 226

》扁鹊仓公列传 228
- 起死回生的扁鹊 ………… 228
- 太仓公答疑难病症 ………… 230

》吴王濞列传 232
- 吴王刘濞得势 ………… 232
- 七国之乱 ………… 234

》魏其武安侯列传 235
- 魏其侯窦婴 ………… 235
- 武安侯田蚡 ………… 236
- 豪横的灌夫 ………… 239

》李将军列传 240
- 百战成名将 ………… 240
- 汉之飞将军 ………… 242
- 李广自刎 ………… 244

》卫将军骠骑将军列传 245
- 从奴隶到将军 ………… 245
- 骠骑将军霍去病 ………… 247

》司马相如列传 250
- 文君当垆卖酒 ………… 250
- 相如事武帝 ………… 252

》循吏列传 255
- 孙叔敖和子产 ………… 255
- 维护法纪 ………… 257

》儒林列传 258
- 儒学的复兴 ………… 258
- 辕固生与董仲舒 ………… 261

》酷吏列传 263
- "苍鹰"郅都 ………… 263
- 张汤得志 ………… 265
- 自杀身亡 ………… 267

》大宛列传 270
- 张骞出使西域 ………… 270
- 贰师将军伐大宛 ………… 273

》滑稽列传 276
- 东方朔传奇 ………… 276
- 西门豹治邺 ………… 278

# 本 纪

本纪是《史记》全书的总纲,以编年为体,记载历代帝王的世系,年代久远的以朝代为主,年代稍近的以帝王或实际当权者为主。本纪实质上是全书编年大事记,起提纲挈领的作用。

五帝本纪

华夏始祖黄帝

　　黄帝，本姓公孙，是少典的儿子，名字叫轩辕。轩辕刚出生两个多月就会说话。小时候他就才思敏捷、口才出众，是远近闻名的神童。长大以后，轩辕更是做事果断，聪慧过人。20岁的时候，他已经见多识广，能明辨是非了。

　　轩辕生活的时代，正是神农氏统治的衰落时期。当时，四方诸侯相互争斗，百姓饱受战争之苦，神农氏却没有能力征服他们。在这种情况下，轩辕不得不动用武力，讨伐那些不顺服的诸侯，而且每次都能打败他们。于是，诸侯们都跑来归服他。在危害百姓的诸侯中，蚩尤拥有十分强大的武力，短时间内还没有谁能降服他。

　　当时，炎帝想利用自己的势力欺凌诸侯。四方诸侯便带着民众来投靠轩辕。轩辕实行宽厚仁爱的政策，一边给归附的诸侯和百姓规划土地，教导他们根据土地的情况，适时播种五谷，让人们安居乐业；一边整顿军队，习练武艺，去和炎帝作战。经过几番艰苦的战斗，终于打败了炎帝。

　　凶暴的蚩尤不服从轩辕的命令，兴兵作乱，轩辕下定决心整治他。他命令各地诸侯各率军队，会合起来组成联军，和蚩尤在涿鹿的荒野上展开大战。双方都集中了全部兵力，经过长时期的对峙和激烈的战斗，轩辕的军队最终擒获并杀死了蚩尤。

　　战争之后，天下平定。各方诸侯一致拥戴轩辕为盟主。他代替了神农氏，统治天下，这就是黄帝。黄帝登基后，天下只要有不顺从的势力作乱，他就亲自率兵前往征讨。他经常跋山涉水，披荆斩棘，开山造路，没有过上一天安逸的日子。

　　在来来往往的征战和巡视中，黄帝往东到达过海滨，登上过泰山和丸山。向西到达崆峒，登上过鸡头山。往南到了长江流域，登上过熊山和湘山。在北方击败并驱逐了少数民族匈奴，到达釜山并在那里与几个部落的首领会盟订约。他常年东奔西走，南征北战，从来没有固定的住所，经常简单地搭起一个帐篷来歇息，四周安排军队守卫。

在治理国家方面，黄帝所设的官职都用云、瑞来命名，军队也称为"云师"。他设立左右大监，负责监察万国。各国之间都友好和睦，所以每逢封官晋爵、祭祀神灵的时候，各方诸侯都来参加，场面宏大，热闹非凡。黄帝得到了象征权力的宝鼎后，制定历法来预知节气日辰；选任风后、力牧、常先、大鸿四人来治理百姓；利用天地四时的规律，预测阴阳五行的变化；制定生老病死的礼仪制度，总结国家兴旺衰败的经验教训。他遵循时令节气，教导百姓适时地播种各种农作物，驯化各类鸟兽鱼虫；告诉民众要勤劳节俭，利用大自然的时候要有节制，懂得爱惜江湖山林和土地；狩猎也要按季节进行，不允许过度捕杀。由于黄帝推行英明仁慈的政策，在他统治的多年中，大多是风调雨顺、天下太平的。

黄帝的正妃嫘祖，是西陵部落的女子。她为黄帝生了两个儿子，一个叫玄嚣，一个叫昌意。黄帝去世后，被安葬在桥山，昌意的儿子高阳即位，这就是颛顼帝。

颛顼性格沉静而且很有智谋，心胸豁达又明白事理。他继承黄帝家族的优良传统，不辞辛劳地造福天下百姓。他让土地充分地发挥作用，多生产粮食谷物，一切行动都遵循自然的发展规律。他制定仪礼，规定贵贱尊卑，教化民众，并诚心诚意地举行祭祀活动。所以他在位的时候，统治的地区非常

轩辕问道图卷　明　石锐　绢本

图绘黄帝轩辕氏到崆峒山向广成子问道的场景。图中山樵如障，苍松劲挺，殿宇于山坳丛林间隐约可见。黄帝、广成子二人相对而坐，倾心论道，周围侍从或近前侍立，或忙忙碌碌，准备饭菜，构图虽疏朗，而人物神情肃穆，气氛庄严而宏大。

广大，凡是日月之光能够照得到的地方，百姓就都自愿地归顺他。

颛顼十分喜欢音乐。他曾命令大臣飞龙模仿风的声音，创作了一首叫《承云》的乐曲，奉献给祖父黄帝，受到黄帝的赞许。他还让飞龙铸造了一口声音洪亮的大钟，悠扬的钟声能够传到千里之外。因为颛顼热爱人民，推行德政，所以国家呈现一片欢乐祥和的景象。

颛顼逝世后，玄嚣的孙子高辛继位，他就是帝喾。帝喾有两个儿子，一个是挚，一个是放勋。帝喾死后，挚继位。挚发现自己没有管理国家的能力，就把王位让给了弟弟放勋，放勋就是唐尧。

圣明的唐尧

唐尧天资聪慧，拥有一颗仁爱之心，他像太阳一样照耀着每个人，也温暖了每个人的心。他是继炎帝、黄帝后的又一个很有威望的首领。

任贤图治

帝尧在位，使羲仲居于东方嵎夷之地，管理春时耕作的事；使羲叔居于南方交趾之地，管理夏时变化的事；使和仲居于西方昧谷之地，管理秋时收成的事；使和叔居于北方幽都之地，管理冬时更易的事。又访问四岳之官，让他荐举天下贤人可用者，于是四岳举帝舜为相。那时天下贤才，都聚于朝廷之上，百官各举其职。帝尧垂拱无为，而天下自治。

尧在位时，勤勤恳恳地为人们办事，认认真真地治理国家。他身为天下部落联盟的首领，却从不奢侈浪费，他住的是茅草屋，吃的是粗粮淡饭，穿的是粗布衣服，就是在寒冷的冬天也只是披一张鹿皮来抵御风寒。人们看在眼里，疼在心上，对他说："您是我们的首领，吃、穿、住都应是最好的，您现在这个样子，我们心里实在是过意不去啊！"尧笑着摇了摇头，回答："我之所以这样，就是想让你们都吃饱穿暖，过上富裕的生活，在我的国家里，哪怕有一个人挨饿受冻，也是我尧的无能啊！你们是我心爱的臣民，我怎么忍心看着你们受苦，我自己去享乐呢？"听了这些话，人们都感动得流下眼泪，因此更加信任他，敬仰他。

尧善于招纳贤才，并给他们分配合适的职务，让他们充分发挥自己的特长。因此他的手下拥有很多有能力又负责任的名臣。他们为国家的发展都做出过很大的贡献。

他任命羲氏、和氏推算日月星辰的运行规律，并制定出相应的历法。羲氏、和氏把一年定为366天，分为春夏秋冬4个季节，还设置闰月来调整各年的四时，然后将每年的节气时令告诉人们，让人们了解大自然的循环规律，安排生产和生活。由于用人得当，措施得力，各项事业都兴旺发达起来，全国上下到处呈现出一派生机勃勃的景象。

尧出身尊贵，却从来不轻视别人。虽然身为至高无上的首领，做事从不独断专行。他经常召开部落会议，广泛征求大家的意见，共同商讨治理国家的最好办法。尧在位70年后，在一次部落会议上，他问众大臣："在你们的心目中，谁能统领百官，辅佐我治理国家呢？"大家讨论之后，一致认为舜既孝顺又有才干，是最合适的人选。舜的父亲是瞎子，品质十分恶劣，他娶后妻生子之后，就想除掉舜。舜不但不怨恨他，还特别孝顺老人，疼爱弟弟，劝说他们走正路。那时的舜虽说还没成家，却早已美名远扬了。尧为了全面深入地了解舜，就把自己的两个女儿嫁给他做妻子，以观察他内在的德行，随后又派了9名随行，观察他的外在表现和办事能力。

舜很有修养。结婚后，他没有因为妻子是帝王的女儿就百般骄纵，而是让她们赡养老人，照顾弟弟，讲究妇人之道。那9名随行也都很忠实地为他做事，对他毕恭毕敬。尧认为舜做得很好，就让他担任司徒的职务，来协调君臣、父子、夫妻、兄弟、邻里等关系，让天下人都遵从五常（指君臣、父子、夫妻、兄弟、邻里应当遵守的规矩）之教。在舜的引导下，很多家庭都和和美美，邻里之间也非常和睦。尧十分高兴，开始让他参与国家重要事务。他把各种事都处理得很合适，并且做事很有秩序；不但工作做得好，而且表现得很有威严，所有的人对他都很恭敬。尧还派舜到河流沼泽密布的深山老林里去，即便遇到狂风暴雨，舜也不会迷失道路，耽误事情。此时尧确信舜有非凡的智慧和才能，就打算有朝一日把王位交给他。

尧一天一天地老了，他按照惯例召开部落会议，确立自己的继承人。大家既不想深受爱戴的尧退位，又担心他的身体，不忍心让他继续为国事操劳，就极力推举他的儿子丹朱继承首领的位置。尧知道丹朱无才无德，没有管理国家的才干，不想把权力交给他，就对大臣们说："把权力交给一个有才能的人，那么天下人就都能得到好处，只有丹朱一个人受到损害；要是把大权交给丹朱，那么天下人就会受到损害。我怎能因为我个人的利益而损害天下人的利益呢？"于是他把首领之位交给了德才兼备的舜。这就是被后人传为佳话的"尧舜禅让"。

舜帝继位28年后，尧去世了，百姓们都特别伤心，就像是自己的亲生父母去世了一样，悲伤地给他守孝3年。在这3年之中，全国各地都没有表演过歌舞、演奏过音乐，人们用这种方式来祭奠和怀念他们心中圣明的首领。

贤德的虞舜

虞舜本是颛顼帝的后代，但从颛顼的儿子一直到舜的父亲，几代人都没有做过什么显赫的官职，都是普通的平民。

舜的母亲在他很小的时候就去世了，他的父亲瞽叟是个盲人，而且品行不端。瞽叟续娶了后妻，又生了个儿子，取名叫象。象生来性情孤傲，盛气凌人，再加上有父母的娇纵，根本不把哥哥放在眼里，总欺侮他。舜一点也不生气，依然爱护着弟弟。瞽叟偏爱后妻和她所生的儿子，不但对舜不闻不问，还非打即骂。心肠狠毒的后母也总想找机会杀了他。憨厚的舜一点都不记恨他们，还心甘情愿地侍候他们，孝敬他们，一点都不怠慢。

后来，他实在坚持不下去了，就一个人来到历山脚下，盖了一间茅草屋，开垦了一片荒地，种起了田。因为他的勤劳能干，每年收获的粮食都吃不完，于是就把自己多余的粮食拿出来接济那些没有饭吃的穷人，人们都十分感激他。赶上了荒年，他听别人说，家里因为没人干活都断炊了，就趁着夜晚回家，把米悄悄地放在大门口，然后躲在旁边。看着家里人把米拿进去，他才笑着跑回茅草屋。时间长了，他的事情被人发现并传扬开来，人们被他真诚的孝心打动了。在他的感召下，那些曾经为地界而争斗的人，都不再计较，都能和睦相处了。后来，舜又去雷池捕鱼，渔场的渔民也因为他的到来而变得彬彬有礼，互相谦让。舜走到哪里，哪里的人们都喜欢他，他所居住过的地方，一年之内，就会发展成为一个村落，两年之后，就会变成一个繁荣的小镇。刚刚20岁的舜，孝顺贤德的美名就传遍了四面八方。

舜30岁的时候，恰逢尧帝在天下寻找贤人志士做自己的接班人，四方诸侯都推荐舜。尧便把两个女儿嫁给他,又赏给他大批的粮食、琴、布匹和牛羊。父亲瞽叟听说了这件事,就想杀掉舜,霸占他的财产。瞽叟假装让舜回家帮他修粮仓,就在舜爬上粮仓顶的时候,瞽叟在下面点燃了粮仓。惊慌失措的舜手持两个斗笠,纵身从粮仓顶上跳下来,逃出了火海。瞽叟的毒计未能得逞,还是不罢休,他又让舜帮他挖井,当舜在井的深处挖掘的时候,瞽叟和象突然用力往井里填土,想把他埋在里面。幸亏在挖井的时候,舜多了个心眼,在旁边偷偷地挖了一条暗道,才得以死里逃生。

后来,孝顺又有才干的舜被选为首领。他在位时,时刻关心百姓的疾苦,深受百姓爱戴。他召集社会上有名望的人的后代,让他们担任重要的职位,发挥他们的特长。果然,这些人不但很好地完成了任务,而且成功地教化了民众,使中原的各个部族之间都相安无事,边远地区的部族也都向往中原,愿意遵从舜的领导。然后他又把缺乏道德、祸害民众的家族发配到偏僻边远的地区,让他们去治理那些更加邪恶的人,这样一来,全国几乎就没有恶人了。

舜又召集四方诸侯,商量如何任用在尧时代曾为国效力的大臣,舜问:"在他们这些人里面,谁能够统领百官,辅佐我把尧帝的事业发扬光大呢?"大家都说非禹不可,于是舜就派他去治理水患。随后,他把所有有才能的人都分配给合适的职务,并且,每3年考察一次政绩,根据3次考察的结果决定官位的升降。

舜任命皋陶做掌管监狱的官,执行各种刑罚,因为他执法严正公平,百姓们都很顺从;伯益主管天、地、人三事的礼仪,全国人民表现谦让,相互之间都很和睦;典乐官夔用诗歌舞蹈教导人们,陶冶人们的情操,使神与人达到和谐。禹的功劳最大,他开凿了九座大山,又修通了道路,疏通了九处湖泊,筑好了堤防,引导了九条河流,划定了九州方界,让九州的君长都按照相应的职分来向舜帝进贡物产。这样一来,广阔的国土乃至遥远的荒凉地区的人民,都能安居乐业。禹为了歌颂舜的英明,创作了一首名叫《九韶》的乐曲。这首曲子十分悦耳,引来了四方的珍奇异鸟,人们也都被美妙的声音所陶醉。

后来,舜在去南方巡回视察的时候,在苍梧的郊野去世。舜在生前就安排禹来做他的继承人,舜去世后,禹也像舜为尧守丧一样,为舜守孝3年。后来他又让位给舜的儿子，可是诸侯们都来归附禹，于是禹又登上了天子之位。

夏本纪

大禹治水

夏禹，名叫文命，他是黄帝的玄孙，也是颛顼帝的孙子，他的曾祖父昌意和父亲鲧都没能做天子，只是普通的臣民。

尧在位的时候，黄河流域遭遇了很大的水灾。当时，洪水泛滥，浊浪滔天，大水淹没了山冈和丘陵。眼看着庄稼和房子被毁，老百姓们惶恐不安，四处逃避。

尧召开部落联盟会议，问各方首领："百姓们现在正处于危急关头，谁能够担当治水的重任呢？"首领们都推荐鲧。尧不太信任鲧，但又不好违背大家的意愿，于是就派他去治理洪水。结果9年过去了，水灾不但没有平息，反而更加严重了。百姓们叫苦连天，怨声载道。就在这个时候，尧任用有才智的舜，代替天子处理国家大事。舜亲自前往遭受洪灾的地方去考察。他发现鲧治理洪水的方法没有一点成效，就把他流放到羽山，后来鲧就死在了那里。舜又任用鲧的儿子禹，接替父亲，继续鲧的治水事业。

禹遵从舜的旨意，带领大小官员，发动老百姓，组成一支治水的大军。因为父亲治水没有成功而受到了惩处，禹的心里很难过。他暗下决

禹王治水图　明　王问　立轴　纸本

心，一定要把洪水治理好。他带领民众翻山越岭，长途跋涉，所经之处都做上标记，为治理山河做规划。在实地勘测基础上，他确定了治水新思路，抛弃了父亲以堵为主的治水方法，决定采用开渠排水、疏通河道的方式治理洪水。

当时的禹新婚不久，为了治水，到处奔波，整日不知疲倦地劳作，甚至几次经过自己的家门，都没有进去休息一下。有一次，禹从自家门外经过，当时，他的妻子涂山氏刚生下儿子，婴儿正在屋里哇哇地哭，禹听见哭声，仍旧狠下心没进去探望。他把所有的精力、物力、财力都用在治理洪水上，从不讲究自己的衣食。他和老百姓一起劳动，戴着箬帽，拿着锹子，带头挖土、挑土。在陆地上行走的时候，他驾着车；在水路行进的时候，他划着船；碰上泥泞的沙滩，他就用一根木橇支撑着前进；在山路上行走的时候，就穿上一双带铁齿的鞋子。

当时，黄河中游有一座大山，叫龙门山（在今山西河津西北）。奔腾而下的黄河水流到此处，受到龙门山的阻挡，溢出河道，闹起水灾，一次又一次地冲毁人们的房屋和财产。禹到了那里，决定劈开山口，让洪水下泄。他观察好地形，带领当地的人们开凿龙门，硬是把这座大山凿开了一个大口子。这样一来，河水就畅通无阻了，治水最大的难题得到解决。

禹的巡行治水从冀州开始，首先治理了壶口和梁山地区，然后从太原一直到太岳山一带。治理覃怀收到了明显的成效后，紧接着去治理漳水经过的地方。

兖州处于济水和黄河之间，境内的9条大的河流经过开挖疏通，水流畅通。雷夏泽修好堤防后，形成湖泊，雍水、沮水的水流进这里。湖边的土地适

禹王治水图
明代仇英所绘设色绢本画《禹王治水图》中表现大禹治水"三过家门而不入"的场景。

合种植桑树,可以养蚕。这样,山上的居民都纷纷搬了下来,居住到平原上。

青州位于大海和泰山之间,水患较轻,没怎么费功夫就治理好了,潍水和淄水也畅通了。徐州位于大海、泰山和淮河之间,修治好淮河、沂水等河流后,蒙山和羽山周边的土地便可以种植了。大野泽经过整治开始蓄水,这样一来,东原一带的百姓,不用再担心洪水泛滥,可以安心地耕田种地了。

淮海以南、大海以西的大片地区是扬州。禹命人开挖彭蠡湖,拦洪蓄水。随后疏导当地河流,松江、钱塘江、浦阳江的水顺畅地流进大海。经过整治,扬州成为沃土,这里草木茂盛,竹林遍地。

荆山往南直到衡山地区,都属于荆州。江水和汉水流经这里,奔向大海。长江和它的支流如沱水和涔水等都有较为固定的河道,简单整修后又治理了当地重要的湖泊——云梦泽,这里的百姓就可以耕作生产了。

荆山以北、黄河以南的土地是豫州。禹带人把伊水、洛水、涧水引入黄河,然后又相继治理荥泽、菏泽、孟渚泽,深挖湖底,修筑堤坝,大水流进湖泊,大地不再有水灾。

梁州地界东到华山之南,西到黑水之滨。疏通这里的沱江和涔水以后,又平整了岷山、潘冢山、蔡山、蒙山一带的土地。这里的民众种植庄稼,粮食大丰收,他们又重新建设起自己的家园。

黑水和冀州西界之间的地方是雍州,这里的弱水被引流到西方,泾水被导入渭河,漆水和沮水的水道也被疏通,都野泽也不再闹灾了。荆山、岐山、终南山、敦物山一直到鸟鼠山的土地都可以种田了,三危山一带的百姓,都安居下来。

治水成功后,大禹开始着手治理九州:疏通了9条河流,深挖了九处湖泊,筑好了堤防;开凿了9座大山,铺平了国都通往各处的道路;把稻种分发给民众,让他们在这里耕种田地,哪里的粮食少,就从多的地方调一些过去。于是边远地区千千万万的民众安顿下来,各诸侯国也得到了有效的治理。

这些都做好后,大禹又把各个地方的土地按肥沃程度分成几等,要求各地居民按照等级交纳赋税。规定天子国都外500里的范围之内称为甸服,根据距离国都远近要求各地交纳不同的贡品。此外,还明确规定了各地诸侯的权利,要他们服从天子的命令。

大禹治水足足用了13年的时间。在这13年的时间里,他未曾踏进过家门。因此，他不但得到了舜帝的信任，也得到了普天下黎民百姓的尊敬和爱戴。舜帝赏赐给禹一块黑色的宝玉，并向天下人发出布告，宣告治水获得成功，百姓们可以安心生活了。

夏朝兴衰

大禹晚年的时候，想按照传统的方式，推选皋陶为自己的继承人。可皋陶还没等到继位就去世了，于是禹就把皋陶的后代分封在英地、六城等地方，又任用伯益管理政事。

后来，禹在巡回视察时，在会稽去世。禹死后，天子之位就传给了伯益。3年后，伯益把王位让给了禹的儿子启，自己则回到箕山居住。禹的儿子启有德有才，天下人都归顺他，诸侯们也都去朝拜，于是启登上了天子之位，他就是夏后国的启帝。

启即位后，有个叫有扈氏的诸侯不顺服，启带兵前去讨伐他，双方军队在一个叫甘的地方会战。作战之前，启发表了精彩的誓词："各位将领，我在此告诫你们！有扈氏蔑视治理国家的正当规范，不行天地和人间的正道，所以上天让我前来消灭他。如今我遵守上天的命令对他们进行惩罚。战车上的射手和驭手如果不按规定去英勇杀敌，就是不服从命令。听从命令的，我将在祖先的牌位前大大地奖赏你们（那时候的规矩，天子要在祖先的牌位前封赏有功人员）。谁要不服从我的命令，就要在社神的牌位面前被斩杀（那时候的规矩，天子要在社神的牌位前处罚有罪之人），还要罚他全家人去做奴隶，总之，必须受到严厉的惩罚。"于是将士们一鼓作

游畋失位

太康即位，荒于逸乐，不以国事为念，游猎于洛水之外，流连百日，不肯回还。民皆嗟怨。后羿因民之怨，率领军马，手持弓矢，拒之于河上。太康毕竟不得归国，居于阳夏之地而死。

气，消灭了有扈氏。天下的诸侯知道了，都来朝拜启。后来启去世了，他的儿子太康继位。

太康继位后，沉湎于游玩打猎中，不理朝政，后来被羿驱逐，丢了王位。他的5个弟弟，在洛水的北岸等他回国。可是等了好长时间，也没见其回来，于是他们就写下了《五子之歌》。

太康去世后，弟弟仲康继位。仲康在位时，任命羲氏与和氏负责制定历法。羲氏、和氏每天只顾饮酒贪杯，搞乱了四时节令。于是仲康就派大臣胤前去讨伐他们。后来仲康去世了，儿子相继位。相帝去世，他的儿子少康继位。

好多代过去后，夏朝的王位传给了孔甲。当时，夏朝的统治失去了民众的拥护，不再有往日的威望，诸侯们纷纷背离夏朝。孔甲爱搞迷信活动，尤其喜欢祭祀鬼神，并且荒唐淫乱。据说，有一次孔甲在外游玩打猎，看到了一雌一雄两条龙，就命手下把龙捉住，想把它们饲养起来。但孔甲宫中和朝中没有会养龙的人，就四处找寻。后来打听到，衰落的陶唐氏的后代中有个叫刘累的人，曾经跟着豢龙氏（部族名）学过养龙的技术。于是，孔甲就派人把他找来，让他负责养龙，给他赐姓叫御龙氏，并赏给他一块封地。后来那条雌龙死掉了，刘累就偷偷地将死龙做成肉酱给孔甲吃。孔甲吃后，觉得味道鲜美，还想吃，就派人继续找刘累要。刘累这下觉得大事不妙，再也不敢去见孔甲，赶紧逃到鲁县的地方去了。

孔甲死后，他的儿子皋登位。皋死后，儿子发继位。发死后，他的儿子履癸继位，履癸就是夏王桀。夏桀即位后，不但不想着发扬光大祖先爱护百姓、安抚天下的美德，反而变本加厉，残暴地对待百官和民众，贵族和百姓都难以忍受。后来，夏桀召来东方商部落的首领商汤，把他囚禁在监狱中，不久又把他放了。商汤回去后，暗中积蓄力量，推行德政，很多诸侯都前来投奔，于是汤就带兵起来讨伐夏桀。夏桀战败逃跑，被放逐后死去。夏桀临死的时候，对身旁的人说："我真后悔啊！当初在夏台没把汤杀掉，致使我今天落得如此下场！"商汤赶走了夏桀之后，自己登上了王位，夏朝灭亡了。

殷本纪

成汤灭夏

古时候,有一个娀氏部落的女子,名叫简狄。她嫁给了帝喾做次妃。一天,她和另外两个人一起去河里洗澡,看见飞翔的燕子身下掉下一个蛋,简狄捡起来就吃掉了,结果就怀了孕,生下个男孩,取名叫契。

契长大后,跟着禹治理洪水,立下了汗马功劳。舜帝召见他,对他说:"如今,天下的百姓之间经常闹矛盾,君臣、父子、夫妻和朋友之间的关系也不是很好,我现在任命你去当司徒,向他们宣扬和睦共处的规矩和道理,教他们学会宽容和友善。"然后又把商这个地方封赏给他,赐姓为子。在尧、舜、禹统治的时代,契的家族兴盛起来。契在做官期间,为百姓做了不少好事,人们不再争斗,社会变得和谐安定。

商汤像

商汤(生卒年不详),姓子,原名履,又称武汤、成汤,商部落的杰出首领,在位13年,建立了中国历史上第二个奴隶制王朝——商朝,定都亳。他吸取夏桀亡国的教训,鼓励生产,减轻征赋,使商朝成为当时世界上强大的奴隶制王朝。

契去世之后,他的儿子昭明即位。又过了14代,成汤即位。成汤姓子,名履,他继位做了首领后,定居南亳。

古时候的人都很迷信,把祭祀天地祖宗看作十分重要的事。一个叫葛伯的诸侯,不但废掉了祭祀的礼仪,还把祭祀用的牛羊杀掉吃了。汤出兵讨伐他,对他说:"我曾经说过,人一照水,就能看见自己的容貌是美是丑;一看百姓生活得好坏,就知道你国家治理得怎么样。你不听从天命,胆敢违反规定,我要加倍惩罚你,绝不能宽恕!"伊尹赞美说:"英明啊!做君主的能体谅老百姓的疾苦,听得进忠言,一定会有品德高尚的人来辅佐他,国家也会进步,这种做法值得鼓励。"

汤是一个善良仁慈的人。有一次他外出巡查，在一个树木茂盛的林子里，看见猎人正在东南西北4个方向张挂捕捉飞鸟的网。网张开后，那个猎人跪在地上祈祷说："求老天保佑，网已经挂好了，愿天上飞的，地上跑的，四面八方的鸟兽们，都快快进入我的网中吧！"汤很惊讶，一边叫随从把挂好的网撤掉三面，留下一面，一边说："你这样做实在太残忍了，这不把鸟兽都赶尽杀绝了吗？"接着又教猎人祈祷说："你们想往左飞就往左飞，想往右飞就往右飞，想去哪里就去哪里，不听从命令的，就钻进我的网中！"然后对那个猎人和随从们说："对待禽兽也要有慈爱之心，我们要捕捉的只是那一小部分不听天命的，怎么能把它们全都杀了呢？"商汤"网开三面"的事很快在诸侯之间传扬开来，众诸侯都称赞说："汤对禽兽都这样关爱，他的仁慈真是达到极点了！"

就在那个时候，夏桀荒淫无道，残害百姓，民众们怨声载道，诸侯昆吾氏趁机起来作乱。商汤指挥大军，先去讨伐昆吾，随后去进攻夏桀王。为激励士气，严明纪律，商汤手持大斧进行誓师："你们众人都仔细听了：这次起兵，并非我个人胆敢兴兵作乱，是因为夏桀作恶多端。我听说有的人对出兵打仗心怀抱怨，这可以理解，但是，夏桀祸乱天下，是上天命令我去惩罚他的。我畏惧天命，不敢不去征讨。我听到有人说：国君不体谅我们，让我们抛下农事不管，去攻打夏桀。还有人问：'攻打夏桀，他究竟犯了什么罪，罪行有多大？'我告诉你们，夏桀对百姓加重徭役，重加盘剥，耗尽了天下的民力，掠光了民众的钱财。夏国的民众对他深为痛恨。夏国有民谣唱道：'这个太阳（夏王曾把自己比作太阳）什么时候灭亡，我宁愿与你同归于尽！'夏王已经堕落到这种地步，所以一定要去攻伐他！希望你们和我一起来奉行天命，对夏桀进行惩罚。听命立功的，我会重重有赏；违抗我的誓言，我就要严加惩罚！你们不要怀疑，我说话绝对算数！"誓师大会结束后，史官记下了商汤的誓词，这就是历史上有名的《汤誓》。商汤起兵反抗残暴的夏桀，非常勇武，古书上就称其为"武王"。

在娀族部落的废墟上，汤把夏桀的军队打得落花流水，夏桀吓得仓皇而逃，到了鸣条。汤乘胜追击，接连攻下了效忠夏国的3个诸侯国。汤命令伊尹向众诸侯通报了目前的政治军事情况，各方诸侯都争相归附汤。于是，汤登上天子之位。

成汤得胜班师,途经泰卷时,命大臣仲虺作文传令天下。回到亳都,宣布废除夏朝的政令,又作《汤诰》训诫诸侯。《汤诰》大致的内容是:三月,我讨伐夏桀回来,到达都城。召集各方诸侯和首领,对他们说:"你们要去建立对民众有益的事业,认真履行自己的职责,实实在在地为老百姓办事,不然的话,就会遭到严厉的惩罚。古时候,大禹和皋陶常年在外,不辞辛苦地为百姓治水,民众才能够得以平安地生活,他们也因此建功立业,并得到百姓的尊崇和爱戴。而蚩尤和他的大夫们鼓动作乱,又落得怎样的下场呢?你们之中,谁要是做了违背道德的事,就会被驱逐出去,不允许再做官,到时候你们可别埋怨我。"

汤即位后,改变了历法,更换了衣服的颜色,崇尚白色,并规定在白天举行朝会。汤逝世后,由于太子太丁早于汤去世,太丁弟弟外丙做了天子。3年后外丙去世,王位又传给他的弟弟仲壬。仲壬在位4年后去世,伊尹立太丁的儿子太甲即位。

盘庚迁殷与武丁中兴

盘庚,是商汤的第九代子孙,他是商王祖丁的儿子。盘庚的哥哥阳甲当了七年商王去世后,盘庚继承兄长的位置登上王位,成为商代的第20位国王。盘庚当政共28年,很有作为。

商朝从仲丁帝开始,废除了嫡长子继位的制度。商王之子、商王的弟兄及商王弟兄的儿子们,为夺王位而激烈斗争,造成了连续九代的混乱。这种情况导致了商朝国力衰退,以致诸侯都不来朝拜。

由于内乱的不断发生,以及连年的水患,为了巩固政权,从商王仲丁开始到盘庚时代,商朝的都城多次迁徙。其中,仲丁迁都于隞(今河南荥阳),河亶甲定都于相(今河南内黄),祖乙又迁到邢(今山东定陶),南庚迁都到奄(今山东曲阜)。盘庚即位时,商朝的都城奄在黄河以北。反复地迁都,让民众受尽迁移之苦,百姓们怨声载道。

为了摆脱政治困境,缓解各种矛盾,盘庚决定把都城搬到黄河商汤曾经居住过的地方。盘庚先派人去寻找新都的地址,几经筛选,最后确定在殷。殷这个地方地势平坦宽广,土肥水美,山林有虎、熊兽等,水里还有鱼虾,而且远离经常泛滥的黄河,又有沫水可用来灌溉农田。

迁都是十分辛苦又麻烦的事情，盘庚把迁都的决定公布后，立刻遭到全国上下的一致反对。面对这重重的阻力，盘庚一次又一次地向人们做耐心的解释，并承诺迁都后每人都能分得新土地。平民百姓在旧都的土地都被贵族们掠光了，为了分到新土地，他们勉强答应了。贵族们一听说多数百姓赞成迁都，就互相通话，到处煽风点火，造谣惑众。盘庚就把他们召集起来，耐心地开导说："从前我英明的先辈成汤和你们的祖先共同创造了太平的天下，这种良好的君臣关系给我们开了一个好的先例，值得我们借鉴。先王任用你们的祖先，对他们发布命令，他们谁也不敢违背，因此先王对他们特别尊重，他们也从来不随便散布流言蜚语，民众也都很温顺。我们丢弃这样的先例，还怎能成就功德大业呢？从今天起，你们都必须恪尽职守，做好分内的事！"盘庚的话使贵族大臣们收敛了许多。

终于，在盘庚的强制和劝说下，所有的人都不再反对。于是盘庚带领着民众渡过黄河，在他即位的第十四年，把国都迁到了殷。这就是历史上有名的"盘庚迁殷"。

迁都完成后，盘庚实施仁政，减轻赋税，提倡节俭，扭转了不良的社会风气，使政局稳定下来。他告诫大臣们要体恤民众，并重用那些能帮助群众致富、使人民安居乐业的人。在盘庚的领导下，殷又重新兴盛起来。

盘庚逝世后，他的弟弟小辛即位。小辛在位的时候，因为治理无方，殷又衰落了。人们开始怀念盘庚，就作了3篇名叫《盘庚》的文章，表达他们的追思。小辛去世后，他的弟弟小乙即位。帝小乙去世，他的儿子武丁即位。

武丁年幼的时候，他的父亲不准他整天在王室里玩耍，而是把他送去民间，体验贫苦百姓的生活，接触社会，

武丁举傅说

增长见识。武丁隐瞒了自己的身份,学会了各种劳作,也深切地体会到民间的疾苦。他就暗下决心,一定要改变现状,恢复大商王国的繁荣。

后来武丁即位,在他当政的前3年里,国家中的任何事情都由大臣们处理决定,武丁从不发表自己的意见。其实他是在一旁察言观色,考察大臣们的办事能力,寻觅能辅佐他的忠义之臣。有一天夜里,他做了一个梦,梦见自己得到了一个圣贤的人,名字叫"说"。醒来后,他很奇怪,就召集群臣百官,按照梦中人的相貌,仔细查看是不是有这样的一个人。他左看看,右看看,始终都在摇头,百官们都很奇怪,大王今天这是怎么了?等把文武大臣们从头到尾都看了一遍后,武丁还是紧皱着眉头,摇着头,冲大臣们说:"快去,把画师给我叫来!" 画师来了,武丁就让画师按照他描述的样子画出头像来,然后命人拿着画像到各地去寻找。在一个叫傅险的修路工地上,找到一个面貌酷似画像的人,名叫说。把说带到武丁面前,武丁点着头说:"没错,就是他!"经过一番了解之后,武丁发现说果然是一个极有才德的人。武丁便任命他为朝廷的辅相,拿傅做了他的姓,叫傅说。

傅说不负众望,极力地发挥文韬武略的才华,使朝廷秩序井然。他让武丁在王室内部整治腐败,整顿朝纲,大力推行新政,同时减少祭祀用的供品,这样一来,不但减轻了广大老百姓的负担,还给贵族大臣们树立了榜样。天下人都欢欣鼓舞。

有一次,武丁祭祀成汤,第二天,一只野鸡飞到祭祀用的大鼎的鼎耳上不停地鸣叫,武丁听了,非常害怕(商朝的统治者十分迷信神鬼)。祖己劝说道:"大王不必忧虑,先处理好国家政务再说。"武丁听了,还是不放心。祖己就开导他说:"上天赐福还是降罪,看的是下民是否遵行道义。人的寿命有长有短,寿命短的人也不是上天有意让他断送性命。为非作歹,没有道德又不承认自己罪恶的人,上天肯定会降下命令警示他。那时,他才想起来说'怎么办,怎么办哪',大王啊!您登基以来,尽自己的职责,努力为民众办事,一切作为都没有违背天意民心,有什么可怕的呢!请大王继续按老规矩祭祀,不要随意变更,更不要举行各种邪道的礼仪?"武丁听了,觉得很有道理,不再惊惧,而是专心修行德政。全国民众都十分高兴,商朝又繁荣兴盛起来。

武丁逝世后,他的儿子祖庚即位。祖庚命人写下了《高宗肜日》和《高

宗之训》，赞美和歌颂武丁奉行德政，重振商朝的功绩与美德。

荒淫残暴的商纣王

商王乙有两个儿子，长子名叫启，因母亲生他时尚未为妃，身份卑微，故为庶子（启为帝乙长子而帝纣之庶兄），不能继承王位，于是立小儿子辛为太子，辛是商王与正妻所生。帝乙去世后，辛登上了王位，他就是帝辛，天下人称他为纣。

纣天生机敏，才智过人。长大后，身材魁伟，力大无比，不但能赤手空拳与猛兽搏斗，而且能言善辩，恃才傲物。纣做了帝王之后，更加目中无人，总在大臣们面前吹嘘自己的名声，炫耀自己的才能。

纣王不理朝政，整日饮酒作乐，尤其喜好女色。宫内有个妃子叫妲己，纣十分宠爱她，对她言听计从。妲己喜欢歌舞，让纣找来乐师为她弹奏舞曲，妲己就伴随着靡靡之音翩翩起舞，令纣王日夜流连，乐在其中。为满足自己的骄奢淫逸，纣王大量增加赋税，把聚敛来的钱财堆满鹿台（纣王的宫殿名）的钱库，还命人大量搜集珍奇异物，安放在王宫内外。接着派人在沙丘上扩建豪华的宫殿，种植花草，抓来珍奇鸟兽，供他和妃子们游赏玩乐。纣让人把池子里盛满酒，悬挂肉形成林，又让人们光着身子在酒池肉林之间嬉戏追逐，不分昼夜地吃喝玩乐。

纣王的荒淫和残忍令百姓们怨气冲天，大臣们也都想背叛他。纣知道后，就将这些人统统抓起来严刑拷打，还命人用炭火烧烤铜柱，强迫他们在铜柱上行走。人不能忍受，就会掉进炭火里烧死，他和妲己则站在旁边仰天大笑。

当时，西伯、九侯和鄂侯是当时担任重要职务的名臣（三公）。九侯有个美丽的女儿，送给了纣王做妃子。九侯的女儿厌恶纣的荒淫，做事常常违背纣的心意。纣王愤怒，杀了她和九侯，还把九侯的尸体剁成肉酱分给各位诸侯。鄂侯十分不满，去找纣王说理，言辞激烈。纣连想都不想，一挥手，让人把鄂侯拖出去杀了，还把他熏成了肉干。西伯看着两位大臣都死了，而且都死得很惨，禁不住暗自摇头叹息。后来又有奸臣向纣禀报，说西伯暗地里说纣王的坏话，于是纣把西伯也囚禁起来。幸亏西伯手下的人给纣王送去了美女、珍宝和好马，纣王才赦免了西伯。

西伯被释放后，向纣王献出了洛水西岸的大片土地，并恳求纣王废除酷刑。纣王得到土地，十分高兴，不但答应了西伯，还赐予他弓箭斧钺（古代权力的象征），命令他去讨伐别的诸侯。于是西伯成了西部诸侯的首领。纣任用费中负责管理政事。费中是个善于阿谀奉承的小人，贪图私利，爱占小便宜，人们都很讨厌他。于是纣又派恶来替代费中。谁知

脯林酒池

恶来像个长舌妇，总爱搬弄是非，还制造谣言毁坏别人的声誉。朝中奸臣当道，各方诸侯就更加疏远纣王。

　　西伯回到周地，暗暗地修养自己的德行，到处做好事，一些诸侯偷偷叛离纣王而投奔西伯。西伯的势力很快就强大起来了，纣则逐渐失去了往日的权势和威严。这时，王子比干与众大臣求见纣王，劝他改邪归正。纣王不听。后来西伯讨伐饥国（商王朝的附属部落），并消灭了它。大臣祖伊知道后，惊恐万分，连忙跑去向纣王汇报说："上天不再保佑我们，想要断绝殷的国运了。上天已经降下凶兆，用大龟占卜国运也都不吉利。这并不是先王不保佑我们，而是大王您过分地荒唐残暴，自己要往死路上走啊！因此，上天才抛弃我们，让我们不得安宁。形势这么危险，可大王您既不揣度天意，也不遵守国家法度。现在，全国的民众无不希望殷国早早灭亡，他们说：'上天赶快显灵显威吧！赶快下达灭纣的命令吧！'大王您知不知道，赶快想想办法吧！"而纣王却若无其事地说："怕什么？我身为天子，是上天派我来的，上天会保佑我，你们不用担心！"众大臣对他毫无办法，都摇着头

走开了。

西伯去世后，周武王姬发继位。此时纣王更加荒淫暴虐了，大臣微子几次进谏，纣王也不理会。于是微子和太师、少师等人告别后，离开了商都。这时比干再次面见纣王，说："我作为国家的臣子，效忠于你，冒死向你进谏，难道你还不知悔悟吗？"纣王哪里听得进这样的话，大怒道："我听说圣贤的人的心脏有7个孔，可是还没亲眼见过，不知道你是不是这样？"于是就命人剖开比干的胸膛，挖出心脏来观看。大臣箕子被吓坏了，装成疯子去当奴仆，纣又把他抓回来囚禁。太师和少师看纣王已无可救药了，就拿着国家的祭器与礼乐器投奔了周。在这种情势下，周武王率领四方诸侯讨伐纣王。纣王发动军队，在牧野拼力抵抗。怎奈纣王的军队军心涣散，士兵们无心作战，惨败。纣王逃回王宫，穿上用宝玉镶嵌缝制的衣服，登上鹿台，自焚而死，熊熊的大火结束了他罪恶的一生。

纣死后，周武王斩下他的头，悬挂在白色的旗杆上，又杀死妲己，把箕子释放出来，重新给比干立了坟墓。周武王封纣的儿子做武庚禄父，让他继续殷的祭祀，奉行盘庚时代的法度。殷的百姓非常高兴，拥立武王做天子。

周本纪

烽火戏诸侯

周幽王即位后的第二年，都城附近的渭水、泾水、洛水3条大河流域内都发生了地震。大夫伯阳甫说："恐怕是周家的天下灭亡的时候快到了。天地自然之气，自有它们的运行规律。古人认为如果出现反常情况，一定是遭到人为的扰乱。古时候，伊水和洛水枯竭，夏代紧跟着就灭亡了；黄河枯竭，商代也跟着灭亡。一个国家的命运依赖这里的山川河流，山陵崩塌，河流枯竭，是一个国家灭亡的预兆。上天的警示惩戒以10年为一个周期，上天想要抛弃哪个国家，10年之内它肯定灭亡。"这一年，渭水、泾水、洛水都干涸，岐山也崩塌了。

幽王宠爱后妃褒姒，想废掉王后和太子，立褒姒的儿子为太子。伯阳甫读了有关史书，说："周家是真的要灭亡了！"原来史书上记载：当年夏王朝腐败衰落的时候，有两条神气无比的龙降落在夏王的宫廷内，自称是褒国的两位天子，夏王找人占卜，想知道怎么处理它们才好，占卜的人告诉夏帝：既不能杀掉它们，也不能赶走它们，更不能把它们留在宫廷内，只要将它们的唾液收集起来就行了。于是夏王派人摆上祭品，宣读策文，告知神龙，神龙吐下唾液就飞走了，人们赶紧用匣子把龙的唾液收藏起来。

戏举烽火

夏朝灭亡后，这个匣子传给了商朝，商朝灭亡后，又把匣子传给了周朝。在这三代当中，谁也不敢打开这个匣子。周厉王末年，厉王禁不住诱惑，偷偷地打开匣子看了看，谁知这一看可不要紧，龙的唾液流了出来，洒在地面上，怎么擦也擦不掉。于是周厉王就让妇人们光着身子大声地吵嚷。洒在地上的龙唾液慢慢地变成一个黑色的蜥蜴一样的动物，爬进了周厉王的后宫，被后宫的一个小婢女撞见了。结果这个小婢女长大后，还没有结婚就生下了一个小女孩。她担心别人会笑话她，就把孩子扔掉了。

周宣王的时代，有童谣这样唱道："用桑木做的箭弓，用箕木做的箭口袋，它们会让周朝灭亡。"当时周的都城里，正好有一对夫妇卖这种箭弓箭袋。宣王听说后，就派出人去把这对夫妇杀掉。这对夫妇听说后，连忙逃命，碰巧遇见了被那个小婢女抛弃的孩子。他们见孩子哭得可怜，就带她逃到了褒国，并抚养她。女孩长大后出落得十分漂亮。后来，褒国人犯了罪，怕周王惩罚，就把女孩送到周王宫。这个女孩就是褒姒。

周幽王三年（公元前779年），幽王在后宫见到了褒姒，就喜欢上了她。后来，褒姒给他生了个儿子叫伯服。幽王宠爱褒姒和伯服，便废了原来的王后和太子，改立褒姒为王后，伯服为太子。伯阳甫慨叹说："唉！大祸

终于酿成了,国家没有希望喽!"

褒姒不喜欢笑,整日愁容满面,幽王千方百计地逗她开心。周朝边境上修建着高大的烽火台,要是有敌人来侵犯,守军就会点燃烽火报警。一天傍晚,周幽王带着褒姒登上烽火台,命令手下点起烽火。临近的诸侯看到了烽火台上浓烟滚滚,以为有敌寇进犯,急忙领兵赶到城下救援。当他们急急忙忙赶来,只见灯火辉煌,鼓乐喧天,十分纳闷,一打听才知是幽王为了取乐,并没有敌人进犯。大家都很狼狈,但却敢怒不敢言,只好气愤地收兵回营。褒姒见状,开怀大笑。幽王见这样做能使褒姒开口笑,非常高兴,就一次又一次地点燃烽火,戏弄众诸侯。

幽王废掉的申后是申侯的女儿,废太子为申后所生。申侯对此很气愤,又见幽王戏弄诸侯,任用奸人,便联合缯国、犬戎一起攻打镐京。这次真的有敌兵进犯,幽王命人点燃烽火向诸侯求救,诸侯以为幽王又在戏弄,谁都没来。申侯杀死幽王,俘虏了褒姒,把周王室的财宝抢劫一空,西周从此灭亡。

公元前770年,申侯与其他诸侯共同拥立原太子宜臼为王,这就是平王。平王即位后,为了避免外族的侵害,把都城迁到洛邑。

秦本纪

秦穆公求贤

秦国地处偏僻的西方边境,最初只是周朝王室的一个附庸小国。后来因为秦襄公被周平王封为侯,并赐给他岐山以西的大片土地,秦国才有了一定的势力,便定都在雍城。到了秦穆公的时候,秦国逐渐强大起来。

秦穆公,姓嬴,名任好。他即位的当年,就开始扩张疆土。秦穆公亲自带领军队讨伐茅津的戎人,并取得了胜利。秦穆公四年(公元前656年),秦穆公到晋国迎娶晋太子申生的姐姐穆姬为妻。秦穆公五年(公元前655年),晋献公消灭虞国,俘虏了虞国国君及大夫百里奚,把百里奚作为穆姬陪嫁的仆人送到秦国。百里奚不甘忍受奴隶的生活,找了个机会出逃,不料被楚国人捉了去。

秦穆公胸怀大志,懂得重用人才的道理。听人说百里奚是个不可多得的人才，他连忙派人去请，却得知百里奚已经被楚国抓去了。秦穆公想用重金赎回百里奚，又担心楚人不答应。他就派出使者来到楚国，使者对楚王说："我家国君的陪嫁奴隶百里奚逃到了您的国家，请求您让我用五张黑色的羊皮将他赎回去。"楚国一看这个人如此不值钱，就很痛快地答应了秦国使者的要求。

70多岁的百里奚被押解回秦国。秦穆公亲自为他打开脚镣手铐，将他从牢房里放出来，和他商量国家大事。百里奚说："我是亡国之臣，哪里还有资格与您谈论这些？"穆公说："虞君正是因为不重用你，国家才会灭亡，亡国不是你的过错。"穆公坚持向百里奚请教，百里奚很感动，与秦穆公谈了起来。两个人连续谈了3天。穆公觉得很投缘，也看出百里奚是个不可多得的人才，就任命他为国相，负责管理国家大事。因为百里奚是用五张黑羊皮赎回来的，所以人们又称他为"五羖大夫"。

百里奚对秦穆公说："您能够赏识我，我很荣幸。可我的才能还远远不如我的朋友蹇叔。蹇叔非常贤能，只是不为人知罢了。回想当年，我逃亡到齐国的时候，穷困潦倒，不得不向别人乞讨，是蹇叔收留了我。后来，我想到齐君无知那里去做事，被蹇叔阻止了，否则，我有可能被卷进齐国的内乱遭遇不测；我来到周地，发现王子颓喜欢牛，就借着养牛的机会去接近他。可是蹇叔又阻止了我，让我离去。后来王子颓被杀，我却因听从蹇叔劝说保全了一条老命。我想去虞君的手下做事，蹇叔又阻止我。其实我也知道虞君不会赏识我、重用我，只是为了那一份爵位和俸禄，才暂时留了下来，想不到就做了俘虏。我两次听从蹇叔的意见，都能幸免于难，只有一次没听他的，就遭遇了虞国亡国的大难。从这三件事上，就能看出蹇叔有非凡的才能。"秦穆公听了，立刻派人将蹇叔请来，任命他为上大夫。

秦穆公九年（公元前651年），晋献公去世了，骊姬的儿子奚齐继位，没过多长时间，奚齐就被大臣里克杀死，荀息又立卓子为国君，结果卓子又被杀掉了。这时晋国公

秦公编钟　春秋前期

西周时期，音乐与礼制密不可分，称为"礼乐"。至春秋中后期礼乐制度和体系走向衰落，形成"礼崩乐坏"的局面。编钟是礼制中的重要组成部分。此编钟通体优美，饰纹细腻，乳钉装饰排布均匀，铭文清晰，字体劲峭，是春秋时乐器的典范。

子夷吾派人去秦国，请求秦穆公的帮助。秦穆公答应了，夷吾十分感激，向秦王许下诺言："如果我能当上晋国的君主，一定把河西的八座城邑奉献给您，以表示我真诚的谢意。"于是秦穆公派百里奚等人带兵护送夷吾回国继位，夷吾就是晋惠公。

晋惠公即位后，并没有兑现自己的承诺，反倒派丕郑到秦国去推脱。同时，他还杀死了拥立他为国君的大臣里克。丕郑很担忧，就对秦穆公说："晋国人本来就不想让夷吾当国君，而希望重耳回国当国君。现在，夷吾违背了他的诺言，不把那八座城邑献给您，还杀死了里克，这些都是吕甥和郤芮的主意，希望您能假意用重金把他们召来，然后扣留他们。您再派人护送重耳回晋国继位，这样就万无一失了。"于是秦穆公派人跟随丕郑前往晋国，召唤吕甥、郤芮。两人感觉事情不妙，就告诉了夷吾。夷吾杀了丕郑。

丕郑死后，他的儿子丕豹逃往秦国，对秦穆公说："晋国的国君昏庸无道，百姓们都不服从他，您可以趁着这个机会攻打他。"穆公却说："要是老百姓真的不服从晋王，那他怎么还能杀他的大臣呢？他能够杀大臣，就说明他还能控制局势。"其实秦穆公表面上虽然没有接受他的建议，暗地里却在重用他。

秦穆公在位的39年里，对内招才纳贤，改革政治，富国强兵；对外开疆拓土，扩大外交，形成了秦国独霸西方的局面。

秦始皇本纪

统一天下

秦王政刚刚兼并六国，统一天下，就召见丞相和御史，对他们说："前一段时间，韩王既献土地又献玉玺，主动要求做我的藩臣。可是没过几天他就变卦了，联合赵国、魏国反叛我。所以我派兵攻打韩国，俘虏了韩王。之后，赵王派丞相李牧来订立盟约，我放了他们的人质。可是没多久，赵国也背弃盟约，在太原反叛我，所以我兴兵讨伐他们，抓获了赵王。后来，赵国公子自立为王，我又消灭了他。魏国起初与我订立了盟约，表示归顺我秦国。然而不久它又与韩、赵合谋，袭击秦国。我们的将士齐心合力，打垮了他们。楚王答应把青阳以西的土地割让给我,可是不但不履行承诺,还派兵攻打我国的南部。于是我出兵攻占了楚国的土地,俘获了楚王。燕王的太子丹更是胆大包天,竟然派荆轲来刺杀我。于是我出兵讨伐,消灭了燕国。齐王采纳后胜的奸计,和秦国断交,想要作乱,我派兵去讨伐,平定了齐地,俘获了齐王。就这样,寡人我兴兵征战于天下,六国诸侯全都认罪称臣,如今天下总算安定下来。现在,我不能再称王了,那样的话,我的功业就不能扬名天下,流芳百世。我想找你们来商量一下,把帝王名号改成什么好呢?"

丞相王绾、御史大夫冯劫、廷尉李斯仔细商量过后,对秦王政说:"从前五帝的领土幅员辽阔,纵横千里。侯服、夷服的诸侯们,有的来朝贡天子,有的不来,天子无法完全控制。如今您率领一支勇猛无比的军队,消灭叛逆之臣,平定了天下,在国内设立郡县,由中央统一发布指令,这是以前从未有过的。就连五帝也没建立过如此的功业啊!我们已经认真地与博士们讨论了,一致认为:'古代有天皇、地皇、泰皇,泰皇最尊贵。'臣等冒死呈上尊号,称您为'泰皇',把天子之命称为'制',天子之令称为'诏',天子的自称为'朕'。您看怎么样?"秦王说:"要不这样,除去这个'泰'字,只留'皇'字,再加上原来的称呼'帝'字,尊号为'皇帝',这就行了,其他的就按照你们说的办。"于是追加秦庄襄王为太上皇,又下达制书说:"朕听说,太古的时候,有号没有谥,中古的时候有号,帝王死后,后任帝王和大臣又根据他生前的行为,给他定个谥号,这不就是儿子在评论父亲、大臣在评论君主吗?朕觉得这样做不太合适,从今天开始,废除谥法。朕为始皇帝,后世按照数字顺序排列,称二世、三世直到万世,就这样一代一代地传承下去,无穷无尽。"

秦始皇像

始皇帝根据金、木、水、火、土五德始终循环相生相克的道理，认为周得到火德，秦朝取代了周朝，就像水克制了火。所以秦朝开始就是水德的开始，改十月为新年的第一个月，十月初一为新年的开始；皇帝使用的服装、旌旗的颜色都以黑色为主；国家的兵符、印信都做成六寸高；马车的宽度定为六尺，每六尺为一步；每乘车的拉车马数定为六匹。另外，秦始皇不主张讲仁义道德，认为那样不符合水德，主张以苛刻的手段管理民众，所有事情都依照法律办理，施行残酷的刑罚（古人相信水和数字六、黑色、严厉有对应关系）。

　　丞相王绾等人启奏始皇帝说："皇上，各诸侯国刚刚平定下来，燕、齐、楚等地的偏远地区恐怕很难镇守，应该在那些地方设置王国，封立各位皇子为王。"皇上让群臣讨论，一致认为这样做便于治理国家。可廷尉李斯却不赞成，他对皇上说："周朝的文王、武王都分封了很多的同姓子弟和诸侯，后来亲属的关系逐渐疏远，甚至发展到互相仇视、互相攻击，周天子也制止不了。现在不同了，在陛下的领导下，天下完全统一，并且各地都设立了郡县，利用税收重赏那些王子和大臣，让他们有很高的收入。这样一来，局面就好控制了。天下人都忠心耿耿地对待您，这才是国家和社会的安定所在啊！所以我认为，设立诸侯不便于治理国家。"皇帝很赞同，说："是这个道理！多少年了，天下无休无止地征战，老百姓饱经苦难，祸根就是那些诸侯。如今，刚刚平定了天下，又要设立诸侯，不是重蹈覆辙吗？那样的话，想要社会安宁就不容易了，我赞同李斯的意见。"

　　始皇把全国分成36个郡县，每个郡都设立郡守、郡尉、监御史，把百姓改名为"黔首"；他又派人搜集天下所有的兵器，运到咸阳，熔化后铸造成大钟和12个铜人，放置在宫廷中。始皇还统一度量衡；统一车辆的规格；统一文字。至此，秦朝的地域东到大海、朝鲜，西到临洮、羌中，南到北向户，北部以黄河为关塞，连接阴山山脉，直到辽东。秦始皇又清查全国，命12万富豪之家迁居咸阳，把各代的陵庙、章台宫和上林苑都设立在渭水南岸。秦国每消灭一个诸侯国，都要人仿照它原来的宫室画出图形，然后派人在咸阳的北坂地区仿建。他还让人在泾水、渭水的相接处建造天桥，在殿屋之间建造优美的环形长廊。并且把从各个诸侯国得到的美女、钟鼓等都安置在建成的宫殿中。秦始皇的治国大业就这样开始了。

焚书坑儒

秦始皇三十四年（公元前213年），皇帝在咸阳宫设下酒宴，有70位博士前来祝酒。

仆射周青臣端酒上前，对秦始皇说："皇上真是一个了不起的人啊！原来秦国的土地方圆还不到千里，如今平定了海内，对外驱逐了野蛮的邻邦。只要太阳和月亮能照到的地方，就全都归属我们秦国。您消灭六国诸侯，把原属于他们的土地改成郡县，让天下的人都能安居乐业，不再承受战争的痛苦，这都是您的圣明所在啊！您的丰功伟业一定会流芳百世的！古往今来，还没有人能和您相比呢！"秦始皇听了十分高兴。

这时，原齐国的博士淳于越走了过来，对皇上说："我听说，从前的商、周两个朝代得天下以后，都分封弟子和大臣为诸侯，作为天子统治的重要辅助力量，因此，这两个朝代的统治都长达1000多年。如今陛下您拥有海内所有的土地，您的儿子兄弟们却和普通的平民百姓没有区别。这样，要是国家出现了像齐国田常、晋国六卿那样企图谋杀君主、夺位篡权的乱臣贼子，皇上靠谁来救援呢？谁又肯来帮助您呢？我从来没有听说过，不遵循古代的制度能够统治长久。周青臣的话只是在奉承您，没有指出您的过错，由此可知，他不是一个为国效忠的良臣。"

秦始皇听后，拿不定主意，便召集众大臣讨论这件

焚书坑儒
图画向我们展现了秦始皇当年焚书坑儒的情形，图中在朝堂之上秦始皇巍然高坐，儒士战战兢兢求命于下，朝堂之外已有许多儒士被系，或被埋入坑中，或被押在坑边。

事。丞相李斯说:"五帝的治国政策从来不会相互重复,夏商周三代的政治制度都不是对前朝的沿袭,都是根据各代现实的情况来制定政策,决定取舍。他们不是故意地违背祖先,而是朝代更替,实际情况也就跟着改变了。如今陛下灭诸侯,定郡县,创下了千秋伟业、万世功勋,这些都不是他们那些愚昧的儒生所能理解的。况且,淳于越所说的都是夏、商、周三代的事,哪里值得取法呢?从前诸侯并起,纷争不断,陛下为了平定天下,才大量招揽游说之士,出谋划策。如今天下太平,法令统一,做百姓的,就该安分守己,搞好生产;身为士人,就应该认真学习国家法令。那些儒生,不去了解和学习现今政策,偏偏要宣传什么古代制度,对陛下您立的制度指手画脚、说三道四,这不是在搅老百姓的心吗?"

"为了国家的长治久安,臣李斯冒死向您提出建议:古时候天下四分五裂,无法统一,以此诸侯并起。人们谈论国家政策,也往往称赞过去贬低现在,用那些老空话来扰乱社会的安定。每个人都认为自己学的那一套好,认为自己意见正确,指责皇上所立的制度不合理。现在您统一了天下,已经证明了哪些做法对,哪些做法错,完全可以确定一个统一的思想。但是,各家学派一起指责国家法令和教化。士人们一听说朝廷有命令下达,就根据自己所学进行议论,上朝的时候在心里嘀咕,散朝后在街头巷尾乱说;在陛下面前往往夸耀自己的学识来求取名利,在百姓面前则发表奇谈怪论来博取名声,并带头制造不利于陛下的言论。这种现象要是不制止,对上势必削弱您的威力,在下面就会结成私党,所以我认为这种情况必须禁止。我请求您下令让史官把《秦记》以外的史书全部烧毁。不是博士官等职务需要的,如果有人隐藏《诗》《书》等百家典籍,就责令他把书籍交到地方的官府烧掉,并严惩藏书的人;聚众讨论《诗》《书》的,就要被当众处死;借用古事来谈论今天是非的,也要处死,并株连九族;官吏中知情不报者和犯法者同罪;接到命令后30天之内不执行的,要被处以刺面之刑并发配到边疆去修建长城;只保存那些关于医药、占卜和种植类的书籍;人们想要学习法令,就去讨教官吏。"

秦始皇听后十分赞同,就下达制书说:"可以,就这么办。"于是,全国大批的古代文献和典籍被大火焚毁。

秦始皇还很热衷长生不老,一直在寻找长生的仙药。被秦始皇寄予厚望的侯生和卢生,根本找不到仙药,两个人害怕受罚,便找理由为自己开脱说:"皇上的性格暴虐,手段狠毒。他从一个小小的诸侯发展到现在,心志得到了满足,觉得谁都不如他,还施行严酷的刑罚。天下人因为害怕刑罚,就不敢吐露真言,只好阿谀奉承。这样一来,皇上就会愈加骄横放纵,为所欲为,大事小情,都由他一人决定。他每天要批阅的文书,多得能用秤来量,贪恋权势到了这种地步,我们还替他找什么仙药啊?"随后,两个人逃跑了。

秦始皇听说卢生逃跑,非常愤怒:"前一段时间,我烧毁没有用的书籍,又招纳许多的文学、方术方面的人才,希望通过他们来求得太平。他们不仅不干事,还背地里讲我的坏话。调查中还发现咸阳的方士和儒生中,也有人制造谣言,蛊惑民众。"

于是,秦始皇就派遣御史审查方士和儒生。方士儒生因为害怕酷刑,就相互揭露告发,这样一个供一个,共牵连460多人,这些人全部被活埋在咸阳,以此警示天下人。

秦始皇的长子扶苏进谏说:"天下刚刚平定,边远地区还没有完全归附。儒生们诵读诗书,仿效孔子,都是有德行的人,可您却要重罚他们,我担心会影响天下的安定形势啊!希望您明察。"秦始皇听后大怒,立刻把扶苏遣送到北方的边疆上郡,去监督蒙恬的军队。

项羽本纪

鸿门宴

项羽带领军队继续向西行进。队伍来到函谷关,看见城门上有人把守,不准进关。项羽派人一打听,才知道刘邦早已先进关了,守城的正是刘邦的军队。他十分生气,就下令将士猛攻函谷关。项羽打进关去,大军到了新丰、鸿门一带,驻扎下来。当时沛公驻军在灞上,还没来得及去见项羽。

刘邦手下有个曹无伤,想投靠项羽,偷偷地派人对项羽说:"这次沛公进入咸阳,是想在关中做王,让秦王子婴做丞相,并且已经把秦国的所有珍宝都占为己有。"项羽听了,气得瞪着眼睛说:"去!准备点酒菜,好好犒劳犒劳将士们,明天一早,就去给我攻打沛公的军队,一定要打败他。"

这时,项羽有40万的军队,而沛公刘邦只拥有10万的军队,双方兵力差距悬殊,刘邦的处境十分危险。范增前来对项羽说:"从前沛公在江苏老家的时候,贪恋财色,自打入关以后,就改邪归正了,这就说明他很有野心啊!我曾经派人去观望他头项上的云气,发现总是呈现出龙虎的气象,那可是象征天子的瑞气,要是不赶快除掉他,将来一定会后患无穷!"

项羽有个叔父叫项伯,是刘邦的谋士张良的老朋友,张良曾经救过他的命。项伯得知项羽要杀刘邦,恐怕打起仗来,张良会陪刘邦一同送死。他连夜赶到刘邦的军中,劝张良逃走。张良不愿离开刘邦,就把项伯说的话告诉了刘邦。刘邦大吃一惊,对张良说:"赶紧替我把项伯请进帐来,我要像对待兄长一样跟他说几句话。"张良带着项伯前来会见刘邦。刘邦举杯相敬,并趁机与项伯订下儿女婚约。刘邦说:"我虽然先行一步进入关中,但秦宫的财宝却是丝毫未动,我派人守卫关口,是怕盗贼乘虚而入。我日夜盼望项羽将军早日到来,哪里敢背叛他呢?"项伯相信了刘邦的话,再三叮嘱刘邦要亲自到项羽那边去赔礼道歉,刘邦答应了。

项伯连夜离去,回到军中,去见项羽。他把沛公所说的话一字不差地告诉了他,又劝项羽说:"要不是刘邦先进入关内,你能这么顺利就进来吗?他已经立下了大功,你不但不奖赏他,却要杀他,不是太不讲仁义了吗?应该找个机会善待他。"项羽想想也有道理,于是点头答应了。

第二天一清早,刘邦带着张良、樊哙和100多个随从,到鸿门拜见项羽。刘邦说:"我与将军同心协力打败了秦军,我因为离得近就先来到关内,没想到有人在我们之间搬弄是非,惹您生了气。"项羽见刘邦低声下气地对他说话,满肚子的怨气都烟消云散了。项羽说:"这都是你的左司马曹

鸿门宴

无伤说的,不然我怎么会怀疑你?"于是就留沛公一同饮酒。

酒宴上,项王和项伯面朝东而坐,沛公面北而坐,张良面向西侧陪侍,范增则面南而坐。席间,范增几次给项王使眼色,并且举起身上佩戴的玉玦,示意项羽下决心,找机会把刘邦杀掉。可是项羽就像没看见一样,一点反应都没有。范增见项羽不想动手,就找个理由走出营门,对项羽的堂兄弟项庄说:"大王心慈手软,下不了手。你快进去!先给他们敬酒,然后找机会杀了刘邦。不然的话,我们将来就会成为人家的俘虏。"项庄走进去,挨个敬了酒,说:"军中没有什么好玩的,我就舞个剑给诸位助助兴吧!"说着,就拔出宝剑,舞了起来,不知不觉,就舞到刘邦的面前来了。项伯看出项庄舞剑,意在刺杀沛公,也跟着站起身来,说:"一个人舞有什么意思,我也来配合一下吧!"于是也抽出宝剑,舞起来,暗中却用身体保护刘邦,不给项庄下手的机会。

张良一看形势紧张,连忙起身离开酒席,来到营门外。樊哙连忙迎上前,问:"怎么样?"张良说:"情况十分危急,项庄正在舞剑,看来是想要对沛公下手了。"樊哙急了,一手拎着宝剑,一手拿着盾牌,闯进军门。守门的卫士们刚想拦住他,樊哙用盾牌用力一顶,就把卫士撞倒在地上。樊哙拉开帐幕,气冲冲地闯了进去,眼睛睁得圆圆的,瞪着项羽,怒发冲冠。项羽十分吃惊,忙按着剑问:"什么人?"张良从后面跟进来,替他回答:"这是替沛公驾车的樊哙。"项羽说:"好啊!真是壮士!快去拿杯酒来,再拿一块肉!"侍从送给樊哙一杯酒、一块肉。樊哙谢过之后,把酒一饮而尽,又把盾牌放在地上,把肉放在盾上,拔出宝剑边切边吃。项王又问:"还能再喝一杯吗?"樊哙一边吃,一边说:"我连死都不怕,何况一杯酒呢?秦二世凶狠残暴,所以天下的百姓都背叛他。怀王和众将士有过约定:

'谁要是先打败秦军,攻入咸阳,就封为关中王',如今沛公首先进了咸阳,封存了皇宫的财宝,还命人把守函谷关,防止发生意外,然后又退兵灞上,天天盼望您的到来。您不但不封赏他,还听从小人的话,想杀他,您这是在走秦二世的后路啊!恕我直言,您这么做不妥!"项羽无言以对,只是说了声:"请坐吧!"樊哙挨着张良坐下。

过了一会儿,刘邦起身要去厕所,顺便把樊哙和张良叫了出来。刘邦对樊哙说:"我出来了,没告辞,这合适吗?"樊哙说:"做大事,用不着顾及小节;讲求大礼,也不用在乎小的责难。人家现在是快刀、砧板,我们是人家想宰割的鱼和肉,还辞什么别?"于是沛公离去,让张良留下致谢。张良问:"大王来时,带了什么礼物没有?"刘邦说:"我带来了一双白色的玉璧,送给项王,还有一对玉斗,送给亚父范增,你就替我转交给他们吧!"之后,沛公赶紧离去。

张良估计刘邦已经走出很远了,才转身回到帐中,向项王辞谢:"沛公刘邦饮酒过多,不能亲自前来道别,让我前来辞谢,并奉上白璧一双、玉斗一双,敬献给大王。"项王问:"沛公现在在哪儿?"张良回答说:"听说大王责难他的过错,只好一个人先回去,这时候差不多快到军中了!"项羽接过玉璧,什么也没说。范增十分生气,拿过玉斗就摔在地上,用剑给敲碎了,并叹息着说:"唉!这些没有用的人啊!不能和他们共谋大事,你等着吧!将来与你争夺天下的,一定是刘邦。我们这些人,都等着做他的俘虏吧!"

沛公逃过了这一劫,回到军中,立即处死了险些置他于死地的曹无伤。

楚汉相争

汉王元年(公元前206年)四月,众诸侯都离开戏下,前往各自的封国就位。

项王出关,前往封国。他借口自古以来帝王的位置都要在水流的上游,派人把义帝迁往长沙郴县。义帝的大臣们有点不情愿,想背叛项王。于是项王下达密令,把义帝和那些大臣杀死在大江中。项王没有让韩王前往封国,而是把他带到彭城,先找了个借口废了韩王,后来又杀了他。燕王臧荼前往封国,驱逐了辽东王韩广,兼并了辽东的土地。

齐将田荣觉得很不公平，论战功，他们有资格封王，就是没有完全听从项羽的调遣，所以就没有被封。再说项羽刚封完王，就开始不履行诺言，田荣更加生气，于是纠集力量，起兵反叛项羽。他首先率兵击败齐王田都，又击杀胶东王田市，紧接着向西进攻，杀了济北王田安，兼并了三齐的土地，自立为齐王。

田荣以齐王的名义，任命彭越为将军，让他在梁地反击项王。这时，陈馀派人去见田荣，对他说："项羽虽自称西楚霸王，主持分封，但处理事情一点都不公平。他把贫瘠的土地都分给以前的诸侯王，好的地方都留给自己的文臣武将，还把原来的诸侯王从封地上撵出去，这样做也太不应该了！听说您的军队正在反抗楚军，我也想贡献一点微薄的力量。希望您能给我一些军队，让我去进攻常山，讨回原来赵王的封地。我愿意把我的国土作为齐国的屏障。"田荣答应了陈馀的请求，立即派军队前往赵国，和陈馀的军队一起打败了常山的守军。常山王张耳逃往汉中，归附汉王。陈馀把赵王接回赵地，赵王不胜感激，封陈馀为代王。这个时候，刘邦的军队也已经平定了三秦。

项王听说汉王兼并了关中所有地区，而此时齐国和赵国又起兵反叛他，十分愤怒。他马上立郑昌为韩王，命令他去攻打汉军。汉王派张良去攻打韩国，张良带了封信给项王。信上写道："您封给汉王的土地，不是他应该得到的那部分，汉王的封地应该是关中地区，如今您要是履行'先入关就为关中王'的约定，我们就立即撤兵，否则，就别怪我不讲情面！"接着张良又把齐梁两国准备联合起来反叛的书信也交给了项王。项羽看后，就放弃了西进攻打刘邦的计划，下令攻打齐国。项羽向九江王黥布征集兵马，黥布借口生病，拒绝前来，只派了几千人给项王。于是项王对他产生了怨恨。

汉王二年（公元前205年）冬，项羽向北进攻到城阳，打败了前来抵抗的田荣的军队。田荣被迫逃到平原，结果被平原人杀死。楚军继续向北进军，把齐国的城池夷为平地，放火焚烧居民的房屋，在齐国的境内烧杀抢掠。田荣的弟弟田横听说后，非常气愤，就聚集人马，在城阳抵抗楚军。项王的军队在此与田横的军队交战了数日，还是攻不下来。

没过多久，汉王率领五路诸侯的军队共有五六十万人，讨伐楚国。项王得到消息后，就命令手下大将继续攻打齐国，自己亲率精锐部队3万多人反击汉军。四月，汉军攻进彭城，夺取了大量的财宝和美女，于是每天饮酒

作乐，不思战事。这时项王带领军队赶回，汉军溃败而逃，死伤10多万人。楚军继续追杀，汉军被迫后退，直到睢水河岸。楚军强攻，汉军许多士兵被杀，又有10多万人落水而死。士兵们的尸体堵塞了河水，睢水一度无法流通。楚军把汉王紧紧包围。

正在这时，一阵狂风吹来，树枝被刮断，房屋的顶子也被掀起来，飞沙走石，天昏地暗。大风朝楚军迎面扑来，楚军大乱。汉王乘机带领几十名骑兵逃出包围圈。汉王原打算回沛县带上家人逃跑。可项羽早已派人赶到沛县，刘邦家人们四散逃亡。汉王在路上遇见了正在拼命逃跑的儿子和女儿，就把他们拉上车。楚军的骑兵在后面紧紧追赶，汉王很着急，几次把两个孩子推下车去，汉王的部下滕公又把他们拉上来。滕公说："就是再着急，也不能把他们扔下不管啊！"因为滕公的仁慈，姐弟俩才得以保住性命。汉王又派人寻找太公和吕后，结果没有找到，原来他们被楚军抓住，交给了项王。

后来，汉王渐渐会合散落的将士们，把各路败军都集中在荥阳。汉丞相萧何动员关中地区的民众参加战斗，连老人和小孩都来了。于是汉军重振威风，一举打败了前来追击的楚军。楚军再也无法越过荥阳向西进攻。项王追击汉王，来到荥阳，大大减轻了齐国田横的负担。于是田横收复了齐国的土地，立田荣的儿子田广为王。各诸侯听说汉王在彭城败给项王，就全都背叛汉王，归顺项王。汉军驻扎在荥阳，修通了连接黄河的甬道，通过黄河来获得军用物资和粮食。

汉王三年（公元前204年），项王屡次进攻汉王的甬道，抢夺他们的粮食。汉王无奈，请求与项王和解，并表示愿意割让土地给项王。项王准备接受汉王的请求。这时，范增说："汉军现在已经疲惫不堪，我们不费吹灰之力就能打败他，你现在不去攻下荥阳，恐怕将来后悔莫及啊！"项王觉得有道理，就立刻包围了荥阳。

项王攻破荥阳，汉王用计在城破前逃出荥阳，来到宛城、叶县。在此他得到九江王黥布的支持，收集散兵游勇，回到成皋防守。

乌江自刎

楚霸王项羽告别虞姬之后，临时决定突围。当夜，项羽跨上乌骓马，带了800名壮士组成的骑兵队伍冲出重围，趁着夜色向东南方飞奔而去。天亮的时候,汉军发现项羽已经逃走,连忙报告汉王。汉王命令将领灌婴带领5000骑兵紧紧追赶。项羽一路狂奔,等渡过淮河的时候,能跟得上项羽的骑兵,只剩下百余人了。

项羽来到了阴陵,在一个三岔路口,迷了路,就问一个在田间耕作的老翁,哪条路可以通往江东。老翁认出他是楚霸王项羽,骗他说:"往左边走。"于是项羽带着这些人往左边的方向跑过去,越跑越感觉不对,再往前就是一片沼泽地带,连道儿都没有了。项羽这才知道受了骗,赶紧调转马头,绕出沼泽地。而此时汉兵已经追上来了,项羽又向东南方向逃去。一路上,跟随的士兵死的死,伤

乌骓马　现代　徐悲鸿

的伤。到了东城,项王清点人马,只剩下28个骑兵。而此时汉军的追兵,密密麻麻地围了上来,足足有几千名。

项羽估计自己这回是逃不掉了,就对手下骑兵说:"我从起兵打仗到如今已经八年了,亲身经历70多次战斗,从来没有打过败仗,所以才能称霸天下。如今却被困在这里,这是上天要灭我,不是我不会用兵啊!今天虽说难逃一死,但我还是希望你们大家能痛痛快快地打一场硬仗,一定要连胜三阵。我将率诸位突破敌军的重围,斩杀汉军将领,砍断汉军的战旗,让各位知道这是上天要亡我项羽,并非我打不过他们啊!"说完,他把仅有的28人分成四队,对他们说:"我先斩掉他们一员大将。"命令四队骑兵分四路冲出去,约定冲到山的东边,在3个不同的地点,陆续集合。安排完毕,项羽呼啸着奔驰而下,向汉军冲过去。汉兵抵挡不住,吓得纷纷散开。项羽左冲右突,当场杀死了一名汉将,还杀了近百名汉军兵士,然后重新聚集他的骑士,楚军骑士只损失了两名。项羽得意地对他们说:"怎么样?我说得没错吧?"将士们都由衷地赞叹说:"果真像大王所说的那样!"

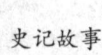

项羽杀出汉兵的包围，带着这些人一直往南跑去，来到了乌江。刚好乌江亭长有一条小船停在岸边，亭长对项羽说："您马上渡江吧！现在只有我这里有渡船。您过了江，就是汉军追来，也没有船只渡江。江东的地方虽说是小了点，但毕竟还有千里的土地，百姓也有几十万，也能算得上是个王国了，您还可以在那边称王。"项羽听罢，慨叹一声，笑了笑道："既然是老天要灭我项羽，我何苦还要渡过江去？想当年我在会稽郡起兵，带了8000子弟兵，渡江北上，到今天他们没有一个能活着回去，只有我一个人回江东。即便是江东父老可怜我，让我为王，可我还有什么脸面再见他们呢？难道我项籍就不惭愧吗？"

项羽牵上乌骓马，把缰绳放在亭长的手里，说："我知道您是一个忠厚善良的长者，这是匹好马，跟随我已经5年多了，它能日行千里，我骑着它作战所向无敌。我也不忍心杀掉它，就把它送给您吧！"说完，项羽叫士兵们全都跳下马，拿着短刀，徒步跟追上来的汉兵肉搏起来。项羽一连杀了几百名汉兵，自己也受了十几处伤，楚兵一个个倒下去。激战中，项王回头看见一员汉军战将，正是当年旧相识吕马童，便高声对他说："你不是我的老相识吗？"吕马童也认出了项羽，就指着项羽对众人说："项王在那儿！"项羽大笑说："我听说汉王出千金悬赏我的人头，并封为万户侯，这个好处就留给你们吧！"说完，就在乌江岸边拔剑自刎。

王翳冲上前去，割下项羽的人头，其他的汉军就争相抢夺项羽的尸身，相互践踏，死伤几十人。最后郎中骑将杨喜、骑司马吕马童、郎中吕胜、杨武各争得一段肢体。5人把所得肢体拼合，正好是项王全身。刘邦履行诺言，把原先许诺的封地分成5块，封吕马童为中水侯，封王翳为杜衍侯，封杨喜为赤泉侯，封杨武为吴防侯，封吕胜为涅阳侯。

项王已死，楚地相继平复，只有鲁地不降服。汉王很生气，想占领鲁地后把该地的人都杀掉。后来又想他们恪守礼义，为君主守节不惜一死，值得赞许，就改变了主意。派人拿着项王的头给鲁地人看，鲁地父老确信项王已死，这才投降。当初，楚怀王曾封项羽为鲁公，鲁地人感激怀念项羽，最后才投降。于是，汉王以鲁公的名义和相应礼仪把项王安葬，哭祭一通，然后才离去。

高祖本纪

刘邦称帝

公元前202年,刘邦与韩信等诸侯的军队会师垓下,彻底消灭了楚军主力,楚霸王项羽自刎而死,刘邦最终获胜。众大臣联合起来,推举刘邦做皇帝。刘邦推辞说:"我听说皇帝的称号,只有那些具有贤德的人才能够拥有,没有才德、说空话的人是不配拥有的,我哪里敢担当!"大臣们说:"大王您虽然出身贫寒,但能率领众人推翻残暴的秦朝,诛杀不义之臣,除暴安良,平定了天下,并分封有功之臣。您如果不接受这个尊号,功臣们就会怀疑您的封赏,我们都想过了,誓死也要您接受这个尊号!"汉王再三推让,最后实在没办法,就对大臣们说:"既然你们大家都认为我当皇帝能给普天下的老百姓带来好处,那就按你们说的办吧!"汉王在山东定陶汜水岸边举行登基大典,定国号为汉,定都洛阳。同时,封妻子吕氏为皇后,儿子刘盈为太子。

高祖登基后,有一次在洛阳的南宫开庆功宴,席间他和众人讨论总结楚汉战争胜败的经验。他对大家说:"请各位说实话,谁也别隐瞒。在你们看来,我得到天下的原因是什么?项羽失去了天下,原因又是什么呢?"大臣中有人答道:"陛下,您平日待人虽说有点粗暴无礼,看起来好像没有项王宽厚仁爱。但您派人攻城略地,能把降服的地区封赏给他们,这就说明您能与天下人共享利益。而项王嫉贤妒能,取得战功,得到土地后,不但不封赏,还想方设法加以陷害这些人,所以将士才不肯为他效力,项王因此失掉了天下。"刘邦听后,笑着说:"你们啊!只知其一,不知其二。你们听我说,要说运筹策划,预知将来的事情,我比不上张良;要说镇守国家,安抚民众,主持政务,保证供

刘邦画像

应,我也不如萧何;要说领兵打仗,战取攻守,每战必胜,我更不如韩信。他们3个人都是人中豪杰,我能够重用他们,凭借他们的力量,得到天下,这才是最重要的原因啊!而项羽呢,他只有一个范增,还被他抛弃了,所以他必然会失败,失去天下的信任。"群臣听了,都纷纷点头表示敬服。

有个士人娄敬特意从山东赶来求见刘邦,劝他不应该像周朝那样以洛阳为都城,应该到关中定都,这样就能在秦地固守险要地势,国家才能长治久安。刘邦让大臣们讨论这件事,遭到许多人的反对,认为还是洛阳好,只有张良同意娄敬的建议。他说关中是"金城千里,天府之国",进可攻,退可守,是个有利地势。刘邦同意,立即迁都长安。

刘邦和父亲太公在一起住,每隔五天就去拜见一次父亲,就像普通人家的儿子去见父亲一样。太公觉得没什么,也习惯了。可太公的仆人觉得这样不太合适,就对太公说:"俗话说,天上没有两个太阳,地上也不可能同时存在两个君王。皇上虽说是您的儿子,但他毕竟是一国之君,您虽说是他的父亲,但毕竟是个臣子。让他这个君王来拜见您这个大臣,不仅不合礼仪,也显示不出皇上的尊贵和威严。"于是刘邦再来拜见父亲的时候,太公就提前拿着扫帚,跑到大门口去迎接,然后倒退着进屋,不给刘邦行礼的机会。刘邦见状,大吃一惊,连忙走下车来搀扶太公。太公赶忙说:"皇上是天下所有人的君主,怎能因为我一个人而乱了天下的礼法呢?"刘邦便下诏书,尊太公为太上皇,不但显出了皇帝的尊严,还能顺理成章地拜见父亲。高祖觉得太公的仆人说话很有道理,就赏他五百斤黄金。

《帝鉴图说》之入关约法

几年后,有人上书举报楚王韩信想要谋反,刘邦问怎么办,大家说发兵讨伐。陈平却反对,他说楚国兵精粮足,韩信又善于用兵,发兵恐怕难于取胜。他建议刘邦以巡游为借口,假称到云梦湖游玩,在陈地集聚众诸侯。到那时韩信一定会来,就借此机会抓他问罪,将其拘捕。刘邦按照计策行事,果然将韩信抓住了,韩信听到对他的指控,大声为自己喊冤:"古人说的话一点也不错啊!'兔子死了,忠诚的狗就要被烹杀;飞鸟没了,就要把好的弓箭收藏起来;国家确立了,参与谋划的臣子也就没有用了!'现在天下已经平定,像我这样的人也就该被烹杀了。"刘邦将韩信押到了洛阳,但找不到他谋反的证据,便释放了他,降他为淮阴侯,把他原来统治的地方一分为二。由屡立战功的刘贾统治淮东地区,封为荆王;命刘交统治淮西地区,封为楚王;皇子刘肥为齐王,统治齐地的70多个郡县。韩信因此怀恨在心。

公元前195年,刘邦去世,死后葬于长陵,谥号为高皇帝,庙号是高祖,一般都尊他为汉高祖。刘邦是汉王朝的开国皇帝,也是中国历史上第一位布衣皇帝。

吕太后本纪

诸吕封王

汉少帝元年(公元前187年),朝廷中所有的号令都出自吕太后。她行使皇帝的职权(古代叫作"称制")处理国事,同时准备封吕氏家族的人为王。她害怕大臣们反对,就召见右丞相王陵,征求他的意见。王陵心直口快,当即就表示反对,对吕后说:"那恐怕不行!高祖在世的时候,曾经杀白马订立盟约,盟约中规定:'不是刘家的后人不能封为王,没有立下功劳的人也不许封为侯,谁要是违背了这个约定,天下人就可以联合起来共同讨伐他!'如今您要封吕家的子弟为王,就是违背了高祖的盟约,我不同意!"吕后听了,很不高兴,冷冷地瞟了一眼王陵。左丞相陈平和绛侯周勃见状,就偷偷地交换了一下眼色,然后互相微微地点了点头。这时吕后转过头来问陈平和周勃:"你们两个说说看?"二人齐声回答说:"当年高祖皇帝刘邦平定了天下,就封刘家子弟为王。如今太后您掌管朝政,自然是要分

诸吕弄权　近代　杨宝恒绘

封吕氏子弟为王，我们觉得没什么不合适的！"吕后听了，立即转怒为喜，脸上有了笑容。

退朝后，王陵埋怨陈平和周勃说："你们两个人是怎么回事？当初我们一起和高祖皇帝歃血为盟，难道你们忘了吗？现在高祖不在了，你们不但不为高祖看管好江山，还纵容吕后的私欲，迎合她的意愿，同意立吕氏的子弟为王。你们违背了诺言，到时还有什么颜面到地下去见高祖？"陈平和周勃反驳说："敢说敢做，在朝廷上当面抗拒太后，我们不如您！不过要说保全高祖留下的江山社稷，稳定刘氏基业，您未必能赶得上我们！"王陵听后，无话可说。

这件事过了没多久，吕后就免掉了王陵右丞相的职务，安排他去做少帝的老师。王陵很气愤，就谎称自己有病，告假回老家去了。王陵走后，吕后立即把左丞相陈平升为右丞相，又把亲信审食其提升为左丞相。但审食其并不去行使左丞相的职权，而是钻到皇宫里，管理宫中事务。审食其早年在太后身边供职，太后落到项羽手里时，审食其曾一同被俘，跟随在太后左右，因此很得宠信。审食其升为左丞相后，常常参与决断国家大事，朝中政务大多也由他决定。

吕太后想封吕氏子弟为侯，但还是不敢贸然行事，为了试探朝臣的态度，吕后先追封战死的长兄吕泽为悼武王，朝廷诸大臣很平静。这年四月，太后先封高祖的功臣冯无择为博城侯；封鲁元公主的儿子张偃为鲁王；封刘肥的儿子刘章为朱虚侯，并把吕禄的女儿许配给他；封齐寿为平定侯；封阳成延为梧侯。做好这些铺垫后，吕后就把吕种封为沛侯，吕平封为扶柳侯。

看到朝中并没人站出来反对，太后胆子大起来，打算封吕氏子弟为王。为了减少阻力，她先封惠帝的儿子刘强为淮阳王，刘不疑为常山王，刘山为襄城侯，刘朝为轵侯，刘武为壶关侯。接着吕后又向大臣们放出口风，极力地吹嘘侄子吕台如何如何能干，暗示大臣们出来保封吕台为王。众大臣明白吕后的意思，便顺从她的意见，共同请求封吕台为吕王。吕后立刻答应了大臣们的请求，并把济南郡作为吕王的封国。后来，吕台死了，他的儿子吕嘉继承王位。由于朝中一直没有人站出来公开反对，吕后更加肆无忌惮，少帝四年（公元前184年），接连封吕氏家族的几个人为侯。

宣平侯张敖的女儿在做惠帝皇后的时候，一直没有生儿子，就假装怀孕，然后把宫中其他嫔妃生的儿子抢过来，冒充她的儿子，并把这个孩子的母亲给杀了。后来，这个孩子就被立为太子，惠帝死后，他就成了皇帝，历史上称为少帝。少帝渐渐地长大了，开始懂事。有人告诉他皇后不是他的亲生母亲，吕后也不是他的祖母，亲生母亲早就被害死了。少帝愤愤不平地说："太后怎么这么残忍，不但把我抢走，还要杀了我的母亲。我长大了，一定要为我母亲报仇！"这话很快传到吕后的耳朵里。吕后担心少帝长大后会作乱，就把他囚禁起来，对外面宣称皇帝得了重病，不能出来见大臣。

后来，太后召见大臣们，说："凡是能够拥有天下、治理国家的人，就应该像上天一样覆盖万民，像大地一样包容百姓。君主能使天下人安居乐业，天下人自然也就拥护君主，这样才能长治久安、天下太平。当今的皇上已经病了很长时间了，一直没有好转，此时的他已经没有能力担当皇帝的重任，要不就找人取代他吧！"大臣们闻听，都跪下来磕头，说："太后为民着想，实在可喜可贺，我们都愿意遵从您的旨意，您说怎么办就怎么办吧！"于是废掉了少帝。没过多久，吕后就把少帝杀了。

紧接着，吕后又立常山王刘义为皇帝，改名刘弘，也称为少帝。可怜刘弘连个年号都没有得到，他不过又是吕后手上的一个玩偶，真正的大权还是由吕后掌握。这年，朝廷设置太尉的官职，周勃担任了这一职务。少帝六年（公元前182年）十月，吕后对吕嘉不满意，就废掉了他，改封吕台的弟弟吕产为吕王。

诛灭诸吕

吕后去世后，吕姓的人独揽大权，阴谋废掉皇帝改朝换代，可是又有点惧怕周勃、灌婴等几位老臣，一直不敢轻举妄动。齐王刘襄的弟弟朱虚侯刘章长得十分强壮，英勇而有气概。他和另一个弟弟东牟侯刘兴居都在长安居住。刘章的妻子是吕禄的女儿，所以得知了诸吕的阴谋。他生怕自己受到牵连，就偷偷派人把这件事告诉了自己的哥哥刘襄，鼓动他发起军队，杀了吕氏的人，夺取皇位。朱虚侯自己留在朝中，联合其他大臣做内应。齐王闻讯，决定起事，先派人杀了不服从命令的丞相，接着率军向东进攻，施计夺取了琅玡王刘泽的军队。然后他又把两支军队合并起来，一起向西进发。

齐王对诸侯王颁布诏书说："当初汉高祖平定天下后，封悼惠王在齐国。悼惠王去世后，孝惠帝又派张良封我为齐王。孝惠帝逝世后，吕后执掌朝中的大权，吕后年事已高，免不了有些糊涂，就听任诸吕胡乱发号施令，私自废除和改立皇帝，又接连杀了刘如意、刘友、刘恢3个赵王，把梁、赵、燕三国从刘氏的手上夺走，封给吕氏家族的人，还把齐国分为四块。虽然也有忠臣好言相劝，可是吕后一点也听不进去。现在吕后去世了，皇帝又太幼小，不能统治天下，本来应该依靠各位诸侯和大臣辅佐，可是诸吕凭借着自己掌握庞大的军队，强迫各位屈服，还假传皇帝的诰命，向天下发号施令，刘氏宗庙危在旦夕。我因此要率领军队到朝中，诛杀那些不应该封王的人。"

周勃像

相国吕产等人得到消息后，赶紧派灌婴前去攻打齐王。灌婴暗想："如今吕氏的人掌握着关中的军权，企图颠覆刘氏政权，自立为帝。我要是打败了齐国，也就是无形中增强了吕氏的实力，这样岂不是便宜他们了，我可不能干这样的蠢事！"于是派人通知齐王及各国诸侯，表明要和他们联合起来，静待吕氏发动叛乱，然后诛灭他们。吕禄、吕产几次想发动叛乱，又害怕齐、楚两国的军队，还担心灌婴背叛，打算等灌婴与齐王的军队打起来后再动手。

当时，周勃虽身为太尉，手里却没有军权。曲周侯郦商的儿子郦寄和吕禄的关系很要好。周勃就跟丞相陈平谋划，派人挟持了郦商，强迫郦寄诓骗吕禄说："当初，高皇帝和吕后共同平定天下，在刘姓子弟中立9个人为王，在吕氏子弟中立3个人为王，这些都是大臣们商量通过的，而且诸侯王都一致认为这样做很合适。如今太后逝世了，皇帝还年幼，您带着赵王的印玺，却没有去守卫封国，仍然当着上将军，驻留在这里，难道不令大臣诸侯们怀疑吗？您怎么不把将印还给朝廷，把兵权交给太尉呢？也让梁王归还相国印，跟大臣们订立盟约，前往封国。这样的话，齐国就会撤回军队，大臣们也就安心了。您也可以在自己的封国无忧无虑地做您的王了，这可是对谁都有利的天大好事啊！"吕禄觉得这个主意不错，就相信了。他准备交出将军印信，把军队还给太尉，又派人把这件事告诉了吕家的长辈们。长辈们中有人认为可以，有人认为不行，意见不一致，所以迟疑着，没有决定。

郎中令贾寿从齐国回来，责怪吕产说："我让您早点到封国去，您不去，现在可好，想走也走不了了！"接着就把灌婴如何与齐楚结盟，想诛灭诸吕的事情详详细细地告诉了他，催促他赶紧进宫。平阳侯曹窋听到了他们的谈话，立即跑去告诉丞相陈平和太尉周勃，周勃想闯入北军，结果被拦下了。于是周勃就让纪通拿着皇上的符节，假传圣旨，说要让太尉周勃进入北军。同时，又派郦寄前去劝说吕禄，说："皇帝命令太尉周勃统领北军，让您回到封国去，您还不赶快交出将军印，早点离开，不然就要大祸临头了。"吕禄觉得郦寄肯定不会欺骗自己，就解下将军印交给典客，把兵权交还给周勃，离开了军营。周勃手中拿着将印进入军门，对军中将士说："将士们，你们都听好了！想效忠吕氏的，就袒露出你们的右胸；效忠刘氏的，就袒露你们的左胸。"将士们全都露出左胸，表示拥护刘氏。这样，周勃成功地控制了北军。

此时吕产不知道吕禄已经离开了，就想按原计划进入未央宫，发动叛乱，但殿门早已被周勃派朱虚侯带兵把守了。朱虚侯下令攻击吕产，当时正赶上狂风大作，吕产的随从人员一片混乱，没人敢出来抵抗。吕产吓得赶紧逃跑，朱虚侯在后面紧追不舍，最后在郎中令官府的厕所里杀死了吕产。

朱虚侯刘章杀掉吕产后，还想向前来慰问的谒者索要皇帝的符节，谒者不肯给他。刘章就把谒者拉上车，借着谒者手中的符节在宫中驱马奔跑，杀死了长乐宫的卫尉吕更始。然后他急忙赶到北军驻地，来向周勃报告情况。周勃连忙起身，拱手向刘章祝贺说："我最担心的就是这个吕产，他是相国，又掌握军队，现在他死了，刘氏天下总算是安定下来了。"随后，周勃又派人把吕氏家族的男男女女全部抓起来，不分老少，一律处死。随后，大臣们对朝中政务做出一系列安排，朱虚侯也把长安的变故通知齐王，齐王收兵回国。灌婴得知消息，从荥阳撤兵回京。

后来，朝廷中的大臣聚在一起，商量说："少帝以及吕王刘太、淮阳王刘武、常山王刘朝，都不是孝惠皇帝真正的儿子。吕后为了专权，把别人的儿子抱来养在后宫，杀掉他们的生母，对外宣称这些孩子是惠帝的儿子，强迫惠帝把他们认作自己的儿子，或立为继承人，或封为诸侯王。如今吕氏子弟全部被消灭，要是还保留着吕后所立的那些人，那么他们长大后掌握了政权，我们这些人恐怕就要遭殃了，不如现在挑选一位贤明的诸侯王，立为皇帝。"有人说："从根儿上说，齐悼惠王刘肥是高帝的长子，齐王刘襄是高帝的亲孙子，可立他为皇帝。"但是又有大臣反驳说："吕氏凭着皇家外戚身份，专权作恶，几乎毁了刘氏天下，害苦了功臣贤良。齐王的外祖母家姓驷，驷家的驷钧是个大恶棍，如果立齐王为皇帝，那就等于赶走了老虎又来了狼。"

通过反复讨论，最后大家一致决定："代王刘恒是高帝在世的儿子中最大的一个，拥立最大的儿子本来就名正言顺，再加上刘恒为人厚道，值得信赖，太后薄夫人的娘家也善良本分，代王又以仁爱孝顺闻名天下，立他为皇帝最合适。"于是就暗中派人前去请代王来长安。代王不明真相，派人前来推辞，使者又前去迎请。于是代王才带着随从人员乘坐6匹马拉的车来到长安，住进代王的官邸。大臣们前去拜见代王，又把天子的玉玺献给他，一起拥立他做天子。代王再三推辞，但群臣坚决请求，最后代王才算答应了。

随后，东牟侯刘兴居和滕公等人一起进入宫中，来到少帝面前，说："您不是刘氏的后人，不应当坐这个皇位。"于是挥手示意少帝左右的卫士，放下兵器离去。之后，他们把少帝送出皇宫，安置在少府居住。接着安排人整理天子乘坐的法驾，去迎接代王。当天晚上，代王就住进未央宫，开始执掌朝政。就在这时，朝中官员分头行动，杀掉了梁王、淮阳王、常山王和少帝。

代王刘恒正式即位后，他就是孝文皇帝。

孝文本纪

汉文帝即位

汉文帝，名叫刘恒，是汉高祖刘邦的第四个儿子。刘恒的母亲薄姬原是项羽所封的魏国王宫的宫女。刘邦打败魏国后，把众多宫女选进后宫，薄姬就是其中的一个。后来，薄姬生下一子，取名刘恒。刘恒出生后，薄姬一直遭到刘邦的冷落，所以刘恒从小做事就十分谨慎，从不惹是生非，大臣们都很喜欢他。刘恒7岁时，30多位大臣共同保举他做代王。代王虽说没有其他王子那样声势显赫，但他却因此躲过了吕后对刘氏后人的迫害，后来又幸运地登上了皇位。

吕后死后，高祖的老臣陈平和周勃携手诛灭了诸吕的势力。众臣都觉得吕后所立的刘弘不是惠帝的后代，不符合皇位继承的礼法，就想另选皇帝。选来选去，就相中了宽厚仁慈、名声较好的代王刘恒，想让他代替小皇帝刘弘做皇帝，就派出使者去迎请刘恒。

使者见到代王刘恒，向他说明了来意。刘恒很吃惊，因为不了解朝中真相，就找来郎中令张武等人商量。张武等人猜测说："现如今，朝廷中的大臣，都是高帝时的文臣武将，各个精通兵法，善于谋略，怕是都不甘心做大臣。以前他们不敢有什么想法，也许是害怕高帝和吕太后，现在他们刚刚杀了吕氏的族人，血洗京城，就来召见您，实在有点让人琢磨不透啊！这恐怕不是什么好兆头。您先借口生病不能前去，看看他们是什么反应吧！反正是不能轻易相信。"中尉宋昌反驳他说："我看未必，想当初在秦朝的暴虐统治下，众诸侯纷纷揭竿而起，谁都认为自己能够得到天下，可最终成为天子的，却是高祖，其他人则俯首称臣，断绝了争夺天下的念头。再者，高皇帝通过分封刘氏子弟为诸侯王，逐渐建立了稳如磐石的宗族根基，天下人不得不服从刘氏的强大势力。此外，汉朝兴起后，废除了苛捐杂税，让天下民众都得到好处，感受到和平、安宁与快乐，自愿地服从皇帝的命令。刘氏江山乃民心所向，不可动摇。吕后掌权数年，有很高的权威，还封了三位吕氏子弟为王，力量可以说很强大了吧。但太尉周勃仅仅靠一支符节，进入吕氏掌握的北军，振臂一呼，将士无不听命，都愿意保刘氏而背弃吕氏。这些都不是偶然的，是天意啊！如今，高帝的儿子只剩下您和淮南王两个人。况且大王您身为兄长，为人谦和，仁爱孝顺，美名传遍了天下。所以那些老臣才迎合民意，请您回去做皇帝，没有什么值得怀疑的！"刘恒见众臣意见不一，一时间也没了主意，就想用龟甲占卜来决定凶吉。结果兆象是一条长长的横向裂纹，卦辞显示：代王不久就将即位天王，像夏启一样继承父位，并将父亲的基业发扬光大。代王很疑惑："我已经是王了，还要做什么王？"占卜的人解释说："天王就是天子。"

代王还是有点不放心，为防备万一，又派舅舅薄昭去长安见太尉周勃。周勃等人详细地向薄昭说明了朝中大臣决定迎请代王的原因和经过。薄昭回来后，向代王报告："他们是真心实意地想要立你为皇帝，别再犹豫，赶快启程吧！"代王十分高兴，笑着对宋昌说："嗯！不错，还真像你说的那样！"就让宋昌陪他同乘一辆车，张武等其他6个人乘车跟随，前往长安。在离长安城还有五十里的时候，代王命令停下来休息，派宋昌先进城了解情况。宋昌来到长安城西北的渭桥，看见丞相以下的大臣们都站在那里等候迎接代王。宋昌连忙回去禀报，于是代王快马加鞭来到渭桥，接见众臣，并下车答礼。太尉周勃说："我想请求单独跟代王说几句话。"宋昌说："你要是谈公事，就在这公开说吧！要是私事，就请原谅，我王不谈私事！"太尉跪倒参拜，呈上天子的玺印符节。代王推辞说："还是到了代王府，再谈这件事吧！"驱车进入代王府，其他人也都在后面跟从。

进了王府，安排就座，众位老臣再次参拜代王，说："皇子刘弘等人都不是惠帝的亲生儿子，按道理没有资格做皇帝。而您是高皇帝的长子，理所应

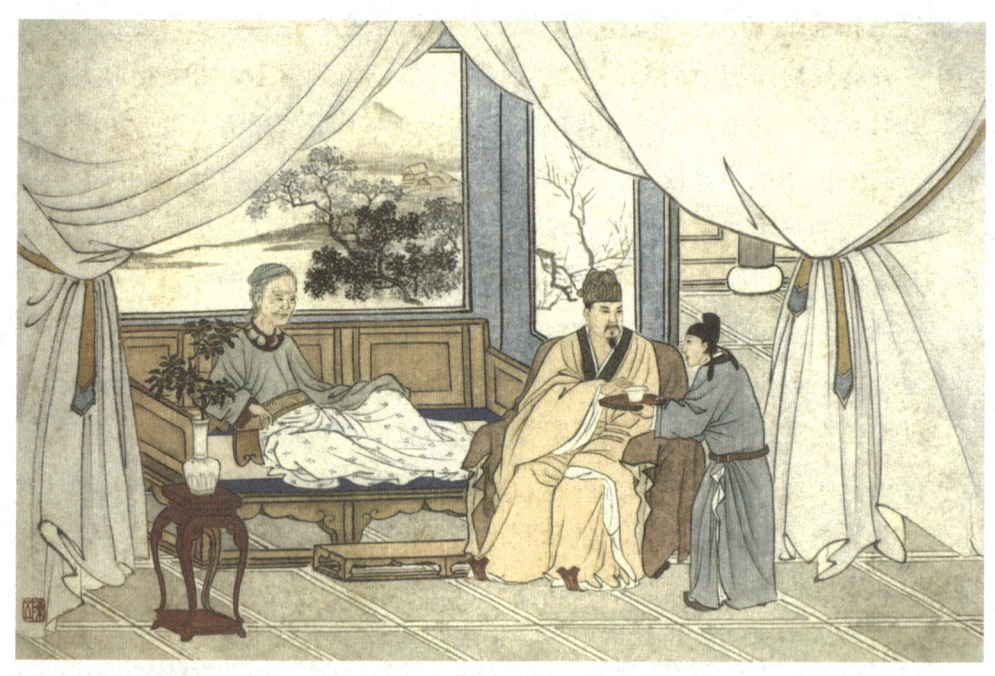

二十四孝之亲尝汤药

当登上皇位，希望您即天子之位！"代王说："继承父皇的江山社稷，不是一件小事情。我才疏学浅，恐怕难当重任，你们还是商议一下，另选贤明吧！"

大臣们全都跪在地上，丞相陈平说："大王，这件事情我们早就仔细地研究过了，都认为您是最合适的人选，诸侯们和天下百姓也都拥戴您，希望您答应我们的请求，否则我们这些人将长跪不起！"代王辞让了几次，最终答应下来，说："那好吧，既然你们找不到更合适的人，那我就不敢再推辞了！"

代王登上了天子之位，宣布大赦天下，赐民户家长每人一级爵位。每百户赏赐给一头牛和十石酒，全国的百姓可以举行聚会，欢庆5天。

节俭的孝文帝

汉文帝在位的时候，有一年，出现了两次日食的现象，文帝说："我听说君王要是缺乏仁义，没做到公平公正地处理事务，上天就会显示出奇怪的现象，警告他没能治理好民众。如今出现两次这种现象，一定是上天在警告我，没能养育好芸芸众生，我实在是有愧于苍天啊！你们快都帮我想想，我哪些地方做得不好，坦诚地告诉我，我好重新改过。告诉各个地方的官吏们，减少徭役的费用，减轻百姓的负担。还有，虽然不能撤除屯驻边疆的军队，但可以撤掉保卫我的军队，宫中的马匹够用就可以了，其余的马全都送到驿站去。"

有一年，天下大旱，还遭遇了蝗灾，百姓的生活十分困苦。文帝下令，各诸侯不用再向朝廷进贡；撤销山川大河的禁令，允许民众进山打柴打猎，下河捕鱼；还减少官员的数额，减省服饰、车驾等，并散发粮仓中储备的粮食赈济灾民，允许平民百姓用粮食换取爵位。

文帝十分勤俭，在其统治的23年当中，宫室、苑囿、车驾、衣服等一点都没有增加。他曾经想要建筑一座露台，找来工匠们做预算，工匠说得需要一百斤黄金。文帝听后，连忙摇头说："算了！算了！一百斤黄金，就相当于10家中等平民的家产，建露台有什么用？"

文帝的衣着朴素，总是穿粗布衣服。就是他所宠爱的妃子，也不能穿拖到地面的衣服，帷帐上也不能用带有绣花的图案。文帝这样做是为了表示国家政策是提倡俭朴，并以自己的作为给天下人做个样子。文帝即位后，按照规定，开始为自己修建陵墓，为了避免劳民伤财，文帝不要求为自己修建高大的坟墓。相关的官员负责准备随葬品，文帝告诫他们，不能用黄金、白银、铜等装饰陵墓，或制作随葬品，只允许用瓦器、陶瓷器陪葬。南越王尉佗想造反，自立为南越国武帝。文帝知道，一旦开战，出钱出力，受苦受累的还是老百姓。因此，他不但不去讨伐他们，还找来尉佗的兄弟，并善待他们。尉佗得知消息，十分感动，于是取消了帝号，俯首称臣。大臣中有人收受贿赂，皇上知道后，不但不惩罚他，还拿钱财奖赏他，让他自惭形秽，主动悔改。文帝一心致力于用仁义来教化民众，所以他的国家盛行礼仪，而且人民富裕，他的恩惠遍及了天下。

露台惜费

汉文帝后元七年（公元前157年），文帝在未央宫去世。他留下遗诏说："天下万物，有出生就会有死亡，这是大自然的基本规律，没有什么值得悲哀的！当今时代，人们都愿意生而讨厌死，人死之后子孙还要为死者修建坟墓，购置很多贵重的随葬品，因治办丧事而导致活着的人家业败亡的不在少数，我一点也不赞成这种做法。我没有什么用来造福百姓，如今我死了，反倒让百姓为我守丧而耽误了劳作，让他们为我悲哀，为我难过，耽误他们自己的生活，从而加重了我的过失，这不是我所希望的。我本人和普通人一样渺小，但当皇帝已经20多年了，在神灵的保佑和众位大臣、诸侯的辅佐下，国泰民安。我并不聪明，经常害怕自己犯错误，担心自己辱没了祖先的美德，不能看守好祖先留下的基业。如今有幸享尽了天年，去世后还能被供在帝庙中，这是一件多么令人欣慰的美好的事情啊，有什么值得悲哀的？现在传下命令，大臣们只准用3天给我办丧事，其余的规定全部废除。不要禁止民间娶妻嫁女，不要斋戒和举行各种悼念活动；不要人们光着脚来参加我的葬礼；孝带不要超过三寸长，不要仪仗队，不要动员男女来宫殿哭丧；7天过后，就把丧服脱掉。其他如果有漏洞的地方，都参照前面的规定行事。以此布告天下，让天下的百姓都明白我的心意。灞陵一带的山水，不要改变原貌，把后宫中夫人以下的全部遣送回家。"

孝武本纪

少君与少翁

汉武帝，是景帝的儿子。当时，汉朝的基业已经建立60多年了，天下太平，百姓和睦。武帝深受儒家思想的影响，广泛招贤纳士。

一次，武帝在祭祀的时候，求到了神君，就把她供奉在上林苑的蹄氏观。神君，原本是长陵的一个女子，儿子死后，万分悲痛，也在哀伤中死去了。后来神君在妯娌宛若的面前显灵，宛若就在家中供奉她。人们听说后，纷纷前来祭祀。据说武帝的姥姥也来拜见了神君。从这之后，她的子孙后代就开始地位尊贵，声名显赫起来。武帝继位后，就用隆重的礼仪将神君安置在宫里，并供奉丰厚的祭物。

李少君原本是被深泽侯请来专门管理方术和医药事务的，后来因为他懂得祭祀求神和长生不老等方术，所以就受到了武帝的器重。李少君故意隐瞒了自己的年龄、籍贯和经历，说自己已经70多岁了，之所以容貌还很年轻，就因为自己能驱使神鬼，吃了能令人返老还童、长生不老的仙药。

李少君这个人本来就喜欢研究方术，耍点小聪明，再加上自己的胡乱分析和判断，有许多事情都被他奇迹般地言中了。有一次，他陪武安侯喝酒，在座的有一位90多岁的老人，李少君就跟他天南海北地聊了起来。他说曾经陪同老人的祖父去过很多地方打猎。这个老人小的时候也曾随祖父一起去过这些地方，和李少君说得差不多，在座的人都吃惊地张大了嘴。后来皇上召见李少君，拿出一个古老破旧的铜器问他："你知道这个东西的来由吗？"李少君回答："这件铜器是齐桓公时候的器具，齐桓公十年的时候，曾经摆设在柏寝台。"皇上立即派人去考证上面的刻字，果然一点也不错，朝廷上上下下都惊呆了。

李少君私下里对皇上说:"只有祭祀灶神,才能召来神灵。神灵来了以后,就能把丹砂炼成黄金。用丹砂炼成的黄金打造成吃饭用的器皿,使用后就能长命百岁。寿命长了就能看见大海中蓬莱仙岛上的神仙。见到了神仙后,再进行封禅活动,这样就能长生不老了,远古的黄帝就是这样的,你相信吗?我以前在海上游玩的时候,遇见了安期生。他是个神仙,能和住在仙岛上的神仙交往。如果你和他投缘,他就接见你;你要是和他没缘分,他就会藏起来,不让你看见。他还给过我一颗像瓜那么大的枣子呢!"武帝听信了他的话,就亲自参加灶神的祭祀仪式,还派方士到海中去寻找神仙,并专门派人去把丹砂和药剂混合在一起炼制黄金。

后来李少君生病而死,武帝认为他并不是死了,而是变成了神仙。后来武帝又派宽舒去学习他的方术,到处寻找蓬莱仙岛和安期生,结果一无所获。但这个说法却被人们传得沸沸扬扬,神乎其神,致使沿海地区一些愚昧腐朽的方士争相仿效。

汉武帝梦景图拓片

正中一马,身高体胖,奋蹄扬尾,马上一骑者,相貌威武,左手执物于肩,右手亦执物,四周祥云缭绕,上方阳文篆字两行曰:"汉武帝梦景此像后称帝号之兆也铭之。"画像上下左右均刻有饰物:左青龙,右白虎,上朱雀,下玄武,画面完整,栩栩如生。

武帝原来有个非常宠爱的李夫人,早已经过世了,可汉武帝一直对她念念不忘,有时在梦里都能看见到她。武帝想把李夫人的魂魄招来跟自己相会。为此,他召见了一个自称能招神引鬼的方士,名字叫少翁。这个少翁,从外表上看年纪不大,却说自己已经200多岁了,所以叫"少年老翁",简称少翁。少翁向汉武帝索要了李夫人曾经穿过的衣服,又找了一间清静的屋子,在屋子的中央挂上轻纱做的帷帐,里面点上蜡烛,又偷偷让人按照李夫人的模样在羊皮上画了一张肖像。一切都准备好了以后,就叫来汉武帝一个人,坐在屋子的帷帐前,看他实施法术。屋子本来就暗,烛光半昏半明,汉武帝看见轻纱后面出现了李夫人的半张脸，加上他的心理作用，越看越觉得就是李夫人。他刚想撩开帷帐，仔细看个清楚，李夫人的影子一晃就不见了。这时，少翁从帷帐的后面走了出来，说汉武帝身上的阳气太重，把李夫人的魂魄都吓跑了。汉武帝相信少翁真有法力，封他做文成将军。这个文成将军又对皇上说："皇上如果真想见到神仙，就要把住的地方重新装饰一下，身上穿的衣服也仿照神仙的去做，否则神仙就不愿意来见您。"皇上就下令制作车子，在车身上画上云气图案，还按照方士的要求，在不同的日子里驾着不同颜色的车子来驱赶恶鬼。之后，武帝又派人营建甘泉宫，建起高台宫室，室内画着天、地和太一等各种神仙，并摆下精美的祭祀器具用来招引神灵。

一年多过去了，少翁的方术并没有显灵，怎么招也招不来神仙。武帝很生气，但没有说什么。这时，少翁有点沉不住气了，为了糊弄皇帝，就偷偷找来一块玉帛，在上面写了几行字，把它放在喂牛的草料里，让牛吞下去。接着就骗人说："这头牛有些怪异，它的肚子里一定有什么东西！"武帝派人把牛杀了一看，牛胃里有一张帛书，上面写着奇怪的文字。皇上开始怀疑这里面有问题，就命人查看，结果有人认出是少翁的笔迹，一审问，果然是少翁假造的文书。皇上大怒，立即派人把少翁拉出去，砍了他那颗"已经好几百年"的脑袋，不许任何人张扬这件事。

据说当年少翁为哄骗汉武帝玩的那些鬼把戏，就是后来的皮影戏。

武帝求仙

武帝被方士们骗了一次又一次，仍没有吸取教训，还是痴心不改，继续派人到海上寻找神仙、求取仙药，梦想着能够长生不老。

这年夏天，汾阴一位名叫锦的巫师在祭祀时，看见地面隆起了一个大包，扒开土一看，原来是一只鼎。这个鼎非常大，上面刻有花纹，却没有刻写文字。巫师觉得很奇怪，就告诉了当地的官吏，官吏又报告给河东太守，太守又上书禀告了皇上。皇上派使者前来查问巫师得鼎的详细情况，确认他们没有骗人后，就按照礼法举行仪式，把大鼎请到甘泉宫。

经过中山时，天气温暖晴和，天空被一小块黄色的云彩覆盖着。这时，有一头野兽跑过来，汉武帝拿起箭，一下就射中了它，叫人取回来做了祭品。到了长安，汉武帝说："近年来黄河泛滥成灾，连续几年了，收成都不好，所以我才四处巡游，祭祀求福，祈求上天保佑百姓，让庄稼丰收。如今还没到收成的时候，这鼎怎么就出现了呢？"官员们说："听说古时候的太帝伏羲氏造了一只神鼎，表示天下一统。黄帝又接着制造了三座宝鼎，象征天、地、人三者和谐。后来夏禹收集了九州的铜，浇铸成九座宝鼎，用来烹煮牲畜，祭祀上帝和鬼神。从此，每遇到圣明的君主大鼎就会出现。到了周朝末期德行衰败，大鼎也就跟着消失不见了。如今，大鼎已被迎到甘泉宫，它光彩夺目，变化莫测，这就意味着我们将获得无穷无尽的吉祥。这和在中山时遇见的黄白祥云相合一样，是个吉祥的征兆啊！只有受天命做皇帝的人才能得到上天的佑护，上天才降下这些吉祥的预兆。我们应该把宝鼎进献给高祖庙，珍藏起来，这样才能顺应天意。"皇上满意地点点头说："有道理，就这么办吧！"

秋天，汉武帝来到雍县，准备举行祭祀，祭奠五帝。齐人公孙卿说："今年皇上得到宝鼎，而且得到的时辰和黄帝时代正好相同，而黄帝成为神仙，已经升天了！"皇上听后挺高兴，就把公孙卿找来，问他是怎么知

汉武仙台遗址
位于陕西省黄陵县城北桥山上的黄帝陵内，据说是汉武帝祈仙所用。

道的。公孙卿说："我是从申功那听到的，不过他已经死了！"皇上接着问："申功是什么人？"公孙卿说："申功是个齐人，他曾与仙人安期生有过交往，听过黄帝说话，于是就写在那个鼎上。黄帝还说：'汉家要是兴盛了，就能得到这个鼎！'申功还说过，汉家英明的君主也能成为神仙，登临仙境。黄帝经过百年修道，才得以与神仙交流。后来，他在明廷接待神仙，明廷就是现在的甘泉山。黄帝当年开采首山的铜矿，在荆山脚下铸造大鼎，铸成后，一条长胡须的龙从天上飞落下来，迎接黄帝，于是黄帝上了龙背，群臣和后宫嫔妃也都跟了上去，总共带走70多人呢！小臣们没法上去，就都抓住龙须不放，龙须被拉断了，黄帝的一张弓也掉落下来。百姓们眼睁睁看着黄帝被带上天，也没办法，就抱着他的弓和龙须大声哭喊。后来世人就把黄帝升天的地方称为鼎湖，把那张弓叫乌号。"皇上说："啊！真是太奇妙了，我要真能像黄帝那样，那么丢弃人间的妻子儿女，就会像脱掉鞋子一样容易了！"汉武帝郊祭完后，就去了甘泉宫，又封公孙卿为郎官，派他去东方的太室山恭候神灵。后来，公孙卿在河南恭候神灵的时候，说是找到了仙人的踪迹。汉武帝亲自来查看，问他："你不是又像文成将军和五利将军那样欺骗我吧？"公孙卿说："如今是咱们在求各位神仙，不是神仙在求咱们，怎能这样没有耐心呢？只有长年累月虔诚等候，神仙才会来呢！"汉武帝似信非信地点了点头。

　　后来，汉武帝东巡海上，行礼祭祀各路神灵。由于自称有奇异方术的人不计其数，但没有一个灵验的，于是他派出更多的船只，让那些说海里有神山的人去寻找蓬莱仙人。公孙卿说自己某天夜晚看见一个人，身高有几丈，等走到近前，又不见了，留下了像禽兽一样巨大的脚印。汉武帝亲自去查看脚印，于是相信了，就留宿海上，结果什么也没见到。后来，公孙卿又说在东莱山见到了神仙，还说神仙好像对他说要见见天子。于是汉武帝就封公孙卿为中大夫，让他陪同来到东莱。武帝在这里住了几天后，还是没有见到神仙。公孙卿解释说："仙人是可以见到的，可是您每次都是匆匆地来了，又匆匆地离去，太仓促了，所以没见着。仙人们都喜欢住楼阁，陛下可以在京城修建一座台阁，准备一些上好的干肉枣果之类的祭品，神仙一定会来的！"汉武帝命令在长安建造蜚廉观和桂观，在甘泉宫建造益延寿观，派公孙卿手拿符节，等候仙人。这样持续了很长的时间，依然没有召来仙人。

汉武帝还是不甘心,继续加派人寻找神仙。他自己也四处巡游,祭祀鬼神,走遍了天下所有的名山大川,可还是一无所获。公孙卿等人信口雌黄的借口越来越难说服汉武帝了,受到太多欺骗的汉武帝,在晚年的时候终于有所醒悟。公元前89年,汉武帝最后一次出巡,在山东的海边等了10多天,也没有见到神仙的影子,就失望地往回走。这时,他看到农民在地里忙着春耕,十分感动,就亲自走到地里和农民一块儿耕田播种。后来,汉武帝来到泰山,向大臣们检讨自己的过错。回宫后没多久,汉武帝就应大臣们的请求,赶走了所有的方士,还下了罪己诏,检讨自己的过失。

公元前87年,汉武帝病重,立刘弗陵为太子,任命霍光等人辅佐幼主,不久去世。汉武帝的陵墓叫茂陵,在现在的西安附近。

 世家

　　《史记》一书中，世家亦以编年为体，记述王侯封国、开国功臣和有特殊地位、特殊影响的人物。其事或许并非牵涉全国，然于某一封国或全国社会生活的某一方面有巨大影响，多数可视为国别史，如《晋世家》《楚世家》《孔子世家》《陈涉世家》等。

吴太伯世家

夫差亡国

吴王阖闾十九年（公元前496年），吴国攻打越国，越王勾践亲自带领军队，在姑苏抗击吴军。越王选派了一些勇士，冲向吴军。将士们大声呼喊，冲到吴军阵前，然后拔出宝剑，自杀而死。越军连续这么做了好几次，吴王的军队见此情形，个个目瞪口呆。越国的大队人马趁此机会袭击吴军，把吴军打得大败。吴王阖闾的脚拇指也受伤了，军队被迫撤退七里。

不久，吴王阖闾的伤口感染，病情严重。临终前，阖闾命人找来太子夫差，立他为王，并对他说："你是我的儿子，别忘了，是越王勾践杀了你的父亲！"夫差望着弥留之中的父亲，含泪点头。

夫差即位后第一年，就任命大夫伯嚭为太宰。吴国训练军队，演习作战，时刻准备报仇雪恨。吴王夫差二年（公元前494年），吴国就发动所有的精兵强将，攻打越国，把越军打得落花流水，四散逃跑，洗雪了姑苏战败的耻辱。兵败之后，越王勾践带领着5000个士兵退到会稽据守。越王勾践自知打不过强大的吴国，就派大夫文种找到吴国的太宰伯嚭。文种对伯嚭说，越国愿意把土地交给吴国管理，越王也甘做吴国的奴仆，从此归顺吴国。

吴王夫差知道后，心里十分高兴，准备答应越王的要求。这时伍子胥前来劝吴王说："古时候，有过氏消灭了夏的君王相。当时相的妃子怀有身孕，于是就逃到有仍国，在那里生下了帝相的儿子少康。少康长大后，成了有仍国的牧正官。有过氏一心想杀了少康，斩草除根，无奈少康又逃往有虞国。有虞氏因为曾经受过夏朝的恩惠，所以善待了少康，还把自己的两个女儿嫁给了他，把纶邑的土地送给他。当时，少康统治的地盘不过方圆十里，拥有的人口不过500部众。后来，少康不断聚集夏朝遗留下来的民众，逐渐恢复夏朝的官制。他又派人引诱有过氏，最终消灭了有过氏。由此少康重振夏禹的业绩，恢复了夏朝的统治。如今我们的实力，和有过氏相比，差得太远了；而勾践的力量比少康强大无数倍，所以千万不能心慈手软。您现在不消灭他，恐怕将来后患无穷！何况勾践这个人，不同寻常，他最能忍辱负重，你要是留下他，肯定会有后悔的那一天。"吴王贪图一时的虚荣，不顾伍子胥的劝阻，采纳了伯嚭的意见，与越国签订了盟约，然后得意地撤兵离去。

吴王夫差七年（公元前489年），齐景公去世，朝中的大臣们争权夺利，斗争不断。刚刚登上王位的国君年幼，不知如何是好，齐国陷入一片混乱状态之中。吴王夫差听说后，就想借机攻打齐国。伍子胥又前来劝阻说："越王勾践（此时吴王已经把勾践放回国）现在不讲究穿衣吃饭，整天祭奠先人，接济老弱病残。他有他的目的，就是想笼络民心，成就大业。勾践不除掉，我们吴国就永无安宁之日。君王不先除去这个心腹大患，反倒要兴兵去攻打齐国，真是太荒唐了！"吴王还是不听劝告，兴兵前去攻打齐国。吴王在艾陵打败齐军之后，又率兵来到缯邑，召见鲁哀公，向他索要猪牛羊等祭品。后来季康子派子贡用周朝的礼节劝说太宰伯嚭，吴王这才不再向鲁国索要财物。此后，吴王夫差停留在齐鲁两国南边的边境地带，依仗着强大的兵力，不断掠夺土地。后来鲁国实在难以承受，就答应吴国签订盟约，吴王这才作罢。

越王勾践带领大臣们前来朝拜吴王，并献上了丰厚的礼物，吴王十分欢喜。此时伍子胥却忧心忡忡，考虑到吴越关系事关国家安危，再次前来劝诫吴王说："越国是我们的心腹之患，如今就算我们得到了齐国又有什么用？商朝之所以能够兴盛起来，就是因为把叛逆之臣全都斩草除根，绝了后患。"吴王原本心情不错，听了伍子胥的几句话，就像被人迎面浇了一瓢冷水。他十分生气，立即派伍子胥出使齐国，免得他再来说三道四。伍子胥来到齐国，把儿子托付给齐国

西施与郑旦
传说越王勾践曾向吴王夫差进献西施与郑旦两个美女，以此来迷惑吴王。

的大夫鲍氏，然后返回吴国。吴王知道这件事后，勃然大怒，赐给他宝剑命令他自杀。伍子胥心中无限悲愤，慨叹说："我死不足惜，只可叹我的一片忠心啊！我死之前，有一个小小的要求，希望大王能够答应。我死后，请在我的坟墓两边种上梓树，以后自然会派上用场；再挖出我的一双眼睛，放在吴国的东门上，让我亲眼看着越国是怎样灭掉吴国的！"说完，挥剑自刎。

吴王夫差十四年（公元前482年）春，吴王北上和众诸侯会盟，想在中原地区称霸。这年六月，越王勾践经过几年的精心谋划，养精蓄锐，开始率兵进攻吴国。越军5000人同吴国的军队交战，攻进了吴国的都城，俘虏了吴国的太子。吴王的部下把军队战败的消息报告给吴王。吴王十分恐慌，不想让诸侯们知道，就隐瞒了这件事。后来，不知是谁走漏了风声，吴王气急败坏，立刻拔剑杀了站在帐前的几个人。

后来，吴王和晋定公争做霸主，吴王向晋定公炫耀自己祖先辈分大。这下可不要紧，惹恼了晋国大臣赵鞅，赵鞅要出兵攻打吴国。吴王被逼无奈，只好把霸主之位让给了晋定公。吴王回到吴国，当时太子被俘，吴王又长时间外出，吴国内部力量空虚，士兵们疲惫不堪，无心作战。吴王无奈，只好派使者带上重金去跟越国讲和。

后来，越国一天比一天强大起来，不断侵犯吴国，吴王夫差二十一年（公元前475年），越国的军队围攻了吴国的都城。吴王夫差二十三年（公元前473年），越国彻底打败了吴国。越王勾践把吴王安置在甬东，让他在那养老。吴王后悔莫及，叹气说："唉！我老了，不能再侍候您了。当初伍子胥几次劝我，我怎么就听不进去呢？如今落得这样的下场，我没脸去见伍子胥啊！"说完用袖子遮着脸，自杀而死。

消灭吴国后，越王认为吴国的大夫伯嚭不忠于自己的国家，就杀了他，然后返回越国。

齐太公世家

姜太公封齐

姜太公，本姓姜，名尚，字子牙。他的祖先曾在尧、舜时代做过大官，后来又因为和大禹一同治水,立了大功,被舜封在吕地(今河南南阳),此后家族便以封地为姓。到吕尚这一辈的时候,吕家家势已经败落,沦为平民。为了维持生计,吕尚曾经卖过酒、肉,做一些小生意。但他始终胸怀大志,经常研究治国安邦的道理,希望有朝一日能大展宏图,为国家效力。

　　吕尚70多岁的时候,正值强大的商王朝走向衰亡之时。当时的商纣王昏庸残暴,荒淫奢侈,老百姓们怨声载道,社会秩序极其混乱。这时,周国的国君西伯姬昌广施仁义,大力发展经济,国势渐渐强大,百姓们开始倾心于周的统治。壮志未酬的吕尚听说周西伯仁义爱民,正在招贤纳士,就离开商朝,投奔周国。吕尚来到岐山脚下,四处打听,听人说周西伯经常到渭河北岸打猎。他天天来渭河边钓鱼,希望有一天能见到周西伯。

　　这天,周西伯游玩打猎路过渭河,遇见了正在钓鱼的吕尚。二人随即交谈起来,而且谈得十分投机,大有相见恨晚之意。周西伯见吕尚知识渊博,通晓国事,就向他讨教治国安邦的良策。吕尚说:"要想成就大业,首先要以贤为本,要学会用人。"周西伯听了高兴地说:"我说呢!来这之前有人给我算卦,说有圣人要来周国。周国会因此而兴盛起来。你大概就是那个圣人吧!我已经等你好久了!"周西伯就把吕尚扶上自己的马车,带他一起回宫。回宫后,立即封吕尚为太公望,让他做军师。这下,怀才不遇的吕尚有了用武之地。

　　商纣王听说民众很崇拜周西伯,担心西伯会跟自己争天下,就派人把他抓来,关进监狱。太公找了几个人商量对策,又派人去寻找天下的奇珍异宝和美女,一并献给纣王。纣王龙心大悦,就放了周西伯。西伯回来后,就暗中和太公谋划讨伐纣王、推翻商朝的事情,还让太公教他一些用兵方面的策略。因此,后人都称太公为兵家始祖,并称姬昌为文王。

　　后来,周的势力越来越强,天下三分之二的诸侯国都诚心依附。这些成就的取得,多半来自太公谋划。

　　文王死后,武王姬发继承文王的事业,太公继续掌管着周国的朝政。武王想讨伐商纣王,就先试探一下其他诸侯的意思,于是召集各路兵马,在盟津集合。队伍临行前,吕尚左手持黄钺,右手持着白旄,庄严誓师。队伍到达盟津后,诸侯们的军队也纷纷前来会合。武王认真察看形势后,觉得讨伐商纣时机还不成熟,就命令各路军队撤回。

两年后，商纣王的统治更加残暴，不但囚禁了大臣箕子，还杀死了王叔比干，武王决心去讨伐纣王。临行前，武王找人算了一卦，卦辞说暴风雨即将来临，不太吉利。众大臣有些迟疑，只有太公坚决支持武王立即出兵。于是武王听从了太公的意见，率领军队前进。武王十一年（公元前1046年）正月，纣王的军队和武王的军队在牧野展开大战，纣王的军队大败。纣王被逼无奈，登上鹿台，自焚而死。第二天，武王举行隆重的祭祀活动，太公牵着牛羊等祭品，史官朗诵诗文，向上天讲述伐纣的原因和经过。随后，武王散发了鹿台的存钱，把储存的粮食发放给民众；重新修缮了比干的坟墓；又把被囚禁的箕子放了出来。武王还把象征天子权力的九鼎迁到别处，重新整顿周朝的政治。所有这些，都是由太公主持策划的。

武王平定了商朝，称王于天下，把太公封在齐国的营丘。吕尚前往自己的封国，一路上走走停停，行进缓慢。这时旅馆里有人对他说："我听说机不可失，时不再来。您这样不紧不慢，宛如一个悠闲的过客，一点都不像前去就封的官员。"太公听了这话，连忙起身整理行装，招呼人马，连夜启程。天刚刚亮，就赶到了封国。太公还没有坐稳，探军来报，说莱侯带兵来攻打营丘。太公立即出兵，击退莱侯。莱侯是东夷人的首领，趁着西周灭商的混乱时机，前来抢夺太公的国土。

太公就任后，开始整顿政治。按照当地的风俗习惯，减少礼节，大力发展农工商业，积极倡导渔业发展，很快就安抚了当地的百姓。很多人都前来投奔齐国。没多久，齐国就成为一个强大的国家。

太公活了100多岁才去世，死后他的儿子丁公继位。

管仲相齐

管仲，春秋时期颍上（今安徽颍上南）人，名夷吾，字仲。管仲本是名门之后，只是到了他这辈，家道已经衰落了。管仲小时候家里很穷，做过马夫，做过小商贩。后来，认识了鲍叔牙，两个人结拜为兄弟，共同经商。管仲成人后，曾经显赫的家族遗留给他的另一面开始逐渐显露出来，他超凡脱俗，胸怀大志，总想干一番轰轰烈烈的大事业。为了实现抱负，他追随公子纠，并跟他流亡鲁国。

自立为齐君的公孙无知被杀后，君位空缺，齐国处于群龙无首的状态，齐国的大臣们商量着拥立新君。这时，有人暗中来到公子小白所在的莒国，让小白回国继位。此时，公子纠所在的鲁国探听到这一消息，也派兵护送纠回国，还让管仲另外带一批人马埋伏在小白回国的道路上。管仲看见小白的人马走近，就下令放箭，箭矢射中了小白腰带上的小钩子。小白假装中箭落马，骗过管仲，快马加鞭，赶回齐国。

管仲以为小白真的死了，连忙派人回去向鲁国人报喜。鲁国人这下松了口气，觉得没有人再和公子纠争夺王位了。公子纠也不再着急赶路，不慌不忙，6天后才到齐国境内。此时的小白早就抢先一步，登上了王位，紧接着就发兵前去阻击鲁国护送公子纠的队伍。

这年秋天，齐国和鲁国交战。鲁国败退，又被齐军堵住了后退的道路。齐桓公派人给鲁君送去一封信，说："家无二主，国无二君。公子纠是我的亲兄弟，他想与我争夺王位，可我不忍心杀害他，请你们代我把他杀了吧！管仲、召忽等人和我势不两立，是我的仇人。请把他们交还给我，让我处置，我要把他们剁成肉酱，以解我的心头大恨。你们要是不答应，我就继续出兵围攻你们。"鲁君很害怕，就杀了公子纠，召忽自杀而死，管仲则甘心坐囚车回到齐国。

齐桓公被管仲射中衣带钩后，装死才得以逃命，因此对管仲恨之入骨，发誓要报一箭之仇。鲍叔牙劝他说："这件事您可要三思而后行啊！我能跟随您，实乃三生有幸。您虽说贵为君王，威严无比，却依然尊崇我。如果您只想把齐国治理好，那有我和高傒也就够了；若是想成就霸业，我们这些人

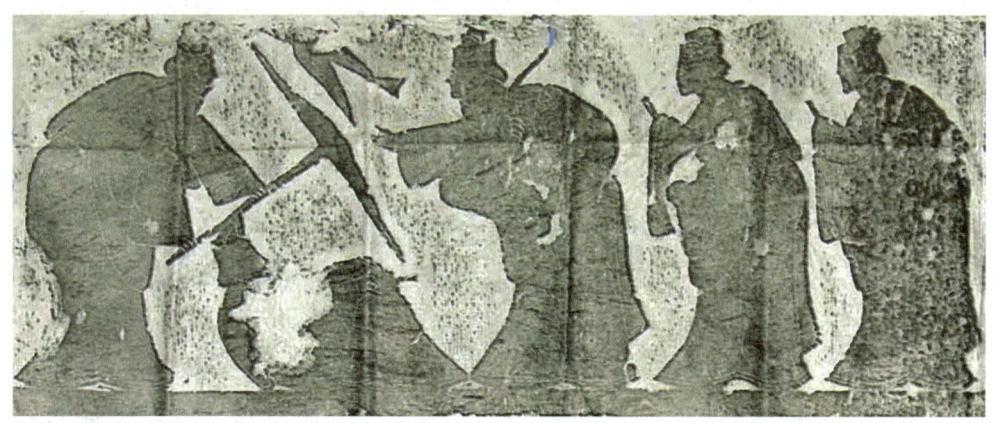

武梁祠画像石
图中表现的是管仲射中小白（齐桓公）带钩的情景。

就微不足道了,只有管仲才能帮您实现。管仲这个人非同小可,他在哪个国家,哪个国家就会因为他的存在而兴盛起来。所以我希望您能以大局为重,把他留下来辅佐您!"桓公也是个豁达大度的人,听鲍叔牙的话说得句句在理,就按照他的建议,假意说报仇雪恨,实则召管仲来齐国。

鲍叔牙亲自前去迎接管仲,一见面就卸去了他的手铐和脚镣,洗完澡换好衣服后,就带他去拜见齐桓公。齐桓公非但没有治管仲的罪,还用非常隆重的礼仪热情地接待了管仲,任命他为大夫,让他管理国政。

后来,管仲、鲍叔牙等人一起辅佐齐桓公。管仲担任国相,整顿政治,发展商业,提高鱼盐生产,接济贫苦民众,选举任命了大批的贤能人士。在他的治理下,齐国上下呈现出一片欣欣向荣的景象。

齐桓公二年(公元前684年),齐国消灭了郯国,郯国的君王逃亡。当初桓公逃亡的时候,经过郯国,郯君对他十分傲慢无礼,所以桓公现在讨伐他。

齐桓公五年(公元前681年),齐国又攻打鲁国,鲁军战败,鲁庄公请求讲和,并答应把遂邑割让给齐国。齐桓公答应了他的条件,双方决定在柯地订立盟约。谁知鲁君刚要签约,鲁国大夫曹沫就把匕首驾在桓公的脖子上,威胁说:"赶紧把你们侵占鲁国的土地交出来,不然我就杀了你。"桓公见形势危急,连忙答应了他,曹沫扔掉匕首,脸朝北站在臣子的位置上。桓公说完就后悔了,不想退还鲁国的土地,就想杀了曹沫。管仲看出桓公的意思,上前劝说:"您已经答应人家了,就不要再违背诺言。只为暂时出一口恶气,就要以在众诸侯面前失去诚信为代价,哪个轻,哪个重?千万不能这样做!"齐桓公听了他的话,就归还了先前占领的鲁国土地。四方诸侯听说了这件事,都夸齐桓公守信用,重名誉,都愿意前来归附他。齐桓公七年(公元前679年),众诸侯和齐桓公在甄地会盟。从这时起,齐桓公就开始称霸天下了。

管仲辅佐齐桓公差不多有40年,把齐国治理得井井有条。当时齐国国富民强,齐桓公成为春秋时代的第一霸主,百姓们都争相称颂管仲的德行。

公元前645年,管仲逝世,齐国的朝野上下万分悲痛。人们把管仲安葬在都城临淄南面的牛山上,又为他竖立了高大的石碑,来纪念他的丰功伟绩。后来,孔子曾赞叹说:"管仲辅佐齐桓公,称霸诸侯,挽救了周室家族,使国家日渐兴旺,让百姓享受恩惠直到现在。要是没有管仲,我们这些人大概都得左开衣襟，披头散发，如今早就沦为蛮夷统治下的老百姓了。"

晋世家

晋秦之争

晋献公夫人骊姬害死太子申生之后，又把毒手伸向晋国的公子重耳和夷吾。他污蔑重耳和夷吾是申生的同谋，希望献公能够杀死他们。两位公子听到消息后，赶忙逃亡到别的国家。晋献公二十六年（公元前651年），献公的病情开始加重，他知道自己将不久于人世，于是召见了荀息，对他说："我准备让奚齐继承我的王位，可是现在他的年龄还很小，大臣们很可能不服从他，弄不好还会发生内乱，你愿意拥立奚齐吗？"荀息回答献公说："国君您放心，我一定会尽最大的努力拥立奚齐。"这一年的秋天，晋献公去世。果然不出他所料，朝廷中的很多大臣都不同意奚齐继位。大臣里克、邳郑想迎接公子重耳回国即位，警告全力扶持奚齐的荀息说："流亡在外的三个公子在国外有秦国做后盾，在国内有晋国百姓的支持，你是应付不了的，干脆你就别再支持奚齐了。"荀息不为所动，他说："我答应过献公，无论如何也不能辜负他的嘱托。"几天后，在奚齐为献公守丧的时候，里克趁机杀死了他。荀息知道后非常悲愤，准备自杀一死了之。有人劝告他奚齐虽然死了，还可以扶持他的弟弟悼子，悼子是骊姬的妹妹为晋献公生的儿子。荀息觉得很有道理，埋葬了晋献公，拥立悼子即位。一个月后，悼子也被里克杀死，荀息没办法，只好自杀了。

里克准备迎接公子重耳回国继承王位，但是遭到了重耳的拒绝。他派使者去往梁国，迎接公子夷吾回国即位。夷吾很高兴，正准备回晋国，他的亲信劝诫他说："晋国国内还有好多可以即位的公

骊姬与太子申生

子，但是里克为什么还要到国外寻找您呢？这非常可疑，您应该借助秦国的力量回国，否则将会很危险。"夷吾听取了他的意见，派人贿赂了秦国，并对秦国承诺，如果自己真的能够即位，就把晋国黄河西岸的土地送给秦国。又对里克承诺，如果能够帮助自己即位，就把汾阳城赏赐给他做封地。在里克的帮助和秦军的护送下，夷吾回到晋国即位。这就是晋惠公。

晋惠公即位以后，却没有兑现他的诺言。他派邳郑代表自己向秦穆公道歉说："当初我答应过把黄河西岸的土地送给您，现在我有幸回到晋国做了国君，正准备把土地给您，可是大臣们都说土地是先王留下来的，我没有资格擅自把它送给秦国。我再三解释也说服不了他们，只有向您道歉了。"另外，惠公不但没有把曾经许诺的汾阳城赏赐给里克，反而削弱了他的权势。惠公因为重耳还流亡在外，害怕里克拥立重耳发动政变，因此，赐里克自杀。邳郑因为出使秦国逃过了一死。晋惠公这种言而无信的做法引起了晋国百姓的反感，百姓们都不信服他。

晋惠公四年（公元前647年），晋国发生了严重的饥荒。于是向邻国秦国请求购买粮食。秦国君臣一直对晋惠公的言而无信耿耿于怀。当秦穆公询问大臣百里奚是否卖给晋国粮食时，百里奚说："天灾是每个国家都难免要面临的，诸侯国之间应该互相救济，这才是应该遵循的正道，我们还是卖给晋国吧！"秦穆公同意百里奚的观点。他说："是啊，晋国的国君虽然有错误，但是晋国的百姓没有错误啊。"秦国卖给了晋国很多粮食，帮晋国解除了危难。凑巧的是，就在第二年，秦国发生了严重的饥荒，就向晋国求购粮食。晋惠公和大臣们商量对策。大臣庆郑建议说："君主您是依靠秦国的力量才登上君位的。可是刚刚即位，您就违背了诺言。去年我们国家闹饥荒的时候，秦国救助了我们，现在人家闹饥荒的时候，请求购买我们的粮食，我们当然应该卖给他们了，这样的事情难道还需要商议吗？"但是大臣虢射的观点却恰恰相反。他说："去年是上天把我们晋国赠给了秦国，可是秦国却不知道趁我们闹饥荒的大好时机进攻我们。现在上天又把秦国赏赐给我们晋国了，我们怎么可以放弃这个大好的机会呢？马上出兵攻打他们吧。"晋惠公采纳了后者的意见，不仅不卖给秦国粮食，还出兵攻打秦国。秦国上下，对晋国这种恩将仇报的举动都表示无比愤怒。秦穆公亲自率领军队抵抗晋军，一路打到了晋国境内。晋惠公非常惊恐，无奈之下只好亲自出战。他想找一个为自己驾驶战车同时负责保卫自己的人，占卜的结果是庆郑最为合适。因为庆郑对晋惠公的做法一直不满，晋惠公担心他不听指挥，所以没有使用他。于是让步阳驾驶战车，家仆做护卫。九月，秦晋在韩原交战，晋军战败，晋惠公做了俘虏。庆郑生气地说："这都是他不听良言相劝的结果啊！"

文公称霸

晋文公二年（公元前635年）春，秦国把军队驻扎在黄河边，准备护送周襄王返回周朝国都。赵衰建议晋文公说："您如果想成为霸主，就应该护送周襄王返回国都。尊敬周天子是诸侯国称霸的资本，况且晋国是周武王的后代。晋国如果不抢先护送周天子，而落在秦国的后面，就无法向天下诸侯发号施令了。"晋文公采纳了建议，马上派兵护送周襄王回到周朝国都。周襄王的弟弟公子姬带反叛，晋文公派遣军队杀死了他。周襄王很满意晋国的帮助，把河内、阳樊两个城市赏给了晋国。

晋文公四年（公元前633年），楚国攻打宋国，宋国向晋国求救。晋国将军先轸对晋文公说："现在就是您报答当年宋襄公赠马之恩，也是建立您的霸业的时候了。"狐偃建议说："楚国最近和卫国结为婚姻之国，又和曹国结盟。如果我们攻打这两个国家的话，楚国一定会发兵援救，宋国的危险自然得到解救。"晋文公采纳了他的建议。为了顺利地完成军事任务，晋国开始整编军队，把所有军队编为三军。任命郤縠为中军统帅，郤臻协助；派狐偃为上军统帅，狐毛协助，赵衰为卿；任命栾枝为下军统帅，先轸协助。三军编制完成以后，又经过认真操练，军威颇盛。于是，晋文公亲统三军，

晋文公复国图（局部）宋　李唐

讨伐曹国和卫国。在讨伐曹国之前，晋国向卫国借道，卫国没有同意。晋文公在流亡时也曾受到过卫侯的冷遇，于是在攻打曹国后又进攻卫国。卫国国君请求与晋国讲和，晋国不同意。卫侯又准备和楚国结盟，求得楚国的帮助，但是遭到了卫国百姓的反对，他们把卫侯驱逐到襄牛。楚国出兵来援救，也没有成功。

晋文公五年（公元前632年），晋国发兵进攻曹国，攻进了都城。晋文公数落曹侯当初对自己的冷遇，并且下令晋国军队不许骚扰当年对自己有恩的曹国大夫负羁的住地，借此来报恩。这时候，楚军再次攻打宋国，宋国向晋国求援。晋文公非常为难，当初逃亡的时候，楚国和宋国都待自己不薄，现在宋国有难，不能不救，但营救宋国又免不了和楚国开战。先轸想出一个好主意，建议晋文公把曹侯抓起来，再把曹国和卫国的土地送给宋国。这样楚国为了救援曹、卫两国，就会从宋国撤军。文公依照他的计策去做。果然，楚国解除了对宋国的包围。

楚国大将子玉很不满意晋文公的行为，认为他是恩将仇报，建议攻打晋国。楚王说："晋文公在外流亡19年，吃尽了苦头，现在兴盛起来，这是天意啊！他是不可以抵挡的。"子玉却一再坚持发兵讨伐晋国，楚王无奈，拨给他少量的军队。子玉派使者通知晋文公说："如果你恢复卫侯的君位，不消灭曹国，楚国就不再攻打宋国了。"晋文公和臣子们商议对策，狐偃生气地说："子玉作为臣子，向您提出这样的条件，太没有礼貌了，不能答应他的请求。"先轸说："百姓平安是符合情理的，楚国现在的观点是同时安定3个国家，我们没有理由拒绝他。但为了惩罚他的无礼，我们可以暂时先同意他的要求，但派人到曹国和卫国去，私下里答应不再攻打他们。再把楚国使者扣留下来，以此激怒楚军，等到他发兵和我国交战的时候再说。"于是文公答应楚国的要求，但把使者扣留在晋军军中。晋国使者一到，曹国和卫国立刻和楚国断绝了关系。子玉知道以后，非常生气，率领楚国军队攻打晋军。晋文公命令晋军后退，有的臣子很奇怪，询问文公原因。晋文公说："当年我流亡楚国的时候，楚成王对我有恩。他曾经问我怎样报答他，我答应过他，以后如果晋国和楚国交战，晋国要先退让九十里的路程，作为对楚王的报答，现在要遵守诺言。"楚国将士见到晋军退后，也想撤军，但是子玉不同意，一直追击晋军。晋君退到城濮，宋国、齐国和秦国的援军队伍也相继赶到，联军反击，楚军大败，子玉带领残余的人马逃回了楚国。楚国与晋国相争，郑国站在楚国一边。楚国在城濮大败的消息传到郑国，郑国君臣很害怕，立即派人前来，请求与晋国结盟。

这场战争中，晋国缴纳了许多楚国的战利品。这一年的五月，晋文公把楚国的战俘进献给周天子，包括100辆战马披着铠甲的战车和1000名步兵。周天子宣布晋文公为诸侯霸主，赏赐给他一辆用黄金装饰的大车；一张红色的弓，100支红色的箭；10张黑色的弓，1000支黑色的箭；一坛子味道香甜的酒，还有玉制的勺子和300名勇士。晋文公多次推辞，行过大礼才接受了天子的馈赠。周天子还特意写了《晋文侯命》一诗送给晋文公。

晋文公成为当时诸侯国的霸主。

楚世家

一鸣惊人

楚庄王即位3年以来，不问国事，从来没有下达过一道政令，他只是夜以继日地寻欢作乐。为了防止别人的干涉，他下达命令说："有敢于向我进谏的人，一律杀掉。"楚国大臣伍举不顾忌楚庄王的禁令，冒死进入王宫。当时庄王左手抱着郑姬，右手抱着越女，乐队在四周为他演奏乐曲。伍举请楚王猜一个谜语，他说："山上有一只大鸟，整整3年了，既不起飞也不鸣叫。您说这是什么鸟啊？"庄王回答："虽然这只鸟3年都没有飞，但是它一旦飞起来就会冲到天上；虽然它3年都没有鸣叫，但是它一旦鸣叫就会使人们震惊。伍举你请回吧，我明白你的意思。"然而几个月过后，楚庄王不但没有收敛自己的行为，反而更加放纵了。这时大夫苏从入宫直言进谏。庄公问他："难道你不知道我颁布的杀死进谏者的命令吗？"苏从回答："如果能够让国君您改过自新，我就算是死了，也是值得的。"庄公非常感动。从此，他停止了荒淫的享乐，大力整顿朝政，杀了数百名不称职的官员，同时也提拔了数百名贤能的人才，任命贤臣伍举和苏从处理朝廷的政事。楚国百姓看到君主的转变后，非常高兴，楚国实力逐渐增强。

楚庄王三年（公元前611年），楚国灭了庸国。楚庄王六年（公元前608

年），打败了宋国。楚庄王八年（公元前606年），楚国讨伐陆浑戎族，路过洛阳的时候，在周朝国都的郊外阅兵示威。周定王派王孙满出城犒劳楚庄王。楚庄王向王孙满询问周朝的九鼎（周朝权力的象征）的大小和轻重，王孙满回答："统治国家重要的是道德，而不是宝鼎。"庄王说："你不要认为拥有九鼎就很了不起！楚国只要把兵器上的刃尖折断，放在一起熔炼，就足够铸成九只大鼎。"王孙满叹息着说："唉！您真是糊涂啊！以前虞夏昌盛的时候，边远的国家都来朝拜他，并且进献贡品。九州的长官纷纷进献了当地的金属，用这些金属铸成了九鼎，然后在上面描绘各种事物的图像。夏朝的国君桀道德败坏，九鼎便被殷朝拥有；殷朝占有宝鼎600年后，纣王残暴无道，九鼎被周朝占有。如果天子有道，鼎虽然很小，却重得挪不动；如果天子道德败坏，鼎即使再重也很容易被挪走。过去，周成王把九鼎安置在郏鄏，占卜的人说可以下传30代的国君，在周朝存放700年，这是上天的安排。现在周王室虽然很衰微了，可是上天的安排是难以改变的，所以你还没有资格询问九鼎的重量！"楚庄王无言以对，只好撤军回国。

楚庄王十七年（公元前597年）春，楚国进攻郑国，仅仅用了3个月的时间就占领了它。楚庄王原本想吞并郑国，郑国国君赤裸着上身，手里牵着一只羊来见楚庄王，他哀求说："上天不能够保佑我，不能让我很好地侍奉您，所以您一怒之下占领了我的国家，这都是我犯下的罪过。即使您把我流放到南海，甚至把我当作奴隶赏赐给诸侯，我也愿意服从。假若您没忘记周厉王、宣王和郑国的先王桓公、武公，看在他们的面子上，不断绝郑国的祭祀，让我像从前那样侍奉您，这是我最大的愿望。我也不敢有这样的奢望，但还是大胆地向您表白一下。"楚国的大臣们都建议楚庄王拒绝郑君的要求。楚庄王说："郑国君既然能够这样谦虚恭敬，那么他一定能够好好对待自己的百姓，我又怎么能够灭掉人家的国家，把事做绝呢？"随后，楚庄王答应与郑国讲和。他亲自举起军旗，率领楚军后退30里驻扎下来。郑国大夫潘尪同楚国订立了盟约，郑国国君的弟弟公子良被送到楚国做人质。这年六月，晋国来救郑国。晋军与楚军在黄河岸边大战，晋军溃败，楚国称霸中原。

楚庄王二十一年（公元前593年），宋国杀死了楚国出使齐国的使臣。楚庄王一怒之下，进攻宋国。楚军把宋国的都城连续围困了5个月，城里面粮草用光了，宋国面临着严重的危难。宋国大臣华元冒着生命的危险出城把城内的情况讲给楚国,楚庄王听说城中的百姓用死人的骨头做柴烧、交换自己的孩子做食物的惨状后,下令撤兵回国。庄王二十三年(公元前591年),楚庄王去世。他的儿子即位,也就是楚共王。

叔向论楚难

楚国的公子比虽然已经继承王位,却还没有听到楚灵王死去的消息,楚国上至国君、大臣,下至百姓都害怕灵王再次回来。观从建议公子比说:"如果不杀死公子弃疾,您虽然拥有了整个楚国,但总有一天会遭受灾难的。"公子比说:"公子弃疾是我的亲弟弟,我不忍心杀死他。"观从说:"您不忍心杀他,他可忍心杀您啊。"公子比没有听从他的建议。观从见他不听劝,就离开了他。公子弃疾回到郢都以后,郢都的百姓每天夜里都感觉好像是楚灵王又回来了,人人惶恐不安。一天夜里,公子弃疾安排一个撑船的人在长江岸边一边奔跑一边大哭着说:"灵王回来了!"郢都的百姓们听到后更加害怕。公子弃疾又派遣亲信曼成然告诉公子比和令尹公子皙说:"灵王回来了!都城的人打算杀死你们。百姓的怒气就像洪水与大火,是无法抵抗的。您还是尽快想个解决的办法吧,不要自取侮辱。"公子比和公子皙信以为真,自杀而死。于是,公子弃疾继承了君位,他就是楚平王。

楚平王用欺诈的手段杀死了前任国君,即位后害怕楚国的百姓不服从自己,担心诸侯国不拥护,就给楚国的百姓施加恩惠,整顿政务,任命有才能的观从为卜尹。他归还了被楚国吞并的陈国和蔡国的土地,让两国原来国君的后代继位,又归还了楚国侵占郑国的土地。他的做法赢得了楚国百姓和诸侯国的拥护。

先前,楚共王选立太子的时候,因为没有嫡长子,而另5个儿子都差不多,很难做出选择。楚共王决定请求神灵帮助决断,他偷偷地在楚国先王的祭庙里面埋了一块美玉,然后让5位公子先后进入祭庙。楚康王首先跨过埋藏美玉的地方向前走去。楚共王用手臂暗示埋藏美玉的地方,但公子比、公子皙进入祭庙后都远远地离开埋玉的地方。当时楚平王年纪还小,由人抱着进入祭庙。他给共王行礼的时候就压在美玉上面。后来,楚康王因为年纪最大继承王位,但是王位传到他的儿子手里时就失去了;公子围做了楚灵王,结果很糟糕;公子比只做了十几天的国君,公子皙没能即位,但都遭到杀害。

他们的后代都断绝了，只有公子弃疾最后做了楚平王，继续了楚国的祭祀，这些事情和神灵的预示完全吻合。

当年，公子比从晋国回来准备即位的时候，韩宣子曾经询问叔向说："您看公子比能成功吗？"叔向肯定地说："不能成功。"宣子说："楚国百姓和公子比都非常厌恶楚灵王，强烈要求拥立新的国君，这就像是商人合伙做生意一样，怎么会不成功呢？"叔向回答："可是又有谁和公子比相好，又有谁能够帮他对付仇敌、患难与共呢？夺取王位有五大困难：一是具有高贵的地位却得不到贤能的人辅佐；二是有贤能人才辅佐，但缺乏强大的支持；三是有强大的支持力量，却没有长远的谋划；四是具有长远的谋划，却缺乏百姓的拥护；五是拥有百姓的拥护，而自己却缺乏德行。公子比在晋国住了13年，从来没听说晋国和楚国跟随他的人里面有学识渊博的，所以说他没有贤才；楚国王室家族成员，要么死了，要么背叛了，所以说没有支持他的力量；还没等到合适的机会却又轻举妄动，所以说他没有长远的谋划；他一直生活在国外，所以说他没有人民的拥护；楚国百姓一点也不爱戴他，所以说他没有德行。虽然楚灵王昏庸残暴，是自取灭亡，但公子比即位要面对的五大难题一个都没有解决，竟然还想做国君，谁能帮助他啊？据我看来应该是公子弃疾得到楚国。公子弃疾统治下的陈地、蔡地和平安定。他绝不因为个人的欲望去违背百姓的意愿，百姓都很爱戴他。而且每当楚国芈氏发生内乱时，历来都是年纪最小的继位。况且公子比的官职只不过是个右尹，从地位上说也不过是先王的庶子。再加上百姓不拥护他，他凭什么继位呢？"宣子继续询问："齐桓公、晋文公和公子比不也是很类似吗？为什么他们就能继位呢？"叔向回答："齐桓公是卫姬的儿子，被釐公所宠爱；有鲍叔牙、宾须无、隰朋这样的贤臣辅佐；有莒国、卫国作为外来的援助；有高氏、国氏在国内接应；他愿意接受正确意见，一如既往地爱护关怀百姓，所以他能成为国君。晋文公是狐季姬的儿子，得到晋献公的宠爱；他勤奋好学，17岁时就结交5位贤才，作为他的左膀右臂；还有齐国、宋国、秦国、楚国作为外援力量；又有栾氏、郤氏、狐氏、先氏在国内接应；他凡事都从百姓的利益出发，当惠公、怀公丧失民心时，百姓都开始拥护文公，所以文公应该享有君位。而公子比外面没有强国的帮助，里面没有百姓的拥护。他离开晋国的时候，晋国百姓不去护送他；返回楚国的时候，楚国百姓也不来迎接他。他怎么可能享有君位呢？"果然，公子比即位不久就被迫自杀，叔向的预言得到证实。

越王勾践世家

勾践入吴

越王允常在位的时候，就和邻国吴国国君阖闾多次发生冲突，两国结下很深的怨仇，相互之间经常发生战争。越王允常去世以后，他的儿子勾践继承了王位。越国和吴国间的怨仇还是没有得到缓解。

就在越王勾践元年（公元前496年），吴王阖闾听到越王允常去世的消息后，认为越国忙着办理丧事，新君又刚刚即位，国内不稳定，是攻打它的良好机会，亲自率领吴国军队攻击越国。当时越国的兵力不如吴国强大，为了打败吴军，越王勾践选拔出一批不怕牺牲的勇士，派遣他们向吴军挑战。勇士们冲到了吴国军队的阵地前面，一边大声呐喊，一边拔出武器砍向自己的脖子自杀而死，越军这样做，连续3次。吴国将士从来没有见过这阵势，都非常惊讶地注目凝视，看得心惊肉跳。就在这个时候，早就准备好的越国军队突然发动了袭击。没有防备的吴军被杀得大败，吴王阖闾也在战斗中被射伤脚趾。阖闾回到吴国之后，因为箭伤发作，不久就去世了。在临死前，他告诫儿子夫差说："你一定不能忽视越国，要灭掉它为我报仇。"夫差含泪答应了父亲。夫差继承了吴国的王位。

越王勾践三年（公元前494年），勾践听说吴王夫差夜以继日地操练军队，准备攻打越国，就想先发制人，抢在吴国发兵之前先去攻打他。大臣范蠡进谏说："您不能先去攻打吴国。据我所知，兵器属于凶器，发动战争是违背道德的行为，与人争夺是处事最下等的做法。暗中谋划违背道德的事情，喜欢使用凶器，亲自参与最下等的事，一定会遭到上天的惩罚，您这样做是绝对没有好处的。"越王勾践固执地坚持己见，终于还是发兵攻打吴国。吴王夫差派出吴国全部

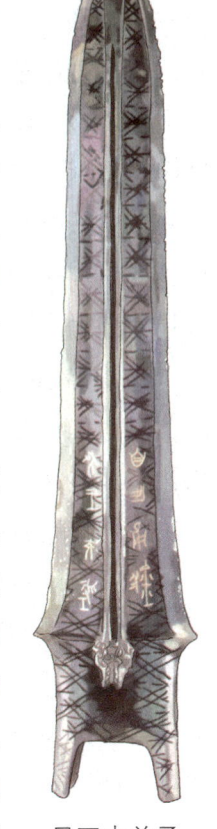

吴王夫差矛

精锐部队迎击越军，在夫椒把越军杀得大败。越王带领了5000名残兵败将退守会稽。吴王夫差乘胜追击，把会稽包围起来。

被围困的越王勾践悔恨地对范蠡说："我不听您的劝告，以致落到这个地步，现在我该怎么办呢？"范蠡冷静地回答："现在，只有忍辱负重，等待时机。大王应该派人给吴王送去丰厚的礼物，请求讲和。如果他还不答应，您就只有把自身作为抵押，亲自去侍奉吴王。"这次，勾践听从了范蠡的建议，派遣大夫文种去向吴王求和。文种跪在地上，一边用膝盖向前走，一边给吴王磕头说："君王，您的亡国臣民勾践托我请求您允许他做您的奴仆，允许他的妻子做您的侍妾。"吴王心中不忍，准备答应文种。伍子胥对吴王说："上天把越国赏赐给了吴国，现在是吞并越国的最好的时机，千万不要答应他的请求。"文种回到越国后，将详情告诉了勾践。勾践觉得走投无路，准备杀死自己的妻子和儿女，然后烧掉财物，亲自上战场和吴军决一死战。文种赶忙阻止他说："吴国的太宰伯嚭非常贪婪，我们可以用丰厚的财物去贿赂他，请求他劝说吴王答应我们。我可以暗中去吴国贿赂他。"勾践派文种送给伯嚭珠宝玉器和美女。伯嚭同意为越国通融，他带文种去见吴王夫差。文种给夫差下跪磕头说："如果大王您能够饶恕勾践的罪过，越国就会把世代相传的宝物全部送给您。假如您不能饶恕，勾践只有杀死妻子和儿女，烧毁全部宝物，率领他的5000名将士和您决一死战了。如果这样的，您也要付出相当大的代价的。"伯嚭也趁机劝说吴王夫差说："越王已经心甘情愿地做了您的臣子，您如果答应了他，对吴国是非常有利的。"吴王听罢，又准备答应文种的要求。伍子胥强烈反对说："如果现在您不灭了越国，以后您连后悔都来不及了。越王勾践是贤君，文种、范蠡都是良臣，如果让勾践返回越国，以后一定会成为吴国的心腹大患。"然而，吴王夫差不听从伍子胥的良言相劝，终于还是赦免越王，放他回了越国。

勾践被困在会稽时，曾经叹息着说："难道我就要在这里结束我的生命了吗？"文种劝慰他说："当初商汤被囚禁在夏台，周文王被围困在羑里，晋国的重耳逃亡到翟族，齐国的小白逃到莒国，最终他们要么成为天下共主，要么成为诸侯霸主，都成就了伟大的事业。从这点来看，我们现在面临的祸患很有可能会转变成未来的好运！"而后来的结局最终证实了他的话。

卧薪尝胆

自从吴王夫差饶恕了越王勾践，放他回到越国以后，勾践始终不忘自己在吴国蒙受的耻辱。他在座位旁边悬挂了一颗苦胆，无论是坐着的时候还是躺着的时候都能够看到它，借此来时刻提醒自己。每次饮食之前，他都要先品尝一下胆汁，胆汁的苦味就会使他想起自己在会稽所受的侮辱。他还亲自耕种庄稼，他的夫人亲手纺织布匹。饮食上他也非常俭朴，从来不吃荤菜。在着装上他也十分朴素，不穿华丽的衣服。他对待贤能的人彬彬有礼，招待宾客热情诚恳，热心救济贫穷的百姓，真心哀悼去世的老人，安慰他们的亲属，和百姓们同甘共苦。越王准备任命范蠡管理国家政务，范蠡推辞了，他说："如果用兵打仗，文种不如我。如果治理国家，安抚百姓，我不如文种。"勾践任命文种管理国家政务。为了使吴国相信越国真的甘愿臣服于他，勾践让范蠡和大夫柘稽到吴国做了人质，直到两年以后，吴国才允许范蠡回到越国。

越王勾践从会稽回到越国已经7年了，这段时间里他一直都在安抚越国的百姓和士兵。同时也不忘自己在会稽受到的耻辱，准备寻找机会向吴国报仇。越国大夫逢同了解勾践的心思，便向他进谏说："越国刚刚经历过灾难，现在国家才开始富裕起来，假如我们马上开始整顿军事装备，吴国知道后一定会担心我们攻打他们。这样的话，他们一定会先对我们下手，以我们现在的实力还不能战胜吴国。假如真的打起仗来，越国的灾难又要来临了。您看凶猛的大鸟袭击目标之前，一定会先把自己隐藏起来，趁目标不注意的时候突然制服它。现在，吴国的军队驻扎在齐国、晋国的边境上，吴国与楚国、越国结下很深的仇恨。吴国虽然在诸侯国家中拥有显赫的名声，但实际上已经危害到了周王室。吴王虽然建立了很大的功业，但是却缺乏道德，所以他一定会骄傲、狂妄、蛮横起来。现在，从越国的利益出发，您可以和齐国结交，和楚国亲近，归附于晋国，对吴国在表面上也要表现得非常亲近。吴国极为贪婪，以后肯定会主动攻击别的国家。这样的话我们就可以借助这3个国家的势力消耗吴国，趁着吴国疲惫的时候就可以一举打败它了。"勾践觉得他的话非常有道理，毫不犹豫地接受了。

两年后，吴王夫差准备讨伐齐国，伍子胥阻止他说："您不能讨伐齐国，齐国对于吴国的危害，只相当于身上一块癣而已，而越国却是我们的心腹之患，您应该先讨伐越国。"吴王不听。吴军攻打齐国，获得了胜利。伍子胥又提醒正在得意的夫差说："您不要高兴得太早，大祸在后面呢！"吴王非常生气。文种为了探测吴王对越国的态度，建议勾践向吴国借粮食。伍子胥坚决反对吴王借粮给越国，但吴王还是没听。伍子胥愤怒地说："吴王如果一直不听从我的劝诫，再过3年吴国就会成为一片废墟！"和伍子胥一直不合的太宰伯嚭听到这些话后，觉得这是在吴王面前诋毁他的好机会，他对吴王说："伍子胥虽然表面忠厚，实际上内心极度残忍，他连自己的父亲和哥哥的生命都不顾惜，怎么可能顾惜您呢？他已经有怨恨您的情绪了，如果不严加防备，他一定会策划叛乱的！"吴王起初并不相信伯嚭的谗言。然而伍子胥预感到吴国不久后将有大的灾祸，在一次出使齐国时，他把儿子委托给了齐国的鲍氏。吴王听说后，认为伍子胥真的有谋反的打算。于是在伍子胥从齐国回来后，吴王就派人送给伍子胥一把叫作"属镂"的剑让他自杀。伍子胥大笑着说："夫差啊夫差！我辅佐你父亲雄霸天下，又拥立你做国君，当初你还想和我平分吴国，我都不接受，谁知道没过多久你就听信谗言要杀死我。可惜啊！可惜！你一个人绝对没有能力支撑起吴国！"说完他又告诉使者："我死后，一定要挖出我的眼睛挂在吴国都城的东门上，我要亲眼看着越国的军队攻进吴国都城。"说完拔剑自杀而死。

3年之后，勾践询问范蠡："吴王杀死了伍子胥，吴国缺乏忠臣，小人当道，现在我们可以攻打他吗？"范蠡认为时机还不成熟。直到第二年春天，吴王带领吴国的精锐部队到北部去会合诸侯，只留下老弱残兵和太子驻守都城，这时范蠡提醒勾践攻打吴国的时机到了。越国派遣精锐的部队全力进攻吴国。吴军大败，吴国的太子被杀。这时候吴王正在黄池与诸侯会盟，他担心诸侯国家知道自己惨败的消息，严防泄密，私下却派使者带上丰厚的礼物向越国求和。越王意识到此时自己还没有能力灭掉吴国，便和吴国讲和。

以后4年中，越国不断地攻打吴国。吴国的精锐部队都在和齐国、晋国的战争中消耗殆尽，因此吴军大败。越军包围吴国都城达3年之久，后来把吴王围困在姑苏山上。吴王派遣大臣公孙雄裸露上身，跪在地上用膝盖向前爬行，请求与越王讲和。勾践准备答应吴王的要求，范蠡却说："当初您被困在会稽，是上天把越国赏赐给吴国，但吴国不要。现在是上天把吴国赏赐给了越国，越国难道还要违背上天的旨意吗？再说君王您谋划讨伐吴国已经整整22年了，到了最后的时刻怎么可以放弃呢？那样做是要被上天惩罚的。您难道忘了您在会稽受到的耻辱了吗？"勾践回答："我很想像您说的那样做，但我怜悯吴国

勾践卧薪尝胆图

的使者。"范蠡见状，便让士兵击鼓进军，下达命令说："越王已经把权力交付给我了，吴国使者赶快离开吧，不然就要对你不客气了。"公孙雄大哭着离开了。走投无路的吴王夫差只好自杀而死，临死前他用衣袖遮住自己的脸说："我实在是没有脸面去见伍子胥啊！"吴国就这样灭亡了。

郑世家

桓公立国，庄公小霸

郑桓公名叫友，是周厉王的小儿子，周宣王的弟弟。周宣王即位22年后，友被封到郑地，那里的百姓都非常拥护他。周幽王的时候友被任命为司徒。当时，幽王宠爱褒姒，不过问朝廷的政事，很多诸侯都背叛了幽王。郑桓公预感到将会发生危险，便询问太史伯说："周王室将要面临重大灾难，我怎么样才能躲避开呢？"太史伯回答："现在只有洛水以东、黄河以南可以安居乐业，你还是到那里去吧。"郑桓公询问原因，太史伯回答："那一带靠近虢国、郐国，这两个国家的国君非常贪婪，百姓不拥护他们。您现在是司徒，百姓都爱戴您。您如果住在那一带，虢国、郐国国君因仰慕您的名望，会分土地送给您，虢国、郐国的百姓也会归附您。"郑桓公又问：

"我如果到南边的长江流域去怎么样呢?"太史伯回答:"楚国是祝融的后代。从前,祝融做高辛氏的火正,功劳很大。然而他的子孙在周朝却一直没有兴盛起来。如今,周王室衰弱,楚国就一定兴盛。楚国如果兴盛,对郑国绝对不利。"桓公再问:"那么西方怎么样呢?"太史伯回答:"西方的百姓非常贪婪,很难在那里长久居住。"郑桓公又问:"周王室衰弱,哪个诸侯国会兴盛起来呢?"太史伯回答:"应该是齐国、秦国、晋国、楚国吧,齐国是吕尚的后代,秦国是伯翳的后代,楚国是祝融的后代,晋国是叔虞的后代,他们的祖先都立下了很大的功劳,周王室衰败了,他们就会兴盛起来。"郑桓公听取了太史伯的建议,马上请求幽王,得到允许后把他的百姓迁移到了洛水东部。虢国和郐国果然向他贡献出10座城池,他建立了郑国。

郑桓公三十六年(公元前771年),犬戎杀死了幽王和郑桓公。郑国百姓拥立桓公的儿子掘突即位,也就是郑武公。武公娶武姜为夫人,生下了寤生和叔段。武姜不喜欢寤生。郑武公病重时,她主张让叔段继位,但武公不同意。武公去世后,寤生继位,他就是郑庄公。

郑庄公元年(公元前743年),在武姜的建议下,庄公把弟弟叔段封到京城,号称太叔。大臣祭仲进谏说:"京城比郑国国都还要大,不能把它封给叔段。"庄公说:"是母亲要我这样做的,我不敢反对。"果然,叔段到了京都后就操练军队,和武姜阴谋策划叛乱。庄公二十二年(公元前722年),叔段率军袭击郑国国都,武姜做内应。

郑庄公见母图　清　傅抱石

但是叔段兵败，他们的计划没有成功。叔段后来逃亡到了共国。庄公怨恨母亲背叛自己，把她迁徙到城颍，发誓说："不到黄泉，就不和她见面。"意思是不到死不相见。一年以后，郑庄公想念母亲，后悔自己的誓言。恰好颍谷的考叔拜见庄公，庄公赏赐给他食物。考叔说："我还有老母亲，请您允许我把食物带给我母亲吧。"庄公无奈地说："我也很思念我的母亲，但又不能违背自己发下的誓言，这该怎么办呢？"考叔建议说："您可以派人挖地，挖到有泉水的地方就能见到母亲了。"郑庄公按照他的办法，见到了母亲，母子二人和好。

郑庄公二十四年（公元前720年），郑国攻占周王室的田地，夺取了田地里的庄稼。庄公二十七年（公元前717年），郑庄公朝拜周桓王。周桓王对郑国夺取周王室庄稼的行为记恨在心，没有按照正常的礼仪对待郑庄公。郑庄公对此十分气愤，就派人用郑国的一个城市交换了鲁国靠近许国的田地，让郑国百姓播种庄稼，这是不经天子允许私自换田的违法行为。庄公三十七年（公元前707年），郑庄公不去朝拜周桓王。周桓王于是率领陈国、蔡国、虢国和卫国共同讨伐郑国。郑庄公和大臣祭仲、高渠弥率领郑国军队迎击，一举打败了周王的军队。大臣祝聃用箭射伤了周桓王的手臂。祝聃请求庄公继续追击桓王，郑庄公阻止他说："冒犯年长的人尚且还要受到人们的指责，更何况冒犯天子呢？"下令停止追击周朝军队。郑庄公还在深夜派遣祭仲慰问周桓王，探视了他的伤情。

子产安邦

郑釐公五年（公元前566年），郑国国相子驷拜见釐公，釐公对待他很无礼。子驷十分气愤，暗中命令釐公的厨师用毒药害死了釐公，谎称釐公得急性病而死。然后，他拥立郑釐公的儿子公子嘉即位，这就是郑简公。简公元年，众公子合谋，准备杀死子驷，但是走漏了风声，被子驷事先知道，于是他抢先杀死了各位公子。随后，子驷准备自立为国君，公子子孔派遣亲信尉止杀死了子驷，并且替代他担任宰相。子孔也想自立为国君。子产劝告他说："子驷自立为国君是非法的，所以你才杀死了他，而今天你却要仿效他的做法，这样下去，郑国的内乱就没有平息的时候了。"子孔认为子产的话很有道理，便放弃了自立为国君的想法，仍然只担任郑国的国相。

郑简公在位的时候，国相子孔独揽了郑国的大权，简公对此非常不满。简公十二年（公元前554年），简公派人杀死子孔。随后，简公任命子产担任郑国的上卿。

郑简公二十二年（公元前544年），吴国派遣使者延陵季子出使郑国。季子一见子产，便非常投机，就像多年不见的老朋友一样。延陵季子推心置腹地对子产说："郑国的国君行为不端，如果一直这样下去，不用多久，郑国就要面临灾难了，那个时候，郑国的大权就会掌握在你的手里。你如果职掌政权，一定要按照礼法治理国家，如果不这样，郑国肯定会灭亡。"子产非常感激延陵季子的直言，诚恳地接受了他的建议，用高规格的礼仪接待了延陵季子。

郑简公二十三年（公元前543年），郑国的各位公子为了在简公面前争宠，不惜互相残杀，还打算杀死职掌重权的子产。有的公子说："子产是仁义友爱的人，郑国能够存在下去都是靠他来支撑，我们无论如何也不能杀死他！"准备杀死子产的公子也觉得确实如此，没有对子产下手。

晋平公生了病，郑国派遣子产到晋国去探望病情。平公询问他："我生病后让人进行占卜，原来是实沈、台骀害我生病，晋国的史官都不知道他们是谁，您知道他们是什么样的神灵吗？"

子产回答："上古时候高辛氏有两个儿子，长子叫作阏伯，次子叫作实沈。他们住在大森林里，都不能容忍对方，每天都打个没完。尧帝很讨厌他们，于是就让阏伯迁居到商丘，掌管祭祀辰星，后来的商族人因此继承了这个职务，所以辰星也叫商星。尧帝让实沈迁居大夏，掌管祭祀参星，唐族人因此继承了这个职务，唐族的末代君主叫作唐叔虞。后来周武王的夫人邑姜在怀太叔的时候，梦见天帝对他说：'我给你的儿子起名叫作虞，把唐地封赐给他，让他在那里祭祀参星，繁育后代子孙。'太叔出生以后，手掌心的纹路果然像'虞'字，于是就命名为虞。后来太叔果然被封到唐地。晋国是叔虞的后代，参星是晋国的星宿。由此可知，实沈就是参星的神灵。上古时候金天氏有个叫作昧的后代，负责管理水渠，他有允格和台骀两个儿子。台骀继承了他的官职，很好地疏通了汾水和洮水。帝王颛顼因此嘉奖了他，把汾水分封给他。现在，晋国统治了汾水流域。由此可见，台骀是汾水的神灵。这两位神灵都不会危害您的身体，在发生水灾和旱灾的时候应该祭祀山河的神灵。

风霜雨雪如果不按时令来临,就应该祭祀辰星的神灵。您的病是因为饮食不调、情绪不佳、迷恋女色等生活原因造成的,和神灵没有关系。"晋平公赞叹子产说:"您真不愧是知识渊博的君子啊!"于是,赠给子产丰厚的礼物。

郑声公五年(公元前496年),一直担任国相的子产去世,郑国的百姓听到这个噩耗,全都痛哭流涕,像是自己的亲人去世一样。孔子曾经路过郑国,和子产亲近得如同兄弟一样。他听到子产的死讯后,痛哭着说:"子产的仁德慈爱,真的接近上古的贤人啊!"

赵世家

三家分晋

晋出公十一年(公元前464年),出公派遣智伯率军讨伐郑国。此时赵简子刚好生病,于是就派遣儿子——太子赵毋恤率领军队协助智伯包围郑国。智伯喝醉了酒,丧失了理智,强行用酒灌赵毋恤,还动手打他。跟随赵毋恤的大臣们非常生气,要求杀死智伯。赵毋恤劝阻他们说:"我父亲之所以让我做太子就是因为我能够忍辱负重,现在不能因为一时的冲动耽误了大事。"虽然他嘴里这样说,心里却非常怨恨智伯。智伯酒醒后意识到赵毋恤可能会报复自己,于是在回到晋国之后建议赵简子废掉赵毋恤,另立太子,赵简子没有听从他的建议。赵毋恤得知后更加怨恨智伯。

赵简子去世以后,赵毋恤继承他的爵位,这就是赵襄子。赵襄子的姐姐原来是代王夫人。赵简子刚刚安葬,赵襄子还没有脱掉孝服,就赶往北方登上了夏屋山,邀请代王赴宴。酒宴当中,赵襄子安排厨师拿着铜制的烹饪器皿在一边侍奉,他命令厨师趁着倒酒的机会,用铜制的器皿打死了代王和他的随从。随后,赵襄子就发兵占领了代地。他的姐姐听到这件事后,哭叫得呼天抢地,之后自杀身亡。代地的百姓同情她的遭遇又钦佩她的忠贞,把她自杀的地方叫作摩笄山。赵襄子把代地封赐给哥哥伯鲁的儿子赵周,让他做代地的君主。

赵襄子即位4年以后,智伯联合赵氏、韩氏、魏氏3家把原来范氏、中行氏的领地全部瓜分了。晋出公非常生气,但是又没有能力制服这4家大臣,于是他就准备联合齐国和鲁国，想依靠他们的力量来讨伐4家大臣。4家大臣知道这个消息以后，便先下手为强，联合起来攻打晋出公。出公无奈，只好向齐国逃亡而去，还没有到齐国，就死在了半路上。智伯让晋昭公的曾孙公子骄继承晋国的君位，也就是晋懿公。此时，智伯的权势和实力在4家大臣中是最大的，他越来越骄傲蛮横，不把其他3家大臣放在眼里。他要求韩氏、魏氏两家割让领地给他，韩氏、魏氏迫于压力答应了他的要求。智伯又要求赵氏割地给他，赵襄子本来就不准备割让领地，再加上智伯以前侮辱过他，于是断然拒绝了智伯的要求。智伯非常生气，亲自率领韩氏、魏氏两家联合进攻赵氏。赵襄子知道自己抵挡不住他们，赶忙逃到晋阳驻守。

赵襄子的大臣原过退守时落在了赵襄子后面，他走到王泽的时候，看见3个奇怪的人，只能看见他们腰带以上的部分，腰带以下部分看不见。3个人交给原过两节竹子，叮嘱他说："替我们把这竹子送给赵毋恤。"原过到了晋阳后，把自己的奇遇如实告诉了赵襄子。赵襄子斋戒了3天，亲手剖开竹子，只见里边用朱红的字写道："赵毋恤，我们是霍泰山山阳侯的神灵。三月丙戌日，我们将要帮助你灭掉智氏。你也要在百邑建造庙宇祭祀我们，我们还会把林胡的土地赏赐给你。"赵襄子再次拜谢神灵对他的指引，接受了3位神灵的命令。

智伯联合韩氏、魏氏围攻晋阳，一年多还是没有攻克。他们把汾河的水引来，水淹晋阳城，晋阳城内一片汪洋，大水离城墙墙顶只差三版墙高的高度。城里的百姓只好把锅挂起来做饭，因为缺乏粮食，忍痛互相交换子女当作食物吃。赵襄子的大臣们也都有了外心，对待赵襄子的礼节也越来越轻慢，只有高共从来没有过分的举动。面对这个局面，赵襄子非常害怕，于是在半夜派遣丞相张孟同暗中劝说韩氏和魏氏。3家终于达成了共识，由韩氏和魏氏做内应，3家联合起来灭掉了智氏，共同瓜分了智伯的土地。成功之后，赵襄子对大臣进行封赏，高共受到上等的封赏。张孟同疑惑地问赵襄子："我们被围困在晋阳的时候，只有高共没有立下功劳。"赵襄子回答："当晋阳城处于非常危急局势时，大家都对我很怠慢，只有高共没有丧失臣子对君主的礼节，所以他要受到上等的封赏。"

从这时起，赵氏、魏氏、韩氏三家包揽了晋国的大权，晋国国君形同虚设。后来到了晋烈公的时候，周天子赏赐赵氏、魏氏、韩氏，封他们为诸侯。到了晋静公的时候，魏武侯、韩哀侯、赵敬侯把晋国的土地彻底瓜分，晋国的香火从此断绝了。

赵武灵王胡服骑射

赵武灵王是一位目光远大、很有魄力的国君。他发现赵国百姓穿着长袍大褂，无论是干活还是打仗，都十分不方便。而北方的胡人穿着短衣窄袖的服装行动灵活，并且胡人骑马打仗，比赵国的步兵和战车要先进得多。赵武灵王立志要对赵国进行改革。赵武灵王十九年的春天，武灵王召见赵国老臣肥义共同议论天下大事，一连谈了5天才结束。随后，他又召见大臣楼缓商议说："赵国虽然取得卓越的功绩，但大业还没有完成。我们周围还有很多敌对的国家，如果我们不拥有强大的军事力量，很容易被他们灭掉。所以我们必须进行大幅度的改革，但是，要取得高于一般人的功名，就不会被世俗的人所理解。我准备让赵国人穿着胡人的服装。你们看怎么样？"楼缓支持赵武灵王的想法，而别的大臣全都不同意。

赵武灵王对肥义说："当年简子、襄子二位先主就是吸取了胡族和翟族的有益经验，取得了很大成就，我决心要学习他们的做法。现在我就准备改穿胡人的服装，学习骑马和射箭，不仅我自己这样，我还要带领赵国百姓改穿胡服，学习骑射。但是我这样做的话，人们一定不会接受，大臣和百姓都会议论我。您说我该怎么办呢？"肥义回答："我听说做事情如果犹豫不决，就不会取得成功。您既然已经决定承受背弃风俗的名声，那么就没必要在乎人们对您的议论了。再说您这样做对赵国是有好处的，您就放心贯彻下去吧！"赵武灵王听

身穿胡服、头戴胡帽的匈奴骑士

完之后坚定了信心，毅然穿着起胡人的服装。

赵武灵王派人劝说朝中重臣、自己的叔父公子成说："我已经穿上了胡人的服装，还准备穿着它上朝，希望叔父您也能穿上了胡人的服装上朝。在家您是长辈，我听您的；在朝我是国君，请您听我的。要是我穿着胡人的服装上朝，而您却不穿，恐怕会遭天下人议论。再者，从国家推行政令的原则上说，政策应当从朝廷大臣和国君的家族开始执行，这有利于在全国推行。况且，我下令改穿胡服，有利于富国强兵，并不是为了个人享乐。您是我的叔父、朝廷的重臣，希望您能支持我，成就伟大的功业。"公子成认为赵武灵王的做法不符合礼仪，不同意。赵武灵王亲自来到公子成家中，请求他说："衣服本来就是为了方便人穿着的，礼仪也是用来方便人行事的。圣明的人观察百姓的风俗习惯，根据实际情况制定了礼仪，目的是使国家和百姓得到好处。每个国家都有不同的习俗，也有不同的礼仪，并且会随着实际情况的变化做适当的调整。现在我改穿胡人的衣服，学习骑马射箭是为了增强赵国的军事力量，使赵国强大富裕起来，希望你不要被死的风俗所束缚，能够支持我！"公子成被说服了。第二天，他们就穿上胡人的服装上朝。赵武灵王正式发布诏令，命全体赵国人改穿胡人服装。

赵国的大臣赵文、赵造、周袑、赵俊都接受不了赵武灵王的命令，共同前来劝阻赵武灵王。武灵王教导他们说："每个先王都有自己的习俗，我们又应该去效法哪一种呢？习俗和礼仪不能拘泥于一种形式，要清楚制定它的目的是给人们带来好处。用古代留传下来的方法来约束现在的人是行不通的，是不能通晓事物变化的表现。我命令赵国改穿胡人的衣服是适合现在的实际情况的。这一点你们理解不到啊！"说完，赵武灵王不顾大臣的反对，继续推行胡服，并且教练士兵骑马射箭。

赵国推行了"胡服骑射"制度以后，军事实力和综合国力在短期内大大增强。在赵武灵王二十一年（公元前305年），武灵王亲自率领赵国军队进攻中山国。中山国根本无法抵挡强大的赵军，只好贡献出四座城池来求和。武灵王同意了他的请求，把军队撤回赵国。两年后，赵国再次攻打中山国，中山国再次割地求和。又过了3年，赵国第三次出兵，攻占了中山国。随后，赵军向北打到燕、代一带，向西攻取了云中、九原的土地。

田敬仲完世家

齐威王治国

　　齐威王刚刚即位的时候，不理朝政，把国事全部交给齐国的大夫们办理，他即位9年以来，各个诸侯国家都来攻打齐国，齐国百姓一直生活在动荡之中。终于有一天齐威王决定奋发图强，重新振兴齐国。他召见即墨大夫，对他说："自从你治理即墨以来，我每天都能听到诋毁你的言论。可是我派人到即墨观察，发现那里治理得井井有条，百姓生活非常富足，齐国的东部地区非常安宁。我想人们之所以说你的坏话，是因为你不会巴结讨好我身边的人，没人替你说好话呀！"随后，齐威王赏赐给即墨大夫1万户的封邑，算作对他的表彰。

　　随后，齐威王又召见阿城大夫，对他说："自从你治理阿城以来，我每天都能够听到赞扬你的话。可是我派人到阿城观察，发现那里的田野荒芜，百姓生活贫苦。赵国军队进攻甄城的时候，你没有发兵援救。卫国夺取薛陵的时候，你竟然都不知道。作为一个臣子，你是如此失职。我平时总听到对你的赞扬，一定是你用财物贿赂我身边的人，他们收了你的财物，当然称赞你啦！"随后，齐威王下令杀死了阿城大夫，并把自己身边曾经吹捧过阿城大夫的人也一起杀掉。

　　接着，齐威王发动军队向西方进攻赵国和卫国，赵国被迫归还了先前占领的齐国长城。又在浊泽打败了魏国的军队，并且围困了魏惠王，魏惠王把魏国的观城割让给齐国。齐国百姓看到原本不理朝政的国君，突然之间立下如此巨大的功勋，非常震惊，齐国从上到下都不敢再弄虚作假，齐国因此得到很好的治理。此后20多年间，其他的诸侯国家都不敢对齐国动用武力。

　　驺忌子善于弹琴，齐威王很喜欢他，召见了他并让他住在王宫中。当齐威王正在弹琴的时候，驺忌子冒失地推开门走进来说："您的琴弹得太好了！"齐威王对他的举动很不满意，质问他说："您没有认真观察我弹琴的样子，怎么知道我弹得好坏呢？"驺忌子说："大弦的音调缓慢而且温和，象征着国君；小弦的音调高亢而且清亮，象征着国相；手指勾弦的时候有力，放开的时候舒缓，象征着国家政令；发出的琴声和谐，音调配合美妙，没有不纯正的杂音干扰,象征着四时。所以我知道您弹得非常好。"威王又问:"我知道你很善于谈论音乐,这一点我比不上你,但是怎么能够用弹琴与治理国家和安抚人民相比呢?这也太牵强了吧!"驺忌子说:"您的琴声回环往复却不混乱,是因为国家的政治昌明;节奏连贯而又轻快,是因为救助了将要灭亡的国家。所以说,琴声和谐,国家就安定平稳。治理国家和安抚人民的道理和弹琴的道理十分接近。"齐威王听后心悦诚服,赞叹驺忌子的贤能,3个月后就任命他为齐国的国相。

齐国大臣淳于髡对驺忌子这么快就做了国相感到不服气,他见到驺忌子说:"您真的很会说话呀!我有些浅薄的问题,想向您讨教一下。"驺忌子谦虚地说:"我愿意恭听您的教诲。"淳于髡说:"侍奉国君能够周到,不犯差错的话,就能名利双收;如果稍微有一点差错,就会身败名裂。"驺忌子说:"多谢您的指教,我会牢记您的话。"淳于髡说:"用猪油涂抹车轴,目的是让车轴润滑,但如果轴孔是方的,即使涂抹猪油车轴还是无法转动。"驺忌子说:"我侍奉在国君左右,会小心谨慎的。"淳于髡说:"用胶粘破旧的弓,是为了把裂开的地方粘起来,但胶不可能把所有的缝隙都粘合起来。"驺忌子说:"我会恭敬地依附百姓。"淳于髡又说:"狐狸皮制成的大衣,即使破了,也不能用黄狗的皮去缝补它。"驺忌子说:"我一定会认真地挑选正人君子作为大臣,不让小人混杂在里面。"淳于髡又说:"大车如果不校正,就不能承载重物;琴瑟如果不把弦调好,就不能弹奏出和谐的声音。"驺忌子说:"我一定会认真地制定法律并严格执行。"淳于髡听完,飞快地跑了出去,来到门外对他的仆人说:"驺忌子真的有才能啊!我对他说了5条谜

进谏图

此图形象地再现了战国时期士大夫向诸侯国君献治国之策的情景。

语，他很快给予我准确的回答，用不了多久，君王还会封赏他的！"果然一年后，齐威王就把下邳封赐给了驺忌子。

齐威王二十四年（公元前333年），齐威王和魏王一起到郊外打猎。魏王问齐威王："齐国有宝物吗？魏国虽然很小，也还拥有许多直径一寸的夜明珠，把它们镶在车上，能够照亮车前车后。每辆镶嵌10颗的话，可以装饰12辆车。"齐威王说："我对宝物的理解和您不一样。我有个叫檀子的大臣，他驻守南城，楚国就不敢进犯，泗水一带的12个诸侯国家都来朝拜齐国；我有个叫盼子的大臣，他驻守高唐，赵国人就不敢到东边的黄河里捕鱼；我有个叫黔夫的臣子，他驻守徐州，燕国人和赵国人就举行祭祀，以求神灵保佑不受到齐国的攻打，追随黔夫迁居到齐国的就有7000多家；我有个叫种首的大臣，他负责防范盗贼，结果齐国百姓就能路不拾遗，夜不闭户。我的这些大臣的光芒能够照耀千里远，可不是您的夜明珠可比的！"魏惠王听到之后，非常羞愧。

东帝齐湣王

齐湣王十三年（公元前288年），秦昭王自称为西帝，齐湣王自称为东帝。刚好这时苏代从燕国来到齐国拜见齐王，齐王问他："先生您来得正好，秦国派遣魏冉给我送来了帝号，您认为我该不该接受呢？"

苏代回答："您的问题太仓促了，我还没来得及仔细思考。但是祸患的产生常常是不明显的，所以我建议您先接受帝号，但不要马上称帝。您可以等秦国称帝以后，观察天下能否容忍，如果可以，那时候您再称帝，也为时不晚。况且在称帝的时候表示出谦让，对您只有好处没有损失。如果秦国称帝以后，天下人都憎恶他，大王也就不要称帝了，这样就可以收拢到民心，这对您来说是很大的资本。再说，天下同时出现您和秦昭王两个帝，您认为天下人是尊崇齐国呢，还是尊崇秦国呢？"齐湣王认为天下人尊崇秦国。苏代继续问："如果您放弃帝号，天下是敬爱齐国还是敬爱秦国呢？"湣王认为天下人会敬爱齐国而憎恨秦国。苏代又问："齐国和秦国联合进攻赵国有利还是齐国单独讨伐宋国有利？"齐湣王认为后者有利。

苏代继续说："您如果称帝，名义上和秦国处于同等的地位，但是事实上齐国和秦国一起称帝的话，天下人只会尊崇秦国而轻视齐国；如果您放

弃帝号，天下人就会敬爱齐国而去憎恨秦国。齐国称帝后，您就不得不和秦国共同进攻赵国，然而这却不如齐国单独讨伐宋国有利。因此我希望您放弃帝号，收拢天下的民心，解除和秦国的盟约，不和他争夺地位的高低，利用这个时机攻占宋国。占有宋国，就可以威胁卫国；占领济西，就可以威胁赵国；占领淮北，就可以威胁楚国；占领陶地和平陆，就可以威胁韩国。您放弃帝号的同时讨伐宋国暴君，既可以得到好名声，又能增强国家的实力。燕国、楚国也会为形势所迫而臣服于齐国，这样一来，各个诸侯国家都不敢不听从齐国了。"

齐湣王十七年（公元前284年），燕国、秦国、楚国和三晋联合攻打齐国，在济水的西面打败齐国军队。燕国大将乐毅攻占了齐国都城临淄。齐湣王逃到卫国。卫国国君让他居住自己的王宫，还以臣子的身份侍奉他。落难的齐湣王仍旧十分傲慢，引起卫国人的不满。齐湣王只好离开卫国，逃亡到邹国和鲁国，邹国、鲁国的国君都没有收留他。这个时候，楚国派遣大将淖齿率领军队救援齐国，但是淖齿却杀掉了齐湣王，并且和燕国一起瓜分了齐国的土地和掠夺到的财宝。

孔子世家

名显诸侯

鲁襄公二十二年（公元前551年），孔子出生于鲁国昌平乡的陬邑。因为他刚出生的时候头顶是凹下去的，所以取名为丘，字仲尼。从小的时候开始，他就刻苦学习，遵守礼仪。孔子17岁那年，鲁国大夫孟釐子身患重病，临终前他告诫儿子孟懿子说："孔丘是圣人的后代，他的祖先在宋国有很高的地位，受到人们的赞扬。虽然后来他们的家族衰败了，但是我听说圣人的后代即使不执掌国政，也一定会出现贤德的人。现在孔丘年纪这么轻，就有高深的学问，还能遵循礼仪，他应该就是那个贤德的人。我死了以后，你一定要拜他为师啊！"孟釐子死后，孟懿子遵从他的遗愿拜孔丘为师。

孔子年轻的时候家境贫穷，社会地位低下。长大之后，他曾给季氏做过管理仓库的小官，把钱财和粮食的出纳计算得非常公平准确。他还曾做过管理牧场的小官,把牧场管理得井井有条。因此,他被提升为主管建造的司空。

南宫敬叔请求鲁昭公,让他和孔子一起去周朝学习礼仪,鲁昭公准许了,为他们提供了一辆车子、两匹马和一名童仆。孔子在周朝都城,曾经向老子求教,受益匪浅。他与老子告别的时候,老子对他说:"我听说富贵的人送给别人财物,品德高尚的人送给别人言辞。我不是富贵的人,只好充当一次品德高尚的人,用言辞为您送行吧!我送你这几句话:聪明敏锐的人会经常受到死亡的威胁,因为他喜欢议论别人;博学善辩、见识远大的人会经常遭遇危及生命的困境,因为他喜欢揭发别人的罪恶。作为子女,应该忘掉自己,一心为父母着想;作为臣子,应该忘掉自己,一心为君主着想。"孔子把老子的教诲牢记在心。他从周朝返回鲁国以后,拜他为师的弟子渐渐增多了。

鲁昭公二十年(公元前522年),齐景公和国相晏婴访问鲁国。齐景公对孔子的贤能有所耳闻,因此特意召见了他。他询问孔子:"当初秦国非常小,并且位于偏僻的地方,可是秦穆公为什么能够称霸呢?"孔子回答:"秦国虽然很小,但是秦穆公有远大的志向;虽然位于偏僻的地方,但秦国的政策非常得当。从前秦穆公亲自用五张羊皮赎回了百里奚,和他讨论国政,一口气谈了3天。发现百里奚贤能之后,马上就让他掌管国政。一个国君如果用这种精神来治理国家,别说当霸主,就是统治整个天下也是很正常的!"齐景公听后,非常钦佩。

孔子35岁的时候,鲁国发生了内乱。孔子逃亡到齐国,做高昭子的家臣,准备靠高昭子的关系接近齐景公。他和齐国的乐官探讨音乐,当他

孔庙杏坛

位于孔庙大成门与大成殿之间甬道正中,原为孔子旧宅教授堂遗址,宋时将此堂旧址"除地为坛,环植以杏,名曰杏坛"。整个建筑玲珑典雅,为孔子从事教育活动的重要标志。

听到了上古舜帝时候的《韶》乐之后，就专心地学习演奏，一连3个月都顾不上品尝肉的味道，齐国人都赞赏他的德行。

齐景公请教孔子如何治理国家，孔子回答："国君要有国君的样子，大臣要有大臣的样子，父亲要有父亲的样子，儿子要有儿子的样子。"景公深表赞同。过了几天，齐景公再次向孔子请教同样的问题，孔子回答："治理国家首先要节俭，杜绝浪费。"景公非常欣赏孔子，给予孔子很高的待遇。有的齐国大夫准备谋害孔子，孔子得知后赶忙离开齐国，回到鲁国。

孔子42岁那年，鲁国上卿季桓子在挖掘水井的时候，挖到了一个腹大口小的陶制器皿，里面有一个类似羊的东西，季桓子对孔子撒谎说他挖到了一只狗。孔子说："据我猜测，你挖到的应该是羊。我听说山林中的怪物是夔和罔阆，水中的怪物是神龙和罔象，泥土中的怪物是坟羊。"季桓子只好承认挖到的是坟羊。

吴国攻占了越国的国都会稽，得到一节足有一辆车长的骨头，不清楚是什么，于是派使者来询问孔子什么东西的骨头最大。孔子回答："上古时候大禹召来众多神人到会稽山，防风氏迟到，大禹就杀死了他，他的骨头一节就有一辆车长，这就是最大的骨头。"吴国使者由衷地敬佩孔子的博学多才。

当时鲁国的季氏掌握了国家的大权，根本不把国君放在眼里。鲁国的臣子们也都不遵循礼仪，违背了正道。因此，孔子辞掉了官职，在家中钻研学问，教授弟子。

孔子归鲁

孔子65岁的时候，他的弟子冉有统率鲁国的军队在郎地打败了齐国。季康子钦佩冉有的才能，询问他说："您的军事才能，是通过学习得来的呢？还是天生就具备的呢？"冉有回答："是从老师孔子那里学来的。"冉有极力称赞孔子的贤能，季康子动心了，决定把孔子从卫国召回鲁国。这时候，卫国大夫孔文子准备攻打太叔，请孔子出谋划策，孔子说自己不懂军事。孔子对卫国彻底失望，决定马上离开卫国，孔文子却坚决挽留。刚好，季康子派遣使者，带着丰厚的礼物来卫国迎接孔子，孔子趁机离去。周游列国14年后，孔子终于回到久别的鲁国。

鲁哀公向孔子请教治理国家的方法，孔子回答："处理政事首先要选拔优秀的臣子。"季康子也来向孔子求教，孔子告诉他："要任用正直的人，罢免奸邪的人，如果能做到这些，奸邪的人在感染下也会逐渐变为正直的人。"季康子经常担心自己的财产被人盗窃，孔子对他说："如果你自己没有贪欲，一心为国家出力，就是鼓励人去干盗窃的事，也没人愿意去。"鲁国最终也没有重用孔子，对此，孔子早已料到，从此以后也就断了出来做官的念头。

孔子生活的那个时代，周王室已经衰落，古代的礼仪制度遭到破坏，古代留传下来的典籍也残缺不全。孔子探究夏、商、西周3个朝代的礼仪制度，按照时间顺序整理编订了《尚书》和《礼记》。古代留传下来的可以配乐演奏的《诗》有3000多篇，但是内容重复过多，质量上也很不统一，孔子删除了其中重复的部分，选取其中符合礼仪的305首，编订为《风》《雅》《颂》3个部分。孔子刻苦整理典籍，完成了《诗》《书》《乐》《易》《春秋》的编修。

孔子晚年非常喜欢研读《周易》，他读《周易》极其刻苦勤奋，以至于多次弄断穿书简的牛皮绳子。他为《周易》撰写了精练的解读，这就是《象辞》《系辞》《卦传》《文言》等，合称《易传》。孔子说："假如我还能够多活几年，我对《周易》的理解就会更加深刻全面了。"

孔子用《诗经》《书经》《礼记》《乐经》等典籍作为教材教育弟子，跟他学习的弟子大约有3000多人，其中能够精通礼、乐、射、御、书、数六种技艺的就有72人，后人称他们为"孔门七十二贤"。至于在很多方面受到孔子的教诲但没有

孔子讲学图　清

此图表现了春秋时期孔子在杏坛讲学的情景。图中孔子端坐讲授，弟子们在周围恭敬地聆听。作品因是宫廷绘画，所以特别讲求用色和整体结构。

正式入籍的弟子就更多了。

孔子注重从学问、言行、忠恕、信义4个方面教导弟子。他为弟子订立了4条禁律，分别是不揣测、不武断、不固执、不自以为是。孔子认为斋戒、战争、疾病这几件事情应该特别谨慎地处理。他很少谈到利益，即使偶尔谈到，也是和命运、道德相关。他不用死板的方法教育弟子，而是采取诱导启发的方法，让弟子触类旁通。

孔子一直恪守礼仪，为弟子们做出表率。在乡里，他谦恭得像不善言谈的人，在祭祀和议论国政的时候，却又能言善辩；对待官员和百姓都一样的谦虚恭敬；肉如果变质或是不按照规矩切割，他就不吃；座位摆放不正，他就不坐；和有丧事的人一同吃饭的时候，从来不吃饱。孔子说过："三人在一起走，里面一定有一个人可以做我的老师。"当他听到别人唱歌很好时，就请求那个人再唱一遍，然后自己也学着唱起来。他从来不去谈论怪异、暴力、鬼神等虚幻的事情。

子贡评论孔子说："我们都了解老师在典籍研究方面的显著成就，但是他关于天道和人的命运的深刻见解我们就理解不了。"颜渊也感慨地说："我越是仰慕老师的学问，就越觉得它高超，越是钻研它，越觉得它深厚。我已经尽最大努力去学习，但还是远远赶不上老师啊！"

孔子认为君子最担忧的就是去世以后不能给后人留下一个好的名声。他根据鲁国的历史写下了《春秋》，记载了从鲁隐公元年到鲁哀公十四年之间鲁国的历史。当初孔子担任司寇审理诉讼案件的时候，基本上都是和别人商量后再拟定文辞，但是撰写《春秋》时则完全按照自己的想法去写。写成后，就连擅长文字的子夏也无法增删一句话。孔子也把《春秋》作为教材教诲弟子，他说："后人会因为《春秋》而了解我，也会因为《春秋》而怪罪我。"

子路在战乱中被杀，孔子很伤心，得了重病，子贡来看望他。孔子对他说："天下混乱很久了，可又没有哪位国君能够奉行我的主张。昨晚我梦见自己坐在两根柱子中间享受别人的祭祀，按照礼仪，夏朝人死了棺材放在东面的台阶；周朝人死了，棺材放在西面的台阶；殷朝人死了，则把棺材放在堂屋的两根柱子之间。我原本就是殷朝人，可见我不久于人世了。"7天后，孔子去世，享年73岁。鲁哀公亲自为他作了一篇悼词说："老天爷真是不仁慈啊，不肯留下这位老人。你扔下我一个人走了啊，我是多么孤独悲伤。"孔子死后，被埋葬在鲁国的泗水岸边,弟子们为他服丧3年,子贡一直服丧6年。鲁国人世世代代都要到孔子墓前祭奠,儒生们也经常来这里讲习礼仪,举办各种活动。

陈涉世家

大泽乡起义

　　陈胜,字涉,阳城人。他年轻的时候,曾经被富人雇用耕种田地。他不甘心一直过这样的生活,在一次劳动中,他和同伴来到田埂上休息,感慨了很长时间后,他对同伴们说:"如果我们之间将来有人富贵了,不要忘记伙伴啊!"同伴们觉得陈胜纯属异想天开,便嘲笑他说:"我们都是给别人干活的,怎么可能会富贵起来呢?"陈涉叹息着说:"唉!燕子、麻雀之类的小鸟又怎么能够了解大雁和天鹅的志向呢?"

　　秦二世元年(公元前209年),秦国征调贫苦的农民到渔阳驻守边境,其中有900人在大泽乡集合。陈胜和阳夏人吴广都在里面,他们担任屯长。当时下起了大雨,道路不通,延误了他们的行程。他们经过推算,知道在规定的期限内无法赶到渔阳了。秦国的法律规定,超过期限到达要判处死刑。于是,陈胜和吴广商量说:"现在我们如果逃亡是死路一条,发动起义还是死,同样是死,为什么不干一番大事业呢?"陈胜继续说:"长期以来,百姓在秦王朝的残暴统治下苦不堪言。据我所知,二世皇帝是始皇帝的小儿子,原本应该继承皇位的是公子扶苏。因为扶苏多次劝谏秦始皇,引起了始皇帝的不满,便派他领兵驻守边疆。现在听说他并没有犯罪,却被二世皇帝杀害了。百姓们都很敬仰他,而且大部分人还不知道他已经死了。项燕是楚国将军,立下了卓越的功勋,楚国百姓都非常爱戴他。现在有人说他死了,还有人说他躲藏起来。如果我们假冒公子扶苏和项燕的名义,号召天下百姓,一定会有很多人响应我们的。"吴广完全赞同他的观点。为了预测前途的吉凶,吴广前去占卜。占卜的人明白他们的意图,顺水推舟地说:"你们谋划的大事完全可以成功,你们也能够建功立业。但是你们询问过鬼神吉凶了吗?"陈胜、吴广听说大事可以成功后非常高兴。二人再揣摩占卜的人所说的话,明白让他们询问鬼神吉凶的意思就是让他们在百姓中树立威望。他

们在一块白绸子上用朱砂写下了"陈胜王"3个字，偷偷塞进了别人出售的鱼肚子里面。戍卒把鱼买回准备烹调，发现鱼肚子里面的白绸子，感到非常惊奇。陈胜又偷偷让吴广到驻地附近的一座古庙里面，在深夜时分，模仿狐狸的声音叫喊："大楚兴，陈胜王。"戍卒们听到后都惊恐不安。第二天，人们纷纷议论这件事情，并好奇地打量陈胜。

吴广一向爱护戍卒，在戍卒中很有威望，大家都愿意为他效力。为了激起公愤，吴广趁着押送队伍的县尉喝醉的时候，故意扬言要逃跑，企图激怒他。县尉果然上了当，鞭打吴广，还拔出佩剑要杀死他，吴广夺过剑杀死了县尉。随后，陈胜、吴广召集戍卒们说："我们在这里遇上了大雨，耽误了行程，如果在规定的期限内到达不了渔阳，我们都要被处死。即使不被处死，我们将来在驻守边疆的过程中，活下来的希望也不大。再说，大丈夫不死便罢，如果要死，就要名扬后世。那些王侯将相难道都是天生的贵种吗，为什么我们就不能建功立业呢？"戍卒们被说得群情激荡，表示愿意支持陈胜、吴广。他们异口同声地说："我们愿意听从您的命令。"陈胜、吴广假冒公子扶苏和项燕的名义发动起义，大家都袒露右臂作为标志，号称大楚。陈胜自命为将军，吴广担任都尉。他们首先攻打大泽乡，取得胜利之后，又相继攻占了蕲县、铚地、酂地、苦柘和谯地。他们在进军的过程中，不断招收士兵，队伍逐渐地壮大起来。等到攻占陈县的时候，他们已经拥有六七百辆战车、1000多名骑兵、数万步兵了。几天后，陈胜召集各路豪杰商谈前途大事。大家一致认为，陈胜讨伐昏庸无道的秦二世皇帝，重新建立了楚国政权，建立了这样的功绩，应该称王了。于是陈胜就自立为王，国号张楚。

陈胜称王后，全国各地郡县的人纷纷响应，他们杀死了当地的残暴官吏，起兵反秦。为推翻秦朝，陈胜任命吴广为假王，率领军队向西攻打荥阳；派遣武臣、张耳、陈馀攻打原来属于赵国的土地；派遣邓宗攻打九江，对秦国展开了全面的进攻。当时楚地几千人以上规模的起义军数不胜数。

陈王之死

陈胜起义之后，就派遣起义军将领向秦国发动全面进攻。他的手下葛婴攻占了东城，拥立襄强为楚王。后来他听说陈胜自立为楚王后，赶忙杀死了襄强，并亲自向陈胜报告。陈胜怨恨他拥立别人为王，立即杀死了他。这时候,吴广已经包围了荥阳。秦国名将李由驻守荥阳,吴广连续攻打,还是打不下来,非常着急。于是陈胜召集众多豪杰商量对策,还任命蔡赐做了上柱国。

陈胜像

陈县的贤士周文曾经在项燕和春申君的手下任职,陈胜便任命他为将军,率领军队向西攻打秦国。秦二世皇帝赦免了在骊山服役的罪犯和家奴所生的儿子,派遣大将章邯率领他们迎击张楚的大军,结果楚军大败,大将周文自杀身亡。

与此同时,进攻赵地的武臣却获得胜利。他占领了邯郸后,自立为赵王,任命陈馀担任大将军,张耳、召骚分别担任左、右丞相。陈胜知道武臣自立为王的消息之后非常生气,马上囚禁了武臣等人的家属,准备杀死他们。蔡赐劝诫他说:"现在我们还没有灭亡秦国,如果杀了武臣的家属,等于又多出一个相当于秦国的仇敌,我们不如顺水推舟,做个人情,就封武臣为赵王吧。"陈胜听从了他的建议,派遣使者到赵国祝贺,同时把武臣等人的家属软禁在宫中。陈胜催促武臣率军西出函谷关支援吴广。武臣与大臣们商议,有人说:"楚国对您称王非常不满,只是迫于形势才没有追究您,等到他灭掉秦国以后,一定会攻打赵国。现在您不能派兵向西进军,而应该向北攻占原来燕国管辖的土地,扩大我们的国土,壮大我们的实力。这样,赵国南面原来就有黄河作为屏障,北面再拥有燕和代的广大土地,楚国即使灭掉秦国,也不敢轻易进攻赵国。如果楚国不能灭掉秦国,就得借助赵国的力量。这时,赵国就可以趁着秦国疲惫的时候,轻松夺取天下了。"武臣认为很有道理,采纳了这个建议,派韩广攻打燕地。

韩广占据了燕地后,燕国原来的贵族建议他也自立为王。韩广担心武臣杀害他留在赵国的母亲,不敢称王。燕国原来的贵族劝告他说:"现在赵国担忧秦国和楚国的进攻,没有多余的力量来对付燕国。并且强大的楚国尚且不敢杀害赵王的家属,赵国怎么敢杀害您的家属?"韩广觉得很有道理,于是自立为燕王。不出燕国原来的贵族所料,几个月后,赵国就派人把韩广的

母亲和家属护送到了燕国。

陈胜的手下周市率军进攻北方，到达了狄县。狄县的田儋杀死了县令，自立为齐王，他率领齐地的士兵反击周市。周市的军队大败，撤退到了魏地，周市准备拥立以前魏国国君的后代宁陵君魏咎做魏王。当时，宁陵君魏咎在陈国，无法回到魏地。等到魏地平定后，人们想拥立周市做魏王，周市坚决不肯接受。他先后五次派遣使者和陈王周旋，终于把宁陵君魏咎接回魏地，做了魏王，周市则做了魏国的宰相。

吴广一直没能攻克荥阳，他手下的将军田臧召集其他几个将军谋划。田臧说："接应我们的周文的军队已经全军覆没，秦国的军队迟早会来攻打我们，那时候我们肯定会打败仗，我看还不如留下少量的部队守住荥阳，调遣精锐部队迎击秦军。可是吴广不懂得行军打仗，又自以为是，他肯定不允许我们这样做，我看干脆就杀了他算了，免得他破坏我们的计划。"其他的将军都赞同田臧的观点。于是他们假冒陈胜的命令，杀死了吴广，随后又把吴广的首级进献给陈胜。陈胜无奈，只得任命田臧为上将军。田臧派遣部将李归等人驻守荥阳，自己率领精锐部队到敖仓迎战秦军。结果楚国的军队大败，田臧战死。秦国大将章邯乘胜追击，攻占了荥阳，李归等人也都战死了。章邯又率军攻打郏城，驻守郏城的邓说抵挡不住，逃回了陈县。陈胜一怒之下，处死了邓说。章邯率领大军一路杀来，围攻了陈县，楚军战败，上柱国蔡赐战死。章邯接着率军进攻驻守在陈县城西的张贺部队。陈胜亲自出城督战，但楚军还是被杀得大败，张贺战死。陈胜只好从陈县撤退，当他走到下城父的时候，他的车夫庄贾杀死了他，然后投降了秦国。陈胜死后被安葬在砀县，谥号叫作隐王。

外戚世家

薄太后和窦太后

薄太后的父亲是吴地人，秦朝的时候，他和原来魏国王室的女子魏媪私通。之后，魏媪生下了薄姬，也就是后来的薄太后。诸侯反抗秦朝的时候，魏豹自立为魏王。魏媪把薄姬送到了魏王宫中做妃子。魏媪曾经让相面人许负给薄姬看相，许负断定薄姬将来会生下天子。这个时候，项羽和刘邦正在争夺天下，谁能够取得胜利还不一定。魏豹本来已经归附刘邦，他听了许负的话后，非常高兴，以为自己可以夺取天下，就背叛了刘邦。刘邦发兵攻打魏地，俘虏了魏豹，薄姬被送到汉朝王宫里面织布。汉高祖刘邦有一次观看侍女织布，发现了美貌的薄姬，于是把她选进后宫做了妃子。但是一年过去了，薄姬也没有得到过宠幸。薄姬年轻的时候和管夫人、赵子儿关系非常亲密，她们许下誓言说："如果谁先得到了富贵，就不要忘记其他人。"管夫人和赵子儿也被汉高祖选入后宫，并且先后得到了汉高祖的宠幸。一次她们开玩笑时谈起了以前与薄姬的誓言，正巧被高祖听到了。汉高祖很可怜薄姬，当天晚上就宠幸了她。薄姬告诉汉高祖："昨晚我梦见有一条苍龙盘踞在我的肚子上面，今天您就召见我了。"汉高祖认为这个梦是显贵的征兆。仅仅一次同宿，薄姬就生下了一个男孩，就是以后的代王。但是后来汉高祖另宠他人，就很少召见薄姬了。

汉高祖去世以后，太后吕雉执掌了汉朝的大权，她很嫉恨当初和她在汉高祖面前争宠的妃子们，于是把她们全部囚禁起来，不准她们离开皇宫。因为薄姬很少见到汉高祖，没有得到他的宠爱，所以太后吕雉没有囚禁她。她的儿子被封为代王，封地在代国。薄姬就跟着代王去了代国，成了代王太后。

代王在位17年的时候，太后吕雉去世了。大臣们都痛恨太后吕雉的残暴，赞赏代王太后的仁德，因此迎接代王回朝，拥立他继承皇位，也就是汉文皇帝。薄太后成了皇太后。

薄太后追封父亲为灵文侯，并为他在会稽郡设置了300户的园邑（指守陵人，他们不向国家交纳租税，负责看护陵墓，供奉祭祀）。薄太后认为自己的母亲是魏国国君的后代，母亲受到过魏氏家族的尽心侍奉，她建议汉文帝下令恢复魏氏家族的地位，并且分别按照和自己关系的亲疏程度进行了相应的赏赐。

汉文帝去世两年后，薄太后去世。当时的国君汉景帝按薄太后生前的愿望把她安葬在南陵。因为汉高祖和太后吕雉合葬在长陵，所以薄太后为自己单独建造了这个陵墓。

窦太后是赵国的清河人。太后吕雉掌权的时候，她被选到皇宫里，做服侍太后的宫女。后来太后吕雉把一部分宫女赏赐给各个诸侯王，窦姬就被选进这批宫女里。窦姬希望能够把自己送到离家乡比较近的地方,她请求主管遣送的宦官把她送到赵国,这位宦官答应了。但是分发的时候他却把这件事情忘记了,结果把她遣送到了离赵国很远的代国。窦姬非常难过,不想去代国,埋怨那个宦官,但是太后的命令已经下达,最终她还是不情愿地去了。谁知代王一见,就特别喜欢她,非常宠爱,并立她为妃。窦姬到代地不久为代王生下一个女儿,叫作刘嫖,后来她又生下了两个男孩。

代王的王后一共生下了4个男孩,代王还没有当皇帝的时候,王后就去世了。代王即位后,王后所生的4个男孩也相继生病而死。不久,大臣们请求选立太子。在文帝的儿子里面,窦姬的长子年龄最大,所以就被选立为太子。窦姬被立为皇后,她的女儿刘嫖被封为长公主。一年以后,汉文帝封窦皇后的小儿子刘武为代王,过了不久,他又被改封到了梁国,这就是梁孝王。窦皇后请求汉文帝追封自己的父亲为安成侯,母亲为安成夫人,并为他们在清河设置了200户的园邑。

窦皇后有一个哥哥叫作窦长君,还有一个弟弟叫作窦少君。窦少君在四五岁的时候被人抓走卖掉了,家人也不知他被卖到什么地方。窦少君被转卖十多家之后到了宜阳。一次,他进山给主人烧炭,晚上和100多名同伴一同躺在山崖下面睡觉。山崖突然崩塌,除了窦少君之外,其他人全部被压死。死里逃生后,他为自己算了一卦,得到的结果是几天之内他就会被封侯。于是他就从主人家逃了出来,去了汉朝的国都长安。他听说窦皇后是新立的,老家在清河观津,觉得可能是自己的姐姐。少君被卖时虽然很小,但至今他还记得老家的县名和自己的姓氏。他回

戒饬宗族

忆起来，当初曾和姐姐一起采桑叶，从树上摔下。他将这些写在书信上面，递交给窦皇后。窦皇后看到后，请示汉文帝，召见了窦少君。窦少君离家的时候还很小，现在已经长大了，相貌发生了很大的变化，窦皇后仅仅凭借相貌无法断定他是否是自己的弟弟。窦少君描绘了往事，他说："姐姐离开我的时候，我在驿站为她送行。姐姐向别人讨要了米汤给我洗头，又讨要来食物让我吃完后才离开。"他叙述的细节完全正确，姐弟相认，窦皇后拉住弟弟放声痛哭，周围的侍从也被他们感动了，陪着他们一起哭。汉文帝赏赐给窦少君很多田地和财物。还封赏了窦皇后的其他兄弟。绛侯周勃和将军灌婴等人担心窦氏兄弟像以前的吕氏家族一样作乱，建议汉孝文帝为他们挑选好的师傅和宾客教导他们。经过这些君子的熏陶，窦长君、窦少君兄弟都成为谦虚礼让的君子，从没有倚仗他们的势力欺凌过别人。

后来窦皇后生病，导致双目失明。汉文帝去世以后，窦皇后的儿子刘启即位，也就是汉景帝，窦皇后也就成了窦太后。汉景帝去世6年后，窦太后去世，人们把她和汉文帝合葬在灞陵。

萧相国世家

相国萧何

萧何是沛县丰邑人，和汉高祖刘邦是同乡。在刘邦还是平民的时候，萧何已经是沛县县令手下的官吏了。萧何和刘邦的关系非常亲密，多次依靠自己的官职保护刘邦。后来刘邦当了亭长，萧何依旧经常帮助他。在刘邦准备去咸阳服役的时候，沛县的官员们都送给他三百钱做路费，萧何却送了他五百钱。

秦朝的御史到泗水郡督察工作的时候，萧何帮助他办理事务，把工作料理得井井有条。萧何因此被提升为泗水郡卒吏。他在公务考核中名列第一，秦朝的御史非常赏识他，准备回到朝廷后推荐提拔他，但萧何婉言谢绝。

刘邦起兵反抗秦朝的时候，萧何担任刘邦的助手，处理各种公务。刘邦的军队占领咸阳后，将领们都争抢着进入府库分取财物，只有萧何首先进入秦朝的皇宫，收取了原本由秦朝的丞相和御史掌管的法条、地图、户籍档案等文献资料。后来刘邦做了汉王，任命萧何为丞相。因为萧何完好地保存了秦朝的文献档案,所以刘邦能够很详尽地了解全国的交通要道、户籍人口、诸侯实力的强弱、百姓的疾苦等重要信息。萧何还向刘邦推荐了韩信,刘邦任命韩信为大将军,韩信在以后的楚汉争霸中起到了决定性的作用。

刘邦平定了三秦地区以后,萧何留守治理巴蜀地区。与此同时他还肩负起为刘邦的军队供应粮草的重任。萧何将巴蜀地区治理得井然有序,深受当地百姓的爱戴。刘邦联合各路诸侯攻打项羽的时候,萧何驻守在关中。每次他制定法令、规章,建造宗庙、宫室的时候,都要事先禀报刘邦,征得刘邦同意以后才去做。假如来不及禀报刘邦,他就会酌情处理,然后再汇报给刘邦。刘邦在和项羽交锋的过程中多次兵败逃跑,每当这个时候,萧何就会征发训练关中的将士来补充刘邦的军队。因此,刘邦对萧何十分器重,把关中政事交给他,由他全权处理。

刘邦和项羽在京县、索城之间对阵的时候,多次派遣使者到关中慰劳萧何。鲍生去见萧何说:"汉王在前线打仗已经非常辛苦了,但还是多次派遣使者慰劳您,可见他怀疑您对他有二心,您可以派遣您的亲属到前线为汉王效力,汉王就不会怀疑您了。"萧何听从了鲍生的建议,刘邦非常高兴,加深了对萧何的信任。

《萧何追韩信》五彩盘
为清康熙年间的珐琅彩盘。"萧何追韩信"成为千古美谈,同时也成为各种艺术的创作题材。

刘邦消灭了项羽,天下平定以后,开始封赏有功的大臣。大臣们纷纷争功请赏。汉高祖刘邦认为萧何在大臣中功劳最大,于是封他为酂侯。其他的大臣很不满意,他们质问汉高祖说:"我们身经百战,历尽艰险,立下了战功。而萧何连仗都没打过,只是做一些文字上的工作,偶尔发表点议论,为什么您给予他的封赏比我们还高呢?"汉高祖问他们是否懂得打猎,大臣们都回答懂得。汉高祖说:"打猎的时候，猎狗只是负责追咬野兽，而寻觅野兽的是猎人。现在你们只是捕捉到野兽，立下的功劳就相当于猎狗，而萧何却是猎人啊！再说你们只是自己追随我，一家两三个人追随我的就算是多的了，而萧何让自己的几十个亲属都追随我打仗，他的功劳当然要比你们大得多。"大臣们都被汉高祖说得哑口无言。

　　刘邦把功劳卓越的大臣全部封为列侯，等到评定这些列侯等级的时候，大臣们都推举曹参排第一位。因为在战争中曹参受了70多处创伤，攻下了许多城池，立下卓越的功勋。汉高祖已经不顾大臣们的意见，重重地封赏了萧何，这次他虽然准备让萧何排第一位，但也没有直接反驳大臣们。这时候关内侯鄂千秋进言说："各位大臣的主张是不正确的。曹参虽然攻取了很多城池，但那只不过是一时的功劳。陛下和项羽的军队相持的5年中，我们战败了好多次，每次形势都非常危急，而次次都是萧何从关中派遣军队来补充前线，而且当时陛下您并没有命令他这样做。萧何还为我们提供充足的粮草，做出了强有力的后备保障。即使100个曹参也赶不上萧何的功勋啊！我看应该让萧何排第一位，曹参排第二位。"汉高祖听从了他的建议，确定萧何为第一位，并特别准许他携带宝剑、穿着鞋上朝。汉高祖认为推荐贤才的人也应该受到封赏，于是加封鄂千秋为安平侯。因为高祖从前到咸阳服役的时候，萧何比别人多送给他两百钱的路费，所以他多封了萧何2000户。

伴君如伴虎

　　汉高祖十一年（公元前196年），陈豨在赵地发动叛乱，汉高祖亲自率领军队进攻邯郸。陈豨的叛乱还没有结束，淮阴侯韩信又在关中谋反，当时朝廷的形势非常危急。这时，萧何向吕后进献计策，吕雉采纳他的计谋杀死了韩信，平定了叛乱，萧何再一次立下了汗马功劳。汉高祖知道后，特地从邯郸派遣使者回朝，任命萧何为相国，给他增加了5000户的封地，还送给他500名士兵和1名都尉担任他的卫队。很多大臣都来祝贺萧何，只有召平表现出忧虑之情。召平曾是秦朝的东陵侯，秦朝灭亡之后，他成为一名普通的百姓。家业败落后，为了养家糊口，他在长安城的东面种植瓜果。他种出的瓜味道非常甜美，受到人们的喜爱，称这种瓜为"东陵瓜"。这次召平警告萧何说："您不要因为受到封赏而感到高兴，这恰恰说明您的祸患就要来临了。皇上在外面打仗非常辛苦，您留在朝中根本不会涉及战乱的危险，却

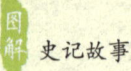

得到了重重的赏赐。为什么呢?是因为韩信刚刚造反,皇上担心您也效仿他发动叛乱,才这样做的。唉,以后您的祸患就不会间断了。为了消除他的疑心,现在您不仅应该辞掉他对您的封赏,最好再把您的家产全都捐给军队,这样,汉高祖会很高兴。"萧何认为召平的话很有道理,听从了他的建议,汉高祖果然对萧何的做法感到非常满意。

汉高祖十二年(公元前195年)秋,在楚汉相争中立有大功的黥布也发动了叛乱,汉高祖亲自率领军队征讨。萧何留守朝中,安抚关中的百姓,再次把自己的家产全都捐助给前线的军队。但是高祖仍然多次从前线派遣使者来询问萧何在做什么,萧何为此很苦恼。他的一个门客劝告他说:"从皇上目前对您的态度来看,您被灭族的日子恐怕不远了。近年来,连续有立下大功的大臣背叛朝廷,皇上非常担心。如果按功劳来说,您在大臣里面排第一位,而且官职已经做到了最高,百姓们又都拥护、爱戴您。现在您还这么兢兢业业地处理政事,汉高祖已经无法再赏赐您什么了,所以他担心您作乱。现在您不应该再勤勉地做事了,而要想办法破坏自己的声誉,这样,汉高祖才会放心。"萧何听从了他的意见,他买了很多土地,又采取低价、赊借等手段来压榨百姓,百姓们对萧何的做法非常反感,对他的怨言也逐渐增多了。汉高祖听到之后,放松了对萧何的戒心。

汉高祖平息了黥布的叛乱,在率领军队回朝的路上,百姓们拦路上书,告发萧何强行低价买进很多百姓的田地房屋。汉高祖回到朝中,把百姓的状纸交给萧何,质问他。萧何趁着这个机会为百姓请求说:"长安一带本来可以用于耕种的土地就比较少,您的上林苑中很多空地都已经荒芜了,您不如把它们交给百姓去耕种。"高祖非常生气地说:"你一定是接受了商人的贿赂,才为他们请求占用我的上林苑!"就把萧何囚禁起来,还给他带上了镣铐。过了几天,一个姓王的卫尉询问高祖萧何犯了什么罪,竟然受到如此严厉的惩罚。高祖回答:"据我所知,李斯做丞相辅佐秦始皇的时候,凡是功绩都归功于皇帝,凡是差错都由自己来承担。可是现在萧何收受了奸商的贿赂,为他们请求占用我的苑林,想借此收买民心。所以我严厉地惩罚他。"王卫

萧何像

尉说："萧何只是在自己职责范围内向您请求有益于百姓的事情，您怎么能够怀疑他是收了商人的贿赂呢？从前您率军攻打项羽的军队，几年来都是萧何留守在关中。等到陈豨、黥布发动叛乱的时候，您亲自率军去讨伐他们，还是萧何留守在朝中。那时，萧何只要一跺脚，函谷关以西的地方不就全归他占有了嘛！那个时候他都没有为自己的私利着想，现在又怎么可能贪图商人的钱财呢？再说秦始皇正是因为没有人向他反映他的过错而失去天下的，李斯要承担很大的责任，怎么可以让您的臣子去效法李斯呢？您不该怀疑萧何啊！"汉高祖听后，虽然不太高兴，但是心中还是觉得王卫尉的话有一定道理，况且自己确实对不起萧何。当天他就派人赦免了萧何。当时萧何年纪已经很大了，但他还是光着脚步行来向汉高祖谢罪。汉高祖更加惭愧了，就对萧何说："我没有答应你为百姓申请苑林耕种的请求，说明我只不过是像桀、纣那样昏庸残暴的君主，而你则是贤明的臣子。我之所以要把你囚禁起来，是想让百姓知道我的过错啊！"

萧何一向和曹参不和。当萧何病危的时候，汉惠帝亲自去探望他，顺便问他去世后谁最适合接替他的职位。萧何只是回答："只有君主是最了解自己的臣子，您还是自己决定吧。"惠帝询问曹参是否合适。萧何一边向惠帝磕头，一边激动地说："您已经得到合适的人选了！我就算死了也不会感到遗憾了！"

萧何生活上非常俭朴，他所购置的田地都在贫穷偏僻的地方。他曾说："我的后代如果贤能，就会学习我的俭朴；如果不贤能，也可以不被有权势的人家夺走自己的财产。"汉惠帝二年（公元前193年），萧何去世，谥号文终侯。不出萧何所料，虽然他的后代有4世因为犯罪而失去侯爵的封号，但是每次皇帝都会寻求萧何其他的后代继承爵位，汉初其他的功臣没有一位能做到萧何这样！

曹相国世家

萧规曹随

曹参跟随高祖四处征战，立下了显赫的战功。高祖即位后，封曹参为平阳侯。汉惠帝元年，曹参被任命为齐国丞相，他召见齐国的老人和读书人，询问安抚百姓的办法。由于意见不一致，曹参不知道应该怎样办。后来他听说胶西有一位精通黄老学说的贤人盖公，就亲自向他请教。盖公告诉他治理国家的方法最重要的就是无为，让百姓们自行安定，曹参觉得受益匪浅。在他担任齐国丞相的九年中，把齐国治理得安定繁荣，人们都称赞他的贤能。

汉惠帝二年，丞相萧何去世。曹参知道后，马上命令门客整理行装，准备入朝。没过多久，朝廷果然下达了任命曹参为丞相的诏书。曹参在离开齐国的时候，嘱咐自己的后任说："要留心齐国监狱，不要让它成为一个收受贿赂、请托交易的场合，一定要发挥它的正常职能。因为监狱是个区分善恶的地方，如果监狱的制度不完善，犯罪的人就没有容身的地方了，所以我把这件事先交代给你。"

从前，曹参和萧何关系非常好。然而等到汉高祖登基，两个人分别做了将军和丞相的时候，就产生了矛盾。但是萧何并没有因此而排挤曹参，临终向汉惠帝推荐曹参继任。后来曹参接替萧何担任汉朝的丞相，他全部遵循萧何制定的法律、制度，不做任何改变。

曹参担任丞相后，从全国各地挑选质朴稳重的人做官，罢免了一些在言语文字上苛求末节、热衷于名利的官员。由于完全沿袭萧何的法度，他几乎没有什么大事可做，便整天饮酒作乐。大臣和门客们看到曹参不理政事，就上门劝他。可是他们刚到曹参家，曹参就邀请他们喝酒，直到喝醉了不能进言为止。

曹参住宅后面的园子靠近官吏的房舍，官吏们整天在房舍中喝酒唱歌，非常喧闹。曹参的随从官员们听到以后，非常厌烦。他们请曹参到后园里面游玩，希望他听见官吏们醉酒唱歌的声音后加以制止。没想到，曹参听到后反而叫人在后园里准备酒菜，自己也喝起酒来，还唱歌和官吏们应和。

曹参发现别人有小过失的时候，总是尽力隐瞒，不把事情闹大。所以，他的相府一直都平安无事。汉惠帝知道曹参不理政事之后，怀疑他是因为看不起自己才这样做的，于是他对曹参的儿子曹窋说："你回家之后可以试探性地询问你父亲说：'高祖刚刚去世，现在的君主又非常年轻，您作为丞相，为什么整天只顾喝酒，不理国家政事呢？'但是你不要告诉他是我让你问他这些话的。"曹窋回家后，在闲聊中问了父亲。曹参听后非常生气，打

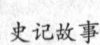

了曹窋,并警告他说:"你没有资格谈论国家大事,还是赶紧进宫侍奉去吧!"汉惠帝知道后,很生气。上朝的时候,汉惠帝质问曹参为何要惩治曹窋,曹参先向汉惠帝谢罪,然后问:"请问陛下,您和高帝谁更圣明?"惠帝回答:"我怎么敢跟先帝相比?"曹参又问:"您看我与萧何谁更能干?"惠帝回答:"您好像赶不上萧何。"曹参说:"您说得很对。高帝与萧何平定了天下,建立了明确完善的法令,我们现在只要认真遵循,不随便更改就行了啊!"汉惠帝这时才明白曹参的想法。曹参做了3年的丞相,一直遵循萧何制定的法度,把国家治理得安定繁荣,他也深受百姓爱戴。

留侯世家

张良遇黄石公

张良,字子房。他的祖先是韩国人。祖父和父亲在韩国做过五代韩相。张良的父亲死后第20年,秦国灭了韩国。那时,张良还很年轻,没有在韩国做官。韩国灭亡后,张良家里还有300名奴仆。张良的弟弟早逝,张良没有厚葬他,而是拿出全部财产来寻求勇士,想刺杀秦始皇来为韩国报仇。

张良曾经在淮阳学习礼仪法度,又去东方见到了仓海君,在那里他找到了一个大力士,邀请他一起刺杀秦始皇。他们特别制造了一个重达一百二十斤的大铁锤,趁着秦始皇到东方巡游的时候,在博浪沙袭击。但是大锤只砸中为秦始皇赶车的人,没有伤害到秦始皇,张良赶忙逃跑。秦始皇非常愤怒,在全国大肆搜捕刺客。张良为了避难,只好隐姓埋名,到下邳躲藏起来。

张良在下邳避难期间,闲暇的时候就到下邳桥附近散步。有一天,在下邳桥上,他遇见一个穿着粗布衣裳的老人,老人走到张良的面前,故意把鞋甩到了桥下,看着张良说:"小子,下去把鞋给我捡上来!"张良很奇怪,觉得这个老人对自己非常无礼,非常生气。但是他见老人年纪非常大,还是很不情愿地下去帮老人把鞋捡了上来。谁知老人得寸进尺,还要求张良给他穿上鞋。张良更生气了,但是回头一想,既然已经给他捡上来了,干脆就给他穿上吧。他就跪着替老人穿上鞋,老人笑着离开了。张良越想越觉得这个老人很奇怪,于是目不转睛地注视着老人的身影。老人大约走出一里路,又掉头返回来,对

张良拾履

张良说："你这个年轻人还可以教导教导。5天后天刚亮的时候，你还到这里等我吧。"此时张良更觉得老人不是一般人，就答应下来。到了那天，天刚亮张良就赶到下邳桥。可是老人已经先到了那里，他生气地对张良说："你这个年轻人和我这个老人约会，怎么来得比我还晚呢？"张良无言以对。老人告诉张良，再过5天还在这里约会，说完就走了。5天过后，第二天鸡刚叫，张良就去往下邳桥。但是老人又先到了那里，这次老人更生气了，他告诉张良5天后一定要早点来，说完便离去。又过5天，张良不到半夜就来到下邳桥，不久，老人也来了，他高兴地说："你这样做就对了！"说完就拿出一部书交给张良说："你读了这部书以后，就有能力做帝王的老师了，10年以后你就会显赫起来。13年以后，你可以到济北去找我，谷城山下的黄石就是我。"然后，老人就走了。从这以后，张良再也没有见到过这位老人。等到天亮以后，张良阅读老人送给他的书，发现这本书就是《太公兵法》。张良觉得它非常珍贵，便发奋研读。

张良住在下邳的时候，不满于秦朝的暴政，常做一些行侠仗义的事情，为了躲避官府的缉捕，他再次躲藏起来，和他一同逃亡的还有杀了人的项伯。10年以后，陈涉发动起义讨伐秦国。张良觉得建立功业的时机到了，于是召集了100多名青年准备起义。刚好景驹自立为代理楚王，驻扎在留县，张良打算前去投奔他，半道上他遇见了刚刚发动起义的刘邦。张良对刘邦的印象非常好，于是便跟随了刘邦。刘邦任命他为厩将。张良多次给刘邦出谋划策，刘邦非常赏识他，每次都采用他的计谋。张良的计策都是出自老人送他的那本《太公兵法》。刘邦依照这些计策取得了巨大的成功。张良也钦佩刘邦的见识，他感慨地说："刘邦大概是上天派到人间的吧！"于是张良一直跟随着沛公东征西战，也不再去投奔景驹了。

张良跟随刘邦来到薛地，拜见了项梁。这个时候，项梁拥立熊心为楚怀王。张良对项梁说："您现在已经拥立了楚国国君的后人，而韩国国君的后人中横阳君韩成非常贤能，您也可以拥立他为韩王，这样您就会多一支盟军。"项梁认为他说得很有道理，便派遣张良寻找到了韩成，拥立他为韩王。张良也被任命为韩国的司徒，跟随韩王率领军队向西进攻秦军，目的是夺回以前属于韩国的土地。他们攻占了几座城池以后，就遭到了秦军的反击。这几座城池不久又被秦军夺了回去，韩国的军队只好在颍川一带游击作战。

运筹帷幄

项羽怨恨韩王，在彭城杀死了他。张良从韩国逃跑，抄小路偷偷地回到汉王刘邦那里。汉王封张良为成信侯，命他随军攻打项羽。在彭城，汉朝军队被打败，只好撤退。汉王询问张良说："凭借我一个人的力量是不能战胜项羽的。我打算把函谷关以东的一些地方封赏给别人，请他们和我共同对付项羽，依您看封给谁比较合适呢？"张良说："九江王黥布是楚国的猛将，而且和项羽有矛盾，彭越和齐王田荣在梁地起兵反叛楚国，这两个人都可以利用。您的将领里面只有韩信可以独当一面，能够把大事托付给他。您如果想把那些地方送人，可以把它们送给黥布、彭越和韩信。这样我们就完全可以打败项羽的楚军了。"汉王听后，马上派人去联络黥布和彭越。魏王豹反叛汉军，汉王又派韩信率领军队攻击魏国，同时攻占了燕国、代国、齐国、赵国等诸侯国家的土地。最终帮助刘邦灭亡楚国的，恰恰就是张良所推荐的三个人。

张良体弱多病，不能够独立带兵打仗。因此他总是时刻跟随汉王，作为一个谋臣出谋划策。汉王三年（公元前204年），项羽率领军队把汉王紧紧地围困在荥阳，汉王非常害怕，于是和郦食其商议怎样才能削弱楚国的势力。郦食其建议："以前商汤讨伐夏桀的时候，把夏朝的后人封在杞国。周武王讨伐商纣的时候，把商朝后人封在宋国。可是残暴的秦国却消灭了六国的后代。您现在如果能够重新封立六国的后代，授予他们印信的话，六国的君臣和百姓肯定都会感激您的恩德，归顺于您。那时候您的力量就远远强于项羽了。"汉王听后很高兴，马上派人刻制印信，准备让郦食其办理这件事。

郦食其动身之前，张良来见汉王。汉王很得意地把郦食其的建议告诉张良，询问张良的意见。张良听后，脸色都变了，质问汉王是谁出的这条计策,并且严肃地告诉汉王如果这样做的话大事就全完了。汉王询问他原因。张良回答:"以前商汤灭掉夏朝后把他的后代封在杞国,那是因为他完全有实力置桀于死地。但是您现在能够置项羽于死地吗?"汉王回答:"不能。"张良接着说:"这是不能那样做的第一个原因。当初周武王灭掉商朝以后把他的后代封在宋国,那是因为自己有能力得到纣王的首级。现在您有能力得到项羽的首级吗?"汉王回答:"不能。"张良说:"这就是不能那样做的第二个原因。武王攻占商朝国都以后,表彰了商容,释放了箕子,重修了比干的坟墓。现在您能够这样礼遇贤人吗?"汉王还是回答不能。张良说:"这就是不能那样做的第三个原因。周武王曾经发放国库里面的粮食和财物给百姓。现在您能发放仓库里的财物给穷人吗?"汉王回答:"不能。"张良说:"这就是不能那样做的第四个原因。周武王灭商朝以后,收缴了武器,表示不再动用武力。现在您能够推行文治,停止战争吗?"汉王回答:"不能。"张良说:"这就是不能那样做的第五个原因。周武王灭商后把战马放牧到华山之南,表明战马已经失去了战争的作用。您现在能够让战马休息吗?"汉王回答:"不能。"张良说:"这就是不能那样做的第六个原因。周武王灭商后把牛放牧在桃林的北面,表示不需要再用它运输作战用的粮草。您现在能够不积聚运输粮草吗?"汉王回答:"不能。"张良说:"这就是不能那样做的第七个原因。再说您的大臣们背井离乡,跟随您南征北战,不就是盼望着得到一块小小的封地吗?现在如果您恢复了六国,您的部下就不可能得到封地了,就没有人追随您了。这就是不能那样做的第八个原因。现在唯一的办法就是削弱楚国的力量,如果楚国力量强大的话,即使您恢复了六国,他们也会屈服于楚国,而不去归附您。您如果真的要采用这条计策,您的大业就全完了。"汉王听罢,气得吐出嘴里的食物,骂道:"郦食其这个书呆子,差一点就败坏了我的大事啊!"于是他赶忙下令销毁那些印信。

  汉高祖六年(公元前201年)正月,汉高祖封赏功臣。张良没有立过战功,汉高祖评价张良说:"他在营帐里面出谋划策,就可以决定千里之外的胜负,这就是张良的功劳啊!"并且让张良从齐国选择3万户作为封邑。张良却只接受了留县作为封地,没有接受3万户的巨大赏赐。于是汉高祖封张良为留侯,和其他的功臣一同受封。

绛侯周勃世家

绛侯周勃

周勃是沛县人。他年轻的时候家境贫寒,凭借给别人编织蚕箔来维持生活,有时还在别人家办理丧事的时候吹奏挽歌挣一些零花钱。周勃力气很大,又很勇敢,是当地出名的勇士。

刘邦刚刚发动起义的时候,周勃就追随刘邦南征北战,他每次都是身先士卒,率军攻占了很多城市,立下了显赫战功。

秦朝灭亡之后,项羽占据了咸阳,封刘邦为汉王。汉王封周勃为威武侯。周勃跟随汉王进入汉中,被任命为将军。他又领兵平定了三秦。然后,汉王和项羽的楚军展开了对抗。项羽死后,周勃又跟随汉高祖平定了燕王臧荼的叛乱。汉高祖即位以后,周勃由于战功显赫,被封赐列侯的爵位,并把绛县的8180户赏赐给他作为食邑,周勃号称绛侯。

韩信发动叛乱以后,周勃担任将军跟随高祖去代地讨伐韩信,周勃率领的士兵立下的战功最多,周勃因此被升职为太尉。

后来陈豨、卢绾先后发动叛乱,又是周勃率军平定了叛乱。多年的军旅生涯中,周勃立下了汗马功劳,他累计俘虏了1名相国、3名丞相、4名将军和3名将领,打败了2支敌军,攻占了3座城池,平定了5个郡、79个县。

周勃性情质朴刚强,为人老实忠厚,汉高祖非常赏识他,认为他是一个可以托付重任的人。周勃不善言谈,不喜欢研究学问,为人不拘小节,比如他每次召见儒生的时候,总是要求他们赶快向他汇报事情,没有任何的寒暄。

周勃平定了燕地的叛乱后回到朝中,这时汉高祖已经去世了。汉惠帝继承了皇位。汉惠帝六年,惠帝任命周勃为太尉。这时太后吕雉执掌了汉朝的大权。又过了10年,太后吕雉去世了。吕氏家族的吕禄担任上将军,吕产担任相国,他们控制了整个朝政,还准备推翻刘氏王朝,因此他们极力压制汉朝的老臣,周勃作为太尉,却不能进入军营的大门;陈平作为丞相,却不能处理国家的政务。两个人对吕氏家族如此飞扬跋扈极为不满,于是他们共同谋划,终于灭掉了吕氏家族,拥立代王即位,也就是汉文帝。

汉文帝即位之后,任命周勃为右丞相,赏赐他五千斤黄金,1万户的封地。一个月以后，有人劝告周勃说："您已经灭掉了吕氏家族，拥立代王即位，立下了巨大的功勋。您现在已经处于极为尊贵的地位，天下人都尊敬您，皇帝也信任您，但是伴君如伴虎，如果您不急流勇退的话，以后恐怕会遭遇祸患。"

周勃认为他说得非常有道理，主动向汉文帝辞职，汉文帝批准他的请求。过了一年多，丞相陈平去世。别的大臣都没有能力和资格继任丞相，因此，汉文帝又把周勃召回朝中，让他担任丞相。

十几个月后，汉文帝对周勃产生了怀疑，准备撤销周勃丞相的职位，他对周勃说："最近我命令列侯都去自己的封地，但是有些人还留在朝中不肯走，您德高望重，又是我非常信任的人，如果您能先带个头，其他人一定会跟随的。"于是免去了周勃丞相的职位，让他回到自己的封地。

周勃回到封地以后，依然害怕自己遭到杀害，所以一直非常小心谨慎。每当河东郡守巡视绛县的时候，周勃都要穿戴好铠甲，带领家人携带着武器会见他。

和周勃有矛盾的人就借此诋毁他，上书皇帝说周勃要发动叛乱。汉文帝派遣廷尉调查这件事，廷尉又交付长安的官吏办理。长安的刑狱官逮捕了周勃，对他进行审问。周勃本来就不善言辞，再加上紧张，竟然不知道怎么回答才好，情况对周勃非常不利。狱吏认为周勃将一蹶不振了，于是开始欺凌他。周勃用千金来贿赂狱吏，狱吏这才提醒周勃可以找人帮他洗清冤屈。

周勃把自己加封后得到的赏赐作为礼物全部送给了薄太后的弟弟薄昭，以此贿赂他为自己说话。案子到了关键的时候，薄昭向薄太后替周勃说情，薄太后了解周勃是汉朝的老臣，不相信他会谋反，决定救助周勃。刚好汉文帝来见薄太后，薄太后生气地拿起头巾向汉文帝身上扔了过去，她用颤抖的声音说："周勃以前身上带着皇帝的印信诏令，单独在外率领重兵，那个时候他都没有发动叛乱，而现在他只是住在一个小小的县城，怎么会谋反呢？"这时文帝已经看到了周勃的供词，他也相信周勃并没有谋反的想法。再加上他一直都非常敬畏薄太后，赶忙向太后谢罪说："我刚刚派人调查清楚，周勃并没有谋反，我马上就下令释放他。"于是下令释放了周勃，恢复了他的爵位和封地。

周勃出狱以后想起自己在监狱面受到的凌辱，感慨地说："我曾经率领过百万大军，一生南征北战，可是直到现在才知道监狱里的官吏地位是如此尊贵啊！"

周亚夫制军用兵

绛侯周勃去世以后，他的儿子周胜之继承了爵位。周胜之娶了汉朝的公主做妻子，六年以后，他们夫妻之间发生矛盾。汉朝皇室对周胜之很是不满，同时他又犯了杀人罪，因此，汉文帝下令削夺周胜之的爵位和封地。一年以后，汉文帝从周勃的儿子里挑选出以贤能著称的周亚夫，封他为条侯，继承了周家的爵位。

汉文帝后元六年（公元前158年），北方的少数民族匈奴对边疆进行了大规模的侵犯。汉文帝任命周亚夫为将军，在细柳驻守，防范匈奴的进攻。为了激励将士的士气，汉文帝亲自到军营慰劳。他来到灞上和棘门的军营的时候，都是骑马长驱直入，驻守在那里的将军全都隆重地迎接护送他。

随后，汉文帝来到周亚夫驻守在细柳的军营，营中将士都披挂铠甲，手持兵器，严阵以待。汉文帝准备直接进入军营。军门都尉阻止他们说："将军规定，我们在军营里只能听从将军的命令，可以不听天子的诏令。按照军规您不能进入军营。"汉文帝派遣使者拿着皇帝的符节通报周亚夫，说皇上亲自慰劳军队来了。周亚夫这才命令手下打开军营的大门，让文帝一行进入。

营门的守卫告诉文帝的随从说："我们将军有规定，在军营里面不允许车马快速行驶。"文帝只好拉紧马的缰绳缓慢地行进。到了军营里面，周亚夫手拿着武器向文帝拱手施礼说："穿戴盔甲的将士不能对您施行跪拜的礼仪，请您允许我用军礼来参见您。"文帝被周亚夫的治军严谨所感动，他庄重地慰劳了周亚夫和将士们。然后，带领随行的大臣们离开军营。

刚出大门，大臣们就忍不住询问文帝为什么要容忍周亚夫对他的不敬。文帝感慨地说："周亚夫才称得上一个真正的将军啊！我们看到的灞上和棘门的军营，非常容易遭受袭击，驻守那里的将军太有可能被敌人俘虏了，像周亚夫这样把整个军营防守得固若金汤，谁又能够侵犯他呢？"从此以后，一提到周亚夫，文帝就对他赞不绝口。一个月以后，文帝就提拔周亚夫担任中尉。

汉文帝去世前，叮嘱太子说："我死了以后，如果国家发生了危急的情况，你可以让周亚夫领兵平乱，只有他能够承担这个重任。"太子牢牢记住父亲的话。文帝去世以后，太子即位，也就是汉景帝，他提升周亚夫为车骑将军。

周亚夫像

汉景帝三年（公元前154年），南方的吴、楚等七个诸侯国家发动叛乱。汉景帝任命周亚夫为太尉，率军前去平叛。周亚夫亲自向汉景帝请示说："楚国的将士非常勇猛，如果正面和他们交锋很难取得胜利，我们应该靠智谋战胜他们。我准备先放弃梁国，在敌军重兵围攻梁国之时，趁机断绝他们的粮道，然后再制服他们。"汉景帝对周亚夫的战略战术表示赞同。

周亚夫在荥阳会合了各路军队准备平叛，这时吴国叛军大举进攻梁国，梁国形势非常危急，向朝廷请求援救。周亚夫却按兵不动，率军驻守在昌邑，与叛军对峙。梁国每天都派遣使者向他请求救助，周亚夫依然置之不理。梁国形势越来越危急，于是把周亚夫见死不救的情况上书报告给汉景帝。汉景帝马上派遣使者命令周亚夫快速救援梁国。

周亚夫拒不听从皇帝的命令，仍然严密驻守在昌邑，不出兵作战，同时他派遣轻骑兵悄悄地断绝了吴国和楚国叛军后方的粮道。吴国军队粮食接济不上，将士饥饿，多次向汉军挑战，但是周亚夫始终也不出来交战。汉军对主将这种畏首畏尾的做法很不理解。一天夜里，汉军军营受到惊扰，将士们以为敌军攻了进来，军营一片混乱，甚至都闹到了周亚夫的营帐外面。但是已经休息的周亚夫却非常镇定，甚至都没有起床。过了不久，扰乱就平息了，军营又恢复了安定。

吴国军队由于没有粮食的接济，想要速战速决，就加强了对汉朝军队的进攻。一次吴军进攻汉军军营的东南角，将士们准备迎击，但是周亚夫告诫将士们要加大对军营西北角的防守。果然，不久吴国的精锐部队向汉军的西北角攻来。由于汉军加强了防守，吴军被挫败。饥饿的吴军占不着便宜，只好撤退。这时周亚夫下令精锐部队追击吴军，一举击溃了吴楚叛军。这次战争中，双方攻守的时间加起来只有3个月，七国之乱被迅速平定。这时，人们才开始佩服周亚夫的雄才大略。

列 传

在《史记》一书中，列传所占篇幅最多，可分两大类：一类是人物传记，有一人一传的专传，有两人或数人的合传，按人物性质排列立传。所记人物范围极广，涉及社会各个阶层。另一类是对外国或国内少数民族的记载，涉及中外关系史和国内民族关系史。列传对本纪起了充实和具体化的作用。

伯夷列传

伯夷和叔齐

　　伯夷和叔齐是孤竹国国君的两个儿子,都非常贤能。孤竹国国君准备让叔齐继承自己的君位。但是他死了以后,叔齐却坚持要把君位让给哥哥伯夷。伯夷认为叔齐即位是父亲的遗命,不能违背。但是叔齐坚持让他即位,伯夷无奈之下,只好悄悄离开了孤竹国。叔齐知道哥哥出走之后,竟然也没有继承君位,同样离开了那里。孤竹国的百姓们只好拥立孤竹国国君其他的儿子继承君位。

　　那个时候,商朝的纣王荒淫残暴,百姓生活在水深火热之中,伯夷和叔齐听说西伯侯姬昌能够很好地赡养老人,于是前去投奔姬昌。但是等他们到了西岐的时候,姬昌已经去世了。他的儿子周武王姬发追尊姬昌为周文王,并且把他的木制灵牌安放在兵车上面,发兵讨伐商朝。伯夷和叔齐勒住武王的马缰绳,劝阻他说:"您的父亲刚刚去世,还没来得及好好安葬,而您却要发动战争,作为儿子,这样做是最大的不孝。商纣王是您的君主,而您却要发兵去攻打他,作为臣子,这样做是最大的不忠。您还是赶快撤回军队吧!"周武王身边的随从人员认为伯夷和叔齐阻挡大军的前进,就准备杀死他们。这时,太公吕尚赶忙制止住他们,对周武王姬发说:"他们是有节义的人,我们应该恭敬地对待他们。"太公吕尚搀扶着他们离开了军队。伯夷和叔齐没能制止周朝大军的行动。

　　周武王率军灭掉了商朝,平定了天下,建立了周朝。伯夷和叔齐认为周武王作为臣子杀死君主是不符合伦理的事情。他们坚持仁义,坚决不吃周朝的粮食,相伴隐居在首阳山上,每天只靠采摘野菜充饥。不久,伯夷和叔齐就因为饥饿奄奄一息了。临死的时候,他俩共同创作了一首诗歌。歌词的内容是:"我们登上了西山,采摘那里的薇菜。残暴的臣子替换了残暴的君主,他却认识不到这个错误。神农、虞、夏那样的太平盛世再也看不到了,何处才是我们的归宿？我们只有去死了，命运是这样不公平啊！"他们饿死在首阳山上。

管晏列传

管仲为相

管仲，名夷吾，是颍上人。他在年轻的时候就具有非凡的才干，但是家里非常贫穷。管仲和鲍叔牙关系很好。鲍叔牙家境比较富有，管仲经常占鲍叔牙的便宜，鲍叔牙对此从未有过半句怨言。后来，鲍叔牙追随齐国公子小白，管仲则追随公子纠。齐国国君去世以后，公子纠和公子小白争夺君位，最终公子小白即位，也就是齐桓公。齐桓公强迫鲁国杀死了公子纠，管仲也被囚禁起来。鲍叔牙了解管仲的贤能，向齐桓公推荐他。齐桓公和管仲曾有过一箭之仇，本来想杀死管仲，但在鲍叔牙的建议之下，同意任用管仲。管仲被接回齐国，并且得到了重用。鲍叔推荐了管仲以后，情愿做管仲的帮手。管仲果然不负众望，在他的辅佐之下，齐桓公成为天下霸主，多次会合诸侯，使其他的诸侯国臣服于齐国。

管仲感慨地说："我从前贫困的时候，曾经和鲍叔牙共同做生意，每当

管仲纪念馆

分配收入的时候，我总要比鲍叔牙多拿一些钱，而鲍叔牙并不认为我这样做是贪财，因为他知道我家境贫穷；我还曾替鲍叔牙谋划事情，结果不但没有成功反而使他更加困顿，而鲍叔牙并不认为是我愚笨，因为他知道人有时运气好，有时运气坏；我好多次当官不久就被罢免，而鲍叔牙并不认为我没有能力，因为他知道我没有遇到好的时机；我在战争中好多次逃跑，而鲍叔牙并不认为我胆小怕死，因为他知道我家里面有老母亲需要我来赡养；公子纠失败以后，和我一起辅佐公子纠的召忽为公子纠殉难而死，我却活了下来，而鲍叔牙并没有认为我对公子纠不忠，因为他知道我不会由于小的过失而感到羞愧，而会因为不能扬名天下而感到耻辱。生我养我的是我的父母，而真正了解我的却是鲍叔牙啊！"天下人不仅称赞管仲的才能，更加赞美鲍叔牙能够识别人才。

管仲担任齐国相国期间，充分利用齐国位于海滨的有利条件，进行商品和货物的流通，积累了巨大的财富。齐国因此国力雄厚，百姓生活富足安康。管仲还注重发展军事，当时齐国的军事力量非常强大。其他诸侯国家都对齐国敬畏三分。管仲能够分辨出事情的轻重缓急，权衡出事情的利弊得失，然后采取合理的应对办法，所以他善于把祸患转化成吉祥。管仲的富贵和排场可以和齐桓公相比，但是齐国百姓却认为这是管仲应该得到的，没有人认为他生活奢侈。管仲去世以后，齐国仍然沿袭管仲制定的政策，因此，齐国在很长一段时间内都强大于其他的诸侯国家。管仲去世100多年后，齐国又出现了一位名臣晏婴。

晏子的智慧

晏平仲，名婴，是齐国的莱地夷维人。他一共辅佐了齐灵公、齐庄公、齐景公三代国君，他生活俭朴，工作兢兢业业，赢得了齐国百姓的尊重。晏婴担任齐国国相的要职，但是他在饮食上仍旧非常节俭，他的家人在他的影响下，生活也非常俭朴，他的妻妾们从来都没穿过丝绸制作的衣服。晏婴秉公办事，不徇私情。其他的诸侯国都称赞他的贤能。

晏婴非常善于举荐贤才。一次他在外出的路上，遇到了被囚禁起来的越石父，晏婴知道越石父是一个非常贤能的人。他马上把越石父赎了出来，把他带回自己的家里。回到相府后，晏婴没有向越石父告辞，就直接走进了内室,很久以后才出来。这时越石父要求和晏婴绝交。晏子非常惊讶,赶忙整理好衣帽,恭敬地问:"即使我称不上宽厚善良,但是也把您从困境中解救了出来,您为什么要和我绝交呢?"越石父回答:"据我所知君子在不了解自己的人那里受到了委屈之后,在了解自己的人面前就会得到尊敬。因为别人不了解我,所以囚禁了我,这是情有可原的;但是您既然已经了解了我,对待我还这么轻慢,还不如我一直被囚禁下去呢。"晏婴听后恍然大悟,马上诚恳地向越石父道歉,把他请进内室作为贵宾对待。

　　一次,晏婴坐车外出,他的车夫的妻子在家中从门缝里偷偷地观看他们一行。等到车夫回到家里,他的妻子就要求和他离婚。车夫非常奇怪,询问原因。他的妻子回答他说:"晏婴只有6尺高,却担任国相的要职,我发现他外出时坐在车里,神态谦恭深沉,表现出甘居人下的态度。而你身高8尺,只不过做人家的车夫,可是你赶车的时候还神气十足,扬扬得意,以为自己很了不起。你这样的人不会有什么前途了!所以我要和你断绝婚姻关系。"车夫听了妻子的话非常惭愧,从这以后,他就变得谦虚谨慎了。晏婴发现了车夫的变化,觉得很奇怪,就好奇地询问原因,车夫把事情经过告诉了他。晏婴佩服车夫妻子的贤惠,再加上车夫也变得贤能起来,于是就推荐车夫做了大夫。

　　晏子出使楚国。楚国人想借侮辱他而使齐国受辱。因为他身材矮小,楚国人就在城门旁边特意开了一个小门,请晏子从小门进去。晏子说:"只有出使狗国的人,才从狗洞进去。今天我出使的是楚国,应该不是从此门入城吧。"楚国人只好改道请晏子从大门进去。晏子拜见楚王。楚王说:"齐国恐怕是没有人了吧?"晏子回答:"齐国首都临淄有7000多户人家,展开衣袖可以遮天蔽日,挥洒汗水就像天下雨一样,肩挨着肩,脚跟着脚,怎么能说齐国没有人呢?"楚王说:"既然这样,为什么派你这样一个人来做使臣呢?"晏子回答:"齐国派遣使臣,各有各的出使对象,贤明的人就派遣他出使贤明的国家,无能的人就派遣他出使无能的国家,我是最无能的人,所以就只好出使楚国了。"

孙子吴起列传

孙子练兵

　　孙子名武，是齐国人。他和司马穰苴一样，是齐国田完的后代，也是著名的军事家。当时齐国正发生内乱，孙武觉得不如去其他国家发展，或许能发挥自己的才华。恰好当时南方的吴国在国君的领导下，国力强大，孙武就一个人离开了齐国，去了吴国，希望能得到吴王的重用。在吴国，孙武认识了伍子胥，和他成为好朋友。在那里，他还写了13篇兵书，这就是赫赫有名的《孙子兵法》。

　　过了几年后，公子光刺杀了当时的吴国国君，自立为君，称阖闾。公子光当上国君后，任用了伍子胥等一些贤臣，并四处寻找有才华的人，希望能够让吴国更加强大。于是伍子胥就对吴王阖闾推荐了孙武。

　　听伍子胥说孙武精通兵法，吴王阖闾就接见了他。阖闾说："您的13篇兵书我全部都看过了，您可以尝试着来操练一下军队让我看看吗？"孙子回答："当然可以。"阖闾说："那您可以试试操练妇女吗？"孙武又回答："可以。"阖闾就让他把妇女当作士兵进行操练，之后叫出自己宫中的美女，一共180人。孙子把她们分为两队，再让吴王阖闾最宠爱的两位侍妾分别担任两队的队长，并且让每个人都拿一支戟。安排妥当后，孙武问她们："你们都知道自己的左手、右手、心口和后背吗？"妇人们回答："知道。"孙子说："我说向前，你们就看心口所对的方向；我说向左，你们就看左手的方向；我说向右，你们就看右手的方向；我说向后，你们就看背的方向。"妇人们答道："是。"孙武宣布完号令以后，就摆好大斧和钺等刑具，又把刚才已经宣布过的号令再次讲说明白。然后，孙武就击鼓，命令妇女们向右，妇人们都大声笑了起来。孙子说："纪律还不清楚，号令也不熟悉，这是将领的过错。"于是又反复把纪律和号令进行讲解，然后又击鼓命令她们向左，妇女们还是哈哈大笑。孙子说："纪律弄不清楚，号令不熟悉，这是将领的过错；现在纪律和号令已经讲得清清楚楚，你们却不听从我的命令行事，那就是队长和士兵的过错了。"孙武就要杀左、右两队的队长。吴王阖闾正在台上观看，看见孙武要杀自己的两个爱妾，大吃一惊。急忙派使臣传达命令说:"我已经知道将军善于用兵了。我要是没有了这两个侍妾,就是吃起东西来也不会觉得香甜,希望你不要杀了她们。"孙子回答:"我已经接受大王您的命令担任将军,将领在军队里,国君的命令有些是可以不接受的。"于是斩杀两个队长,拿她们的人头示众。然后按照顺序任用左右两队的第二个人作为队长,再次击鼓发令。这下,妇女们不论是向左向右、向前向后、跪倒还是站起都符合号令和纪律的要求,再也没有一个人敢发出声音。于是孙子派人向吴王报告说:"队伍已经操练整齐,大王可以下台来视察她们的演习。大王怎么用她们都可以,即使是叫她们赴汤蹈火也没有问题。"这时的阖闾,正在为孙武杀了他的两个心爱的美人感到心痛,一点心情都没有,就回答:"将军你不用操练了,回房间休息去吧。我不想下去检查了。"孙子感叹地说:"大王只是欣赏我对您说的那些兵法,却不能真正来加以使用。"

　　从此,吴王阖闾知道孙武是真的善于用兵,最后终于任命他做了吴国的将军。吴王阖闾三年(公元前512年),吴军征伐楚国,攻占舒邑。阖闾想顺势进攻楚国首都,孙武对他说:"我军征战多时,已经很疲劳,现在攻打郢都,时机还不成熟。"吴王听取了他的意见,停止征伐。公元前511年以后,

孙五(武)子演阵教美人战　版画
图中孙武做道士装束,举旗于城上教官女演习战术,吴王坐于对面的台上,俯视两队演武的阵容。

吴军连续三年征讨楚国，相继攻占楚国的六邑、潜邑和居巢。

吴王阖闾九年（公元前506年），吴王再次就攻打郢都一事征询孙武的意见。孙武和伍子胥都认为时机基本成熟，建议吴王联合唐、蔡二国军队共同讨伐楚国。孙武还为阖闾设计了一整套作战计划，吴王欣然采纳。吴王出动全部军队，与唐国、蔡国组成联军，西进伐楚。楚国也发兵抵御，双方在汉水大战，楚军大败奔逃。吴王纵兵追击，五战五捷，攻克郢都。吴军击败楚国，威震齐国和晋国，孙子功劳甚高。破楚之后，孙子隐居起来，再也没人知道他的去向。

增兵减灶

在齐国和魏国桂陵之战以后不久，齐国发生了内乱，田忌不再是齐国的大将军，而孙膑也不再是军师了。桂陵之战中被孙膑俘虏又被释放了的魏国将军庞涓，总想着找孙膑再比高低。他见齐国发生内乱，孙膑也不再是军师了，觉得这是进攻其他国、扩大魏国土地的好时机，于是就发兵攻打韩国。此时正赶上齐威王去逝，他的儿子继位，叫作齐宣王。齐宣王又重新启用了田忌和孙膑，不过庞涓不知道这件事。

韩国本来就没有魏国强大，加上庞涓确实有不低的军事才能，韩军抵挡不住魏军，于是向齐国求救。但是在齐国，关于要不要派兵去救韩国，却有着两种不同的意见。以相国邹忌为代表的一些人认为犯不着为了别的国家派自己的士兵去冒险，而且如果帮助韩国，就得罪了魏国；以田忌为代表的一些人却认为应该去救，如果不救韩国，魏国就会越来越强大，到最后恐怕连齐国都会被魏国灭了。大家各有各的道理，争了半天也没争出个结果来。

最后，大家都看着孙膑，看他的想法怎么样。孙膑想了想，然后对大家说："如果我们不去救韩国，那韩国肯定抵抗不住强大的魏国，最后只能被魏国消灭。等魏国越来越强大以后，那我们齐国就麻烦了；可要是我们马上就派兵去帮助韩国，一起抵抗魏国的进攻，那无异于就是我们齐国和强大的魏国直接对抗。即便能打赢，也要损失不少的人，对我们还是非常不利。现在最好的方法，莫过于一方面派人通知韩国，说我们齐国决定帮助他们，而且军队已经在路上，希望他们能够坚持到援兵的到来；另一方面我们先不要发兵，等韩国和魏国打得两败俱伤的时候再去，那样的话，就能一举两得了。"大家听了孙膑的主意,纷纷表示赞同。

孙膑像

果然,一切都按照孙膑的计划进行着。韩国得到齐国的答复后,面对魏国的进攻,拼命抵抗,等待着齐国的援救,而魏国也久攻不下,渐渐地失去了耐心。等到双方打得差不多的时候,孙膑才和田忌一起派兵攻打魏国都城大梁。庞涓听说齐国军队攻打大梁,没有办法,只能班师回国。由于韩国和魏国很近,庞涓的军队比齐国军队更快到达大梁。魏王命令太子魏申为元帅,庞涓为将军,前去迎击齐国军队。

在快到魏国的路上,孙膑对田忌说:"大人,您知道,魏国的士兵非常英勇善战,而且一向瞧不起齐国,认为我们齐国士兵胆小怯战。善于打仗的人就应该把握住外在的条件,运用各种方法来取得胜利。兵书上说,如果劳师远征,经过几百里去攻打别的国家,夺取别国的土地,那样的军队肯定要损失他们的将军;而要是经过几十里的路,去攻打其他的国家,那么在到达那个国家之前,士兵们就恐怕会有将近一半的人都已经逃跑了。我们不如将计就计,每天减少做饭的锅灶,让魏国以为我们的士兵越来越少,从而对我们放松警惕,最后我们就能出其不意,打败魏国了。"田忌听从了孙膑的建议,让齐国军队进入魏国的第一天,建造10万个做饭的锅灶,第二天就减为5万个,第三天又减为3万个,让魏国人误以为齐国士兵已经逃亡了一大半。

庞涓率兵出发三天,听说齐国士兵越来越少,到后来只剩下3万人。他非常高兴,就对士兵们说:"我本来就知道齐国的士兵非常胆小,但没想到,进入我们魏国还不到3天,竟然有一半以上的人逃亡。现在正是我们进攻的好机会。"于是他丢下步兵,自己只带了一些精锐的骑兵不分日夜地追赶齐军。

孙膑对魏军的行程做了初步的计算后,估计着这天晚上魏军应该到达马陵。马陵道路狭窄,而且四周有很多险要关口,可以设下伏兵。于是他就命人在路旁的一棵大树上刮下一块树皮,在露出的白色树干上写着"庞涓死于此树之下"。接着他又选派军队中擅长射箭的士兵,埋伏在险要关口的两

旁,并且命令他们,一看见黑夜中魏军点火,就一齐朝着火把放箭。

果然不出孙膑所料。傍晚,庞涓带领自己的骑兵到达马陵,忽然看见路旁有棵被削去树皮的大树,而且上面还有字,感到非常奇怪。他就命人点燃火把,照亮去看。还没等他读完那些字,在关口两旁埋伏多时的齐国士兵纷纷朝着火把开弓放箭。魏国军队突遭袭击,顿时乱作一团,士兵们四处逃窜。庞涓看见士兵们都四散奔逃,无法收拾,知道败局已定,就拔出自己的长剑,长长地叹了一口气,说:"没想到我庞涓成就了孙膑这个小子的名声!"然后无奈地自杀了。正在逃跑的魏国士兵,得知自己的主帅自杀,军心涣散,斗志瓦解。齐军乘势追击,彻底击溃魏军,并俘虏了魏国太子魏申,然后凯旋归国。

孙膑也因此名扬天下,后世还流传着他写的《孙膑兵法》。

吴起之死

魏国国相田文死后,公叔痤接替他当上了国相,而且还娶了魏国的公主做妻子。公叔痤听说吴起曾经和田文比试谁的功劳大,害怕他也会这样对待自己,威胁自己的相位。他想除掉吴起,然而又无良策,只能整天在家唉声叹气。一天,一个聪明的下人知道了他的心思,就对他说:"大人,您要想把吴起赶走,那还不简单?只要一个小小的主意就行了啊。"公叔痤一听,非常高兴,连忙问下人:"你快说,有什么好办法?"下人附着公叔痤的耳朵说道:"大人,吴起这个人,为人节俭而且清正廉明,但是又非常爱面子,喜欢别人夸他。大人您只要对大王说:'大王,吴起那么有才华,既能带兵打仗,又能管理国家和百姓,而我们魏国国土那么小,又和西方强大的秦国相邻接。他肯定不会在我们魏国这样的小国待下去,一定会有其他的打算的。'那时大王肯定会对他产生怀疑,并且问您:'那该怎么办呢?'您就对大王说:'大王可以把公主殿下许配给吴起做妻子,来观察他到底有没有永远留在魏国的打算。如果吴起拒绝娶公主为妻,那就说明吴起不打算在魏国长住;如果他愿意娶公主为妻,那自然就说明他以后要永远待在魏国。那大王您也就能放心了。'等到大王下令要把公主许配给吴起的时候,您再找个机会,邀请吴起来家里面,让他亲眼看看公主是怎么对待自己的丈夫的。但是您事先要和公主商量好,假装让公主生气,让公主表示看不起你。

到时候，吴起看见魏王的公主连您这个丞相大人都看不起，就会担心她更看不起他这个小小的将军了。那样，他自然就会拒绝大王的美意。如此一来，他只能离开我们魏国了。"

对公叔痤的诡计一无所知的吴起，果然中了他设下的圈套。吴起在公叔痤家做客时，只见公主对国相大人呼来喝去，根本不把他当个人看，十分吃惊。时隔不久，魏武侯提出将公主许配给吴起，吴起委婉地拒绝了。于是，魏武侯当真怀疑吴起是不是有另投他国的打算，就慢慢地疏远吴起，不再信任他。吴起见状，害怕魏武侯下令降罪给自己，马上逃离了魏国，去了楚国。

这时的吴起，已经不是原来那个刚学完兵法没什么名气的吴起了。因为打了很多的胜仗，他在诸侯国当中已经有了很大的名气。楚悼王早就听说吴起很有才华，知道吴起到达楚国，就马上派人四处打听吴起的消息。找到吴起后，楚悼王就封他做楚国的国相，让他辅佐自己，治理楚国。

吴起当了楚国国相以后，没有辜负楚王的厚望，马上着手进行各种改革。他进一步明确了楚国的法令，坚决按照法令办事；命令下达了，就一定执行。他还淘汰并裁减了一些没有什么作用的职位，废除了一些和国君及公侯关系非常疏远的人的贵族地位，将原本用于养活这些人的财物用来培养军队。吴起致力于提高楚国士兵的素质，增强楚国的军事力量，还揭穿了那些在楚国往来奔走、希望游说楚王进行连横或者合纵的说客。就这样，楚国逐渐强大了起来，向南平定了百越，向北吞并了陈国和蔡国，打退韩、赵、魏三国的进攻，向西还讨伐了秦国。

一个人有得意的时候，就肯定会有失意的时候。各诸侯国对楚国的强大感到非常担心。而且吴起在楚国的改革，得罪了太多的贵族势力。那些因为吴起改革而丧失利益的贵族，一同谋划，想害死他，但是苦于楚悼王对他非常宠信，一时也没什么办法。终于，楚悼王去世了。

那些被吴起得罪的人，马上展开了行动。他们带领着自己的部下，拿着弓箭，攻打吴起。吴起被迫跑进了停放楚悼王尸体的地方，但围攻他的贵族们并不放弃，一直追到了楚悼王的尸体旁边。吴起一看对方人多势众，就趴在楚悼王的尸体上。贵族们对他早就怀恨在心，现在好不容易等到国君去世，怎么都不能放过他，于是纷纷朝他的身上射箭。因为吴起和楚悼王在一

起,他们虽然射杀了吴起,一些人的箭也射中了楚悼王的尸体。

安葬完楚悼王,太子登基当上了国君。太子一继位,就下令把射中悼王尸体的人全部处死。那些为射吴起而射中了楚悼王尸体而被灭族的人,一共70多家。

伍子胥列传

伍子胥逃难

伍子胥,楚国人。父亲叫伍奢,哥哥叫伍尚。伍子胥的祖先伍举,因为勇于向楚庄王进谏,得到庄王的信任,所以伍家在楚国很有名。

楚平王让伍奢担任太子建的太傅,费无忌担任少傅。但是费无忌对太子并不忠心。楚平王派费无忌担任使者,替太子建去秦国迎娶秦国公主,见秦国公主长得很漂亮,费无忌就飞马回到楚国,对楚平王说:"秦国公主是个绝代美人,大王您不如自己娶了她,然后再给太子另外娶一个。"楚平王是个贪图美色的人,当真听了费无忌的话,夺了儿子的老婆。他娶了秦国公主后,非常宠爱。秦国公主为他生了一个儿子,叫作轸。

费无忌因为向平王献上了秦国公主而得到了平王的宠信,就离开太子建,转而服侍平王。但是费无忌担心一旦平王死后,太子建当上国君,自己将难逃一死,于是就在平王面前说太子的坏话。楚平王做了对不起儿子的事,现在又听信了费无忌的话,就更加疏远太子,派他去守卫城父,训练边镇的士兵。

费无忌在平王面前说太子建的坏话:"太子因为秦国公主,肯定会有所怨恨,大王您应该稍微留意一下。自从太子到了城父,就带领军队,结交诸侯国家,想回到楚国造反。"楚平王招来了太傅伍奢,责问他。伍奢知道是费无忌在平王面前捣鬼,就说:"大王为什么偏偏要相信奸诈小人的谗言,疏远自己的亲生骨肉呢?"费无忌说:"大王您要是不加以制止,太子的阴谋就会得逞。大王,请您派人去抓太子。"楚平王对伍奢不满意,很生气,就把他囚禁起来,并派城父司马奋扬去杀太子建。还没有到那,奋扬就先派人告诉太子建:"太子您快离开,不然会有杀身之祸。"太子建得信,逃亡去了宋国。

　　费无忌又对平王说:"伍奢有两个儿子,都非常贤能,如果不杀了他们,会成为楚国的祸害。大王可以把伍奢当作人质,逼他们回来。"楚平王派使者对伍奢说:"你要是能让你两个儿子来,我就放了你,要是他们不来,那你就只能死了。"伍奢说:"伍尚为人仁慈,让他来,他肯定会来。但是伍员(即伍子胥)为人刚正,坚忍,能成就一番大事。他看见我一来就被抓,肯定就不会来的。"平王不听,派人对伍尚和伍员说:"如果你们到郢都,我就放了你们的父亲;要是不来,我就杀了他。"伍尚想去,伍子胥说:"楚王现在召我们两兄弟,并不是想放了我们的父亲,而是担心我们如果逃走了,会成为他的隐患。所以就故意用父亲做人质,骗我们两人。我们一去,父子三人就全都会死。这比父亲一个人死更坏!而且如果我们去了,就没人给父亲报仇了。还不如投奔其他的国家,借助他们的势力来报仇;要是我们和父亲一起死了,就什么也做不了了。"伍尚说:"我知道即使去了,也保全不了父亲的性命。但是我担心的是,如果父亲叫我回去,我不去,到最后又没能报仇雪恨,那我就成了天下人的笑柄了。"伍尚又对伍子胥说:"你跑吧!你能够报杀父之仇,让我去送死。"伍尚被抓以后,楚平王派人捉拿伍子胥。伍子胥拉满弓,用箭瞄着追来的人,追赶的人不敢前进,伍子胥逃脱了。伍子胥听说太子建在宋国,就去了宋国。伍奢听说伍子胥逃跑,就说:"楚国将有战事了。"伍尚到了楚都,平王就把伍奢和伍尚一起杀了。

　　伍子胥到了宋国以后,宋国华氏作乱,只得和太子建一起逃向郑国。郑国对他们很好。太子建又到了晋国,晋顷公说:"既然太子和郑国关系很好,而且郑国也很相信太子,如果太子能在郑国作为我的内应,我在外面攻打郑国,就一定能把郑国灭了。灭了郑国以后,

伍子胥　戏画　近代　关良

我就把郑国送给您。"太子建又回到了郑国。计划还没有行动,恰好太子建因为一些私事,想杀掉身边的一个下人,下人就把他和晋国的计划透露给郑国国君。郑定公和大夫子产就把太子建杀了。太子建有个儿子,叫作胜。伍子胥很害怕,就和胜一起投奔吴国。到了昭关,当地的官员想抓他们。于是伍子胥和胜各自分开逃跑。追赶的人跟在后面,到了一条河边,河上有一个渔夫驾着船,知道伍子胥很着急,就将他摆渡过河。伍子胥过了河以后,解下自己的剑,对渔夫说:"这把剑值一百两黄金,送给您。"没想到渔夫哈哈大笑,回答:"楚国的法令说,抓住伍子胥,赏粟5万石,封执圭的爵位,又怎么是你这价值百两黄金的剑能比得上的?"说完就摇着船走了。

伍子胥到了吴国。当时吴王僚刚刚当权,公子光是将军。伍子胥通过公子光拜见吴王。

当时,楚国边境钟离和吴国边境卑梁氏都养蚕,两个地方的女子为争采桑叶相互撕打。到后来竟然导致楚国和吴国发动战争。吴王派公子光攻打楚国,攻占了钟离和居巢以后,撤军回国。伍子胥劝吴王僚说:"大王您既然派公子光攻打楚国,为什么不继续攻打下去呢?干脆灭了楚国。"公子光对吴王说:"伍子胥的父亲和哥哥被楚王杀了。他之所以劝大王您攻打楚国,是为了报他的私仇。而且就算是继续攻打楚国,也未必能打败它呀。"吴王听后,不再理睬伍子胥的话。

伍子胥知道公子光有野心,想杀死吴王僚而自立为君,就向公子光推荐了专诸。自己却离开朝廷,和太子建的儿子胜到乡下种地。

5年后,楚平王死了。平王的儿子轸当上了国君,也就是昭王。吴王僚趁着楚国办丧事,派兵袭击楚国。楚国军队切断了吴国军队的后路,使吴军不能回国,吴国国内空虚。公子光趁机派专诸刺杀了吴王僚,然后自立为国君,这就是吴王阖闾。阖闾马上召回伍子胥,和他一起策划国事。

掘墓鞭尸

吴王阖闾三年,吴国派遣伍子胥和伯嚭率领军队攻打楚国。二人一举占领舒地,捉住了背叛吴国的公子烛庸和公子盖馀。阖闾想乘胜挥师西进,攻击楚国郢都。孙武劝告说:"百姓和士兵都太疲惫了,不能进兵,还是等别的有利时机吧。"吴王接受意见,收兵回国。

吴王阖闾四年（公元前511年），吴国出兵攻打楚国，夺取了六地和灊地。第二年，派兵攻打越国并获得胜利。阖闾六年（公元前509年），楚昭王派囊瓦为统帅，领兵攻打吴国。吴国派伍子胥率军迎战。双方在豫章会战，伍子胥大获全胜，并夺取了楚国的军事重地——居巢。

公元前506年，吴王对伍子胥和孙武说："当年我想进军郢，你们都说不行，依现在的情况看，条件成熟了吗？"伍子胥和孙武回答："公子囊瓦身为楚国将军，贪财好利，敲诈盟国，唐国和蔡国都怨恨他。大王要大举进攻楚国，一定要先取得唐国和蔡国的支持，以免有后顾之忧。"吴王采纳了他们的建议，先派人说服两国。然后，吴国发动全部军队与唐、蔡两国组成联军，合攻楚国。联军打到汉水，楚国派遣军队前来抵挡，双方在汉水两岸列阵对峙。大军决战之前，吴王的弟弟夫概请求率军突击楚军，吴王没答应。夫概不服气，就带着自己手下5000人向楚军发起攻击，楚国将军子常战败逃跑，楚军全线动摇。吴王见状，便指挥联军乘胜进击，楚军崩溃。随后伍子胥等人进军郢都，楚军多次阻击，吴军五战五捷。不久，吴军兵临城下。楚昭王见势不妙，仓皇出逃。第二天，吴军杀进楚国的都城。

楚昭王逃出郢都，来到云楚大泽，没想到却遭到强盗的偷袭。昭王狼狈不堪，又逃到郧地。当年，楚平王曾杀死了郧公的父亲，郧公的弟弟怀恨在心，要杀楚昭王报仇。郧公知道楚国强大，不愿再结深仇，但又无法阻止弟弟行动，就和昭王一块儿逃跑。昭王一行避难来到随地，没料到一支吴兵追来，并包围了随地。吴国将领对随地人说："楚国全部灭掉了汉水流域诸侯国，罪恶昭昭，请杀了楚王或把他交给我们。"王子綦见随人要杀昭王，就把他藏起来。随地人很迷信，为昭王之事算了一卦。卦象显示把昭王交给吴军并不吉利，随人就拒绝了吴军的要求，昭王得以逃脱。

伍子胥有一个要好的朋友，名叫申包胥。当初，

苏州伍相祠

伍子胥出逃时，对申包胥说过，自己一定要颠覆楚国，而申包胥则表示一定要保全楚国。吴兵攻进郢都后，伍子胥到处搜寻楚昭王，要杀他报仇，但没有找到。一想起父兄被杀，伍子胥就怒不可遏。他无处发泄，就命人挖开楚平王的陵墓，把他的尸体拖出来。见到楚平王尸体，伍子胥红了眼，拿过鞭子，对着尸体猛抽300鞭，这才解了恨。

申包胥听到这个消息，派人去对伍子胥说："您这样做也太过分了！您毕竟做过楚平王的臣子，他毕竟是您的君王，如今您竟然侮辱死人，违背人道，伤天害理，简直到了极点！天公也会因此震怒的。"伍子胥对来人说："请你转告申包胥，就说我就要这么干，就要倒行逆施。"申包胥听后，很是气愤，就跑到秦国向秦君求救。秦国不想趟这浑水，拒绝了他的请求。申包胥不走，站在秦国的朝廷上，日夜痛哭，连哭七天七夜，秦国君臣无不动情。秦哀公同情地说："楚王虽然昏暗无道，但有这样的忠臣，楚国不应该被灭掉！"于是，秦国派出500辆战车，与申包胥一起去救楚国。这年六月，秦军在稷地打败吴军。此时，因吴王长期在外，他的弟弟夫概潜逃回国，自立为王。阖闾见国内出现叛乱，就撤军回国，攻打夫概。楚昭王趁此机会，率军打回郢都。

两年后，吴王稳定了国内局势，派太子夫差领兵攻打楚国。楚国担心吴军再次大规模进攻，就把都城迁到鄀邑，以躲避吴军。当时，吴国采用伍子胥等人的战略，军事上获得了空前的成功，楚国、齐国、晋国、越国无不畏惧。

商君列传

商鞅入秦

商鞅原来叫公孙鞅，是卫国国君的后人，因此也叫作卫鞅。后来秦国国君把於、商等一些地方封给了他，因此他被称为商君，后来人们就把他叫作商鞅。

公孙鞅年轻的时候就非常喜欢研究统治术和法律。当时，他投奔魏国国相公叔痤门下，担任中庶子。公叔痤知道他很有才能，就打算向魏惠王推荐他。刚好公叔痤得了病，魏惠王亲自去看望他，说："您的病要是有什么意外，谁能够接替您的位置呢？"公叔痤回答："我手下的中庶子公孙鞅，虽然年轻，但是一个奇才，能接替我。希望大王能把魏国的国家大事全部托付给他，交给他去处理。"魏惠王听了公叔痤的话，什么也没说，就准备回宫。看到魏惠王不采纳自己的建议，不想任用公孙鞅，公叔痤连忙叫下人们退下，然后对魏惠王说："大王如果不任用公孙鞅，就一定要杀掉他。千万不要让他离开魏国，去其他国家。"魏惠王看着公叔痤认真的样子，心中暗笑，为了安慰这位老大臣，就随口答应了。魏惠王走了以后，公叔痤马上叫下人找来公孙鞅，对他说："刚才大王问我魏国有谁能够担任国相，我在大王面前推荐了你。但是我看大王的样子，就知道他不会同意我的建议。你知道，做臣子的要忠于自己的君主，所以，我就劝大王杀掉你，不让你到其他国家，大王答应了我的请求。作为一个人，你与我有交情，我得把这消息告诉你，你现在赶快离开魏国吧，不然的话，很快就会被大王派出的人抓住。"公孙鞅听了公叔痤的话，回答："大王既然不能听从您的话来任用我，又怎么会听从您的话来杀我呢？"最后还是没有离开魏国。魏惠王离开公叔痤后，对自己下人们说："公叔痤病得很严重，真让人伤心啊！他想让我把魏国的国家大事全部交给公孙鞅处理，难道不是病得太重，糊涂了吗？"

不久公叔痤就病死了。当时，秦孝公渴望富国强兵，到处招贤纳士，希望恢复秦穆公时代的霸业，收复失去的土地。公孙鞅听到这个消息，就来到秦国。公孙鞅通过大臣景监求见秦孝公，秦孝公召见了他。

见了面以后，公孙鞅跟秦孝公讲解治国道理，说了很长时间，而秦孝公却一直打瞌睡，一点也没听进去。公孙鞅离开以后，孝公就把怒火发到景监身上："你给我介绍的客人只不过是一个狂妄之徒罢了，又怎么能任用呢？"景监把孝公的话告诉了公孙鞅，公孙鞅却说："我向大王推荐的是尧和舜治理国家的方法，但是君王根本就没有心思听。"过了五天，景监又请求孝公召见公孙鞅。公孙鞅再次见孝公时，比上次说得更多更好，但是仍然

商鞅像

没有说到秦孝公的心上。接见完公孙鞅以后，孝公再次责备景监。景监也责备公孙鞅，公孙鞅回答："我劝说君王采用夏禹、商汤、周文王和周武王的方法来治理国家，君王还是听不进去。我拜托你请求他再召见我一次。"

公孙鞅又一次拜见了孝公。这一次秦孝公对公孙鞅很友好，可是依然没有任用他。接见完公孙鞅以后，秦孝公对就景监说："你介绍的客人还不错，我可以再和他谈谈了。"景监把孝公的话告诉了公孙鞅，公孙鞅说："我用春秋五霸治理国家的方法来说服君王，看君王的样子是准备接受了。如果君王再召见我一次，我就知道该说些什么东西了。"于是公孙鞅又一次拜见了孝公，孝公和他谈得非常投机，一连交谈了好几天都不觉得厌倦。景监感到很奇怪，就问公孙鞅："您是怎么了解到君王的心意，获得君王的欢心的呢？现在君王高兴极了。"公孙鞅回答："上次我劝君王采用古代明君治理国家的办法，建立夏、商、周那样的盛世，可是君王却说：'时间太长了，我没法等，何况英明的国君，都是自己在位的时候就已经名扬天下了，我又怎么能够默默无闻地等上几十年、几百年来成就帝王大业呢？'所以，这次我向君王推荐的是富国强兵的具体策略，君王才非常高兴。如果采用这种策略，可以在短时期内收到成效，但想创立像商朝和周朝那样不朽的功业，恐怕不可能了。"

秦孝公任命公孙鞅为左庶长，让他负责秦国的变法。

立木为信

秦孝公任用公孙鞅后不久，公孙鞅打算改革秦国制度法令。秦孝公担心天下人会议论自己，公孙鞅说："做事犹豫不决就不会成功。有超常出格行为的人，难免遭到平庸者的指责和非议；有自己的独到见解的人，一定会被普通人误解和嘲笑。那些愚蠢的人对于已经成功的事情都弄不明白，但聪明的人却事先就能预见将要发生的事情。老百姓很难从开始就和您共同谋划，但可以一起享受成功的喜悦。真正追求最高道德的人是不会迎合世俗的，真正做大事的人不应该去跟普通人商量。所以圣人认为：只要能够使国家强大昌盛，就没有必要事事循规蹈矩；只要能够对老百姓有利，就没有必要遵循陈旧的礼制。"孝公听了，觉得有道理，说："说得好。"

但是甘龙却反驳说："不是那样的。圣人不改变民俗而施以教化，聪明的人不改变成法而治理国家。顺应民风民俗来加以教化，不费力就能成功；沿袭成法来治理国家，官吏习惯而且百姓安定。"

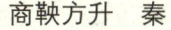

公孙鞅说："那只是世俗的说法而已。普通人满足于原来的习俗，而读书人只局限于书本上学的东西。这两种人当官守法还可以，但不能和他们谈论现行制度法以外的东西。夏商周三代，虽然制度不同，但都能统一天下。五霸虽然做法各异，但都能称霸一方。聪明的人制定法度，愚蠢的人被法度约束；贤能的人改变礼仪，普通的人受制于礼仪。"杜挚也附和甘龙说："没有百倍的利益，就不能改变现行的制度；没有十倍的功效，就不能更换正在使用的器物。遵循原来的法令不会有过失，保持原来的礼制不会有差错。"公孙鞅说："治理国家没有一成不变的办法。只要对国家有利，就不一定非得照搬古代的法令。所以，商汤和周武王没有沿用旧的法令也取得了天下，夏桀和殷纣并没有改变旧的礼制，不也灭亡了吗？"辩论结束，秦孝公接受了公孙鞅的意见，决心变法。他任命公孙鞅为左庶长，负责改革法制。

公孙鞅下令把十户人家分为一什，五户人家分成一伍，民户之间互相监视检举。如果有一家犯法，十家一起治罪。不向官府告发为非作歹之人的，处以腰斩的刑罚，告发作奸犯科之人的，和砍敌人首级一样受赏，窝藏犯罪分子与投降敌人一样惩罚。一户人家有两个以上的壮丁不分家的，赋税加倍。有军功的人，各按标准升爵受赏；为私事打架斗殴的，按照情节的轻重分别处以不同的刑罚。致力于农业生产，让粮食丰收、布帛增产的免除劳役或赋税。从事工商业及因懒惰而贫穷的人，就把他们的妻子全都没收，作为官奴。身为贵族而没有军功的，不能列入家族的名册。明确每个人的爵位和等级，各自按等级占有土地、房产，家臣奴婢的衣裳、服饰，按各家爵位等级确定。有军功的大力表彰使之荣耀，没有军功的即使很富有也不算光荣。

新法制定好以后，在公布之前，公孙鞅怕秦国百姓不相信，就在国都市场的南门竖一根三丈长的木头，并且宣布谁能把木头从市场南门搬到市场北门，就能获得十两黄金的奖赏。百姓们觉得很奇怪，没人敢动。于是公孙鞅

又宣布："能把木头搬到北门的赏五十两黄金。"有一个人按捺不住好奇，就走出来把木头搬到了北门，公孙鞅马上就赏给他五十两黄金。这件事情迅速传遍都城，秦国百姓相信公孙鞅言出必行。

新的法令实施了刚满一年，秦国都城抱怨说新法不好的就有几千人。于是有人就怂恿太子触犯了新法，试探公孙鞅执行新法的决心。公孙鞅说："新法之所以不能顺利推行，就是因为上层的人不断触犯它。"于是就要按照新法来处罚太子。但是太子是国君的继承人，不能施以刑罚，公孙鞅就处罚太子的老师，负责监督太子行为的公子虔受到责罚，负责传授知识的公孙贾被处以墨刑。第二天，秦国百姓没有谁再敢违抗新的法令了。新法实施10年以后，秦国百姓都非常满意。即便是在路上丢了东西，也没有人乱捡；山林里也没有了盗贼；百姓家家富裕，户户殷实；人们都勇于为国家效力，不敢为私利而争斗；乡村、城镇社会秩序安定。那些当初说新法不好的人，都转而称赞新法。而对那些扰乱教化的人，公孙鞅全将他们迁到边远的地方去。从此以后，再也没有人敢随便议论新法了。因为变法成效显著，秦孝公任命公孙鞅为大良造。

3年以后，秦国把国都从雍地迁到咸阳，并推行了一系列新的政策：下令禁止百姓父子兄弟同居一室。把小的乡镇村庄合并成县，设置县令、县丞。通过调整，把全国划分为31个县。打破原来的地界对农民的局限，鼓励开垦荒地，按统一的标准征收赋税。统一全国的升斗、秤和丈尺。这些新的法令推行了4年，很有成效。这时，公子虔又触犯新法，被判处劓刑。

变法5年后，秦国实力大增，国富兵强。周天子把祭祀用的肉送给秦孝公，诸侯各国都来秦国祝贺。

苏秦列传

苏秦用事

苏秦是东周洛阳人，他曾经到周朝东边的齐国拜师求学，在鬼谷子门下学习纵横之术。

苏秦在外面游学多年，希望能够一展才华，没想到最后却弄得穷困潦倒，只能狼狈回到家里。他的哥哥嫂子、弟弟妹妹和妻妾都嘲笑他，说："周人的习俗是专心经营产业，努力从事工商，以追求1/5的利润为目的。现在你不做自己应该做的事情，一心想靠着你那张嘴去吃饭，以致穷困潦倒，这不是自找的吗？"苏秦听了这些话，心里很惭愧，一个人独自伤心，就关了自己的房门不出来，把自己的书都拿出来，重新读了一遍。然后说："我一个读书人，既然已经拜了老师，学了很多东西，而且自己也天天埋头苦读，到现在却又不能依靠着自己学的东西来得到权力和财富。这类书即使读得再多，又有什么用呢？"于是他把先前所读的书放弃，找到周书《阴符》，潜心钻研。苏秦整整花了一年的时间来详细地加以揣摩和思索书里面的内容，认为已经理解书中精髓，心情十分激动，说："凭着从这本书里面学的东西，就可以游说当代的国君了。"于是就去求见周显王，企图游说他。但是周显王的大臣们对苏秦非常熟悉，认为他是个夸夸其谈的无能之人，全都看不起他，所以周显王也不相信他。

苏秦又去西边的秦国。这时秦孝公已经死了，即位的是秦惠王。苏秦就游说秦惠王说："秦国的四面都是险要的要塞，还被许多山包围住，渭水就像一条带子一样，从国境穿过。秦国的东边有关山大河，西边有汉中，南边有巴蜀，北边还有代地。可以说，秦国真是个地势险要、土地肥沃、物产丰富的天然宝库啊！大王凭着秦国那么多的百姓，再加上那么多训练有素的士兵，完全可以用他们来统一天下，建立万世帝业，统治四方。"秦惠王说："鸟儿的羽毛还没长丰满，不可以在高高的天空里飞翔；国家的政策法令还没有走向正轨，不可以吞并天下。"当时秦国刚刚处死了主张变法改革的商鞅，非常痛恨那些游说的人，所以秦惠王就没有任用苏秦。

苏秦又来到了东边的赵国。赵国国相奉阳君不喜欢苏秦，苏秦只得离开赵国。

接着，苏秦去了燕国，但是等了一年多的时间才有机会拜见燕王。他对燕文侯说："燕国的东边有朝鲜和辽东，北边有林胡和楼烦，西边有云中和九原，而且南边还有滹沱河和易水，国土纵横有2000多里，部队几十万人，战车600辆，战马6000匹，储存的粮食足够全国百姓用好几年。燕国的南面有碣石和雁门那样肥沃的土地，北面还有大枣和栗子等特产，燕国百姓即便是不去种地干活，光靠北面收获的大枣和栗子也足够百姓们吃的了。这就是人

们所说的天府之国啊!

"要是说起老百姓能够安居乐业,没有战事,也不会看到军队的覆灭、将领们被杀的情景,没有哪个国家能够比得上燕国。大王知道为什么会这样吗?燕国之所以不会招致其他国家军队的怨恨,不被他们侵犯,都是因为赵国在燕国的南面,为燕国起着屏障的作用。秦国和赵国之间打了5次仗,其中秦国胜了2次,赵国胜了3次。秦国和赵国两国相互对抗,彼此削弱,大王您就可以在后边牵制着他们,这就是燕国不会被其他国家进攻的原因。更何况如果秦国想要攻打燕国,就必须穿过云中和九原,再穿过代郡和上谷,行军几千里。即便是占领了燕国的城池,秦国也没有什么办法来守住它。所以,秦国不能进攻燕国的道理也就非常明显了。现在如果是赵国想要攻打燕国,不超过10天,赵国几十万的大军就能够到达东垣,然后再渡过滹沱河和易水,再过四五天,他们就能到达燕国的都城。所以说,秦国攻打燕国,是在远离自己国家几千里的地方打仗;赵国攻打燕国,却是在离自己国家几百里以内打仗。不担心自己国家几百里以内的灾祸,反而去担心几千里以外的敌人,再也没有比这更加错误的想法了。因此我希望大王和赵国合纵相亲,诸侯各国成为一个整体。那样的话,燕国就一定不会再有什么值得忧虑的事情了。"

燕文侯一听,觉得他说得很有道理,就答应了合纵,并且拜苏秦为国相,让他负责合纵的事情。

苏秦相六国

接着,苏秦又去了东方的齐国,游说齐宣王说:

"齐国四边都有天险,土地纵横2000多里,军队几十万人。粮食多得堆起来像山丘一样高大;军队强大,打仗时就像锋利的刀刃一样无坚不摧,交战时好像雷霆震怒一样猛烈,撤退时好像风雨一样快地消散。到现在还从来没有征调过泰山以南的军队,也从来没有渡过清河,涉过渤海去征调这两个地方的士兵。光是临淄一个地方就有居民7万户,我私下估计了一下,每户不少于3个男子,不用去征发其他地区的兵源,光是临淄的士兵就有21万了。临淄富有而殷实,这里的居民没有不吹竽鼓瑟、弹琴击筑、斗鸡走狗、下棋踢球的。临淄的街道上,车子多得车轴互相撞击,人多得肩膀相互摩擦。把衣襟连起来，可以形成帐幔；把衣袖举起来，可以成为遮幕；大家挥洒的汗水，就像下雨一样。家家殷实，人人富足，志向高远，意志飞扬。凭借着大王的英明和齐国的强大，天下没有哪个国家能够比得上齐国。但是现在大王您却要去侍奉秦国，我私下替大王感到非常羞耻。

"韩国和魏国之所以那么畏惧秦国，是因为他们和秦国的边界相邻。如果秦国和韩国、魏国交战，不超过10天就能兵临他们的都城，显而易见，他们打不过秦国。就算韩国和魏国战胜了秦国，他们军队的兵力也要损失一半，国家的边境也没有办法守卫；如果魏国和韩国输了，他们两国就马上会陷入非常危险乃至亡国的境地。这就是韩国和魏国不愿意和秦国交战，而很轻易地想要向秦国臣服的原因。但是现在齐国的情况却不一样，秦国和齐国隔着韩魏两国的土地。如果秦国想进攻齐国，就要经过卫国阳晋的要道、穿过齐国亢父的险塞，这两处要塞，两辆战车不能并排通过，两匹战马不能并排通行，只要有100个人守在那里，秦国军队就是有1000个人也打不过来。即使秦国军队打过来，也会顾虑重重，害怕韩国和魏国在后面偷袭他们。秦国对齐国虚张声势，恐吓威胁，却不敢冒险进攻，原因就在这里。

"不仔细考虑秦国不能奈何齐国的原因，却只想着去侍奉它，这是那些大臣们策略上的错误。现在，齐国还没有背上向秦国臣服的丑名，还有着非常强大的国家实力，所以我希望大王留心考虑一下，以便决定对策。"

齐王激动地说："我们齐国非常偏僻，我也没有机会听到您这样的教导。现在先生您来指教我，我愿意听从您的领导。"

苏秦又去了楚国，游说楚威王说：

"楚国是天下的强国，大王是天下的明君。楚国西边有黔中和巫郡，东边有夏州和海阳，南边有洞庭和苍梧，北边有径塞和郇阳，纵横5000多里，军队100万，战车1000辆，战马1万匹，仓库里的粮食足够百姓们吃一年。这是成就霸业的资本啊。凭着楚国的强大和大王的贤明，天下没有哪个国家能比得上。但是现在大王却想侍奉秦国，实在是没有道理啊。那样的话，各国诸侯就没有谁敢不向秦国臣服了。

"秦国最大的忧患就是楚国。楚国强大，秦国就会弱小；秦国强大，楚国就会弱小。这样看来，两国不能并存。所以，我为您着想，不如六国合纵，孤立秦国。

"我听说,没有动乱前,就应该阻止它。灾祸降临前,就要进行预防。如果等到灾祸临头,再去行动,那就来不及了。如果大王不合纵,秦国一定会派出两支军队,一支从武关出击,一支直下黔中,那么大王您的楚国就危险了。所以希望大王能及早考虑。

"如果大王能听从我的建议,我就能让山东各国听从大王的号令,把国家和宗庙托付给您,接受您的指挥。如果大王能采纳我的计策,韩、魏、齐、燕、赵、卫各国的美女,就一定会送到您的后宫;燕国和代国的骆驼和良马一定会充满您的畜圈。所以,合纵成功,楚国就能称王。连横成功,秦国就要称帝。现在您要放弃称王称霸的功业,背上侍奉别人的丑名,我私下认为这种做法不可取。

"秦国,像虎狼一样凶恶,有吞并天下的野心。秦国也是各诸侯国的共同敌人。那些主张连横的人都想让诸侯君主们割地献给秦国,这就叫作供养仇人和敬奉仇人啊。他们一点也不担心自己的国家遭受秦国的危害,反而依仗着强秦的威势,劫持自己的君主。这是最大的叛逆、最大的不忠,没有比这更严重的罪过了。

"合纵相亲,各诸侯就会割让土地侍奉楚国;连横成功,楚国就要割让土地侍奉秦国,这二者,大王选择哪一个呢?"

苏秦六国封相　年画

楚王闻言，立刻醒悟过来，连忙说："我愿意听从先生的建议，合纵对抗秦国。"

六国合纵成功。苏秦做了合纵的纵约长，并且同时担任六国的国相。

张仪列传

苏秦激张仪

战国时代和苏秦齐名的纵横家，毫无疑问就是张仪了。

张仪年轻的时候，和苏秦一起拜鬼谷子为师。张仪十分有才华，就连苏秦都认为自己比不上他。张仪离开鬼谷子后，就准备去游说诸侯。

张仪的第一个目标，就是楚国国君。但是在当时，平民想见国君，需要有大臣的引荐。一般的官员都见不到国君，更何况是张仪这样不名一文的穷书生？于是张仪决定先去楚国国相家里担任门客。如果得到了楚国国相的赏识，那自然就有机会见到楚国的国君。张仪到了国相家里以后，很长一段时间得不到国相的信任。他只能慢慢地等待机会。

有一天，楚国国相设宴招待宾客。在席上，国相丢了自己心爱的玉璧，门客们就对国相说："张仪一向贫困，而且品行恶劣，肯定是他偷了您的玉璧。"国相就让人把张仪抓住，打了几百杖。张仪宁死不承认，国相只好把他放了。带着这样大的屈辱，张仪回到了家。他的妻子看见他带着一身的伤回来，就问他："你今天怎么了？"张仪对她说了事情的经过，妻子对他说："唉！你要是不去读书，游说诸侯，又怎么会受到这样的屈辱呢？"张仪对妻子说："你帮我看看，我的舌头还在吗？"听了他的话，妻子笑着回答："放心吧，你的舌头还好好地在那儿呢。"张仪一听，说："那就够了。"

这个时候，苏秦成功说服了赵王，担任了赵国的国相，并且和赵王相约，去游说其他的国君。但是苏秦还是害怕秦国会攻打各国，破坏盟约。又因为找不到合适的人去秦国，苏秦就派人暗中对张仪说："当初你和苏秦关系很好，现在他已经当上了赵国的国相，你为什么不去赵国找他呢？"张仪觉得很有道理，就前往赵国，求见苏秦。

苏秦知道张仪到了自己家里，就让下人故意刁难他，不给他通报，还故意儿天都不让他离开。等到张仪不耐烦的时候,苏秦才在大堂接见了他,让他坐在堂下,并且赐给他下人们吃的食物。又对他说:"没想到你会沦落到这个地步。我不是不能帮你说几句,让你大富大贵。只是你自己不争气,实在不值得我那样做罢了。"之后就把张仪打发走了。张仪满以为苏秦会看在师兄弟的情分儿上,向赵王推荐自己,没想到反而被这样羞辱。他非常生气,发誓一定要报复苏秦。考虑只有秦国能够对付赵国,于是张仪动身去秦国。

打发走张仪后,苏秦就对下人说:"张仪非常有才华,我比不上他。只有他到秦国去,获得秦王的重用,从而掌握秦国的权势,然后让秦王不要攻打六国。但是张仪出身贫困,没有机会拜见秦王。我又害怕他贪图小利,不能成就大的事业,所以故意找个借口来侮辱他,目的是激发他的志气,让他能奋发向上。"于是苏秦派下人暗中跟随张仪,和他投宿同一客栈,慢慢接近他,还把车马和金钱送给他,提供给他需要的东西。

在苏秦下人的暗中帮助下,张仪终于见到了秦惠王并且得到了秦惠王的重用,担任了秦惠王的客卿。

看见张仪得到了秦王的重用,自己也完成了任务,下人就决定回国向苏秦复命。张仪感到很奇怪,就问他:"多亏了您的帮助,我才能得到秦惠王的重视。现在正要报答您,您为什么要离开秦国呢?"下人回答说:"其实暗中帮您忙的,并不是我,而是您的师兄苏秦先生。当初他担心秦国会攻打赵国,破坏六国的联盟,他认为除了您以外没有人能够说服秦王,掌握秦国的权势,所以就故意羞辱您。实际上他是为了激发您,又暗中派我提供

士的崛起

战国时期,养士之风盛行,著名的"战国四公子"都养士千人。士与主人之间建立起一种新型的隶属关系。张仪、苏秦便出自这样的阶层。

各种东西给您,支持您来秦国。这些其实都是苏秦先生的苦心。现在您得到了秦王的欣赏,我也应该回去向苏秦复命了。"张仪听了以后,非常感慨,说:"哎呀!我现在才知道自己比不上苏秦啊!现在我刚被秦王任用,又怎么能够说动秦王去攻打赵国呢?您替我回去感谢苏秦,说只要有他苏秦在,我一定不会让秦国攻打六国。"

果然,在苏秦死之前,秦国都没有攻打六国。

连横赵燕

张仪离开齐国之后,就西行去游说赵王。张仪说:"我们秦王派我给大王您出了个小小的主意。您率领天下的军队抵抗秦国,使得我们秦国军队15年不敢过函谷关。您威震天下,我们秦国对您是又怕又敬,只能整顿军队,修葺战车,喂养战马,练习武艺,囤积粮食,守住四方的边界,害怕您的进攻,丝毫不敢懈怠,这些都是因为您啊。

"现在我们秦国,已经攻取巴蜀,吞并汉中,包围东周,夺取周王的九鼎,占领了白马渡口。秦国虽然地处偏远之地,但是却对您是心怀怨恨已久。现在秦国的军队驻扎在渑池,希望能渡过黄河,穿过漳水,占领番吾,进军邯郸城下。秦王想和您交战,来效法武王伐纣的故事。我们大王让我告诉您这些事情。

"大王之所以相信合纵的计划,都是因为苏秦的。苏秦花言巧语,欺骗诸侯国君,颠倒是非,想离间齐国,最后导致自己被五马分尸而死。天下不可能成为一个整体,也是显而易见的。现在楚国和秦国是兄弟之国,而韩国、魏国是秦国东方的属国。齐国献出了盛产鱼和盐的土地,这就如同斩断了赵国的右臂。断了右臂和别人争斗,失去了亲信剩下自己一个人,想要不危险,怎么可能呢?

"现在秦国准备派出3支部队:一支堵住了午道,通知齐国军队渡清河,驻扎在邯郸东面;一支驻扎在成皋,在河南面威胁着韩国魏国军队;一支驻扎在渑池,和四国约好,一起攻打赵国,而且肯定会分割赵国的土地。我不敢隐瞒这些情况,特来告诉大王。我暗中为您想了个办法,大王不如和秦王在渑池会见,见面以后再谈判,请求秦王不要进攻。希望大王您能做出决断。"

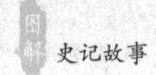

赵王说："先王在世的时候，奉阳君把持朝政，蒙蔽先王，一个人独断专行。当时我还在宫里跟着老师学习，没有参与朝廷大事。先王不相信大臣们，我那时还小，心里也感到疑虑，认为六国合纵抵抗秦国，不是长久之策。所以我改变心意，希望能割让土地献给秦王，以表示谢罪。正打算派出使者前去秦国，就听到先生的妙计。"赵王答应了张仪，张仪才离开赵国。

张仪又去北方的燕国游说：

"大王亲近的国家就是赵国了。从前赵襄子把他姐姐嫁给代王，目的是借机吞并代国。赵襄子设下阴谋，约代王在句注要塞见面。他叫工匠做了一个金斗，把金斗的柄做得很长很尖，可以用来击杀别人。赵襄子在和代王喝酒的时候，暗中告诉厨子说：'等到我们喝酒喝到痛快的时候，你就用金斗把热汤端出来，给我加汤时，掉转金斗，用斗柄袭击代王，杀掉他。'厨子照办了，在给代王盛汤的时候，借机用金斗的柄刺杀了代王。赵襄子的姐姐听说了以后，磨尖了自己的发簪，自杀而死，所以现在代地还有磨笄山。代王的惨死，天下没有一个人不知道的。

"赵王阴险毒辣，您是非常清楚的，您还以为赵王值得亲近吗？赵国派出军队攻打燕国，还包围了燕国都城要挟您，逼得大王割让土地谢罪。现在赵王已经到渑池去朝拜秦王，并献出河间的土地，听从秦国。现在您不结好秦国，秦国就会派出军队到云中、九原，驱使赵国来攻打燕国，那时易水和长城就不是您的了。

"而且现在赵国就等于是秦国的郡县，不敢随便派出军队讨伐哪个国家。现在大王结好秦国，秦王肯定很高兴，赵国也就不敢轻举妄动了。那样的话，燕国西面有强大的秦国作为援兵，而且南边没有了齐国与赵国的忧患。愿大王仔细考虑我的这个计策。"

燕王说："寡人的国家，是蛮夷之国，地方偏僻，虽然有那么多男子，但他们考虑问题却像婴儿一样，没有谁能够给我出什么好主意。现在多谢先生光临我们燕国教导我，让我明白了利害。我决定向西服侍秦国，献出恒山一带的5座城池。"燕王听从了张仪的建议。

樗里子甘茂列传

"智囊"樗里子

樗里子名疾,是秦惠王同父异母的弟弟,他的母亲是韩国人。樗里子被秦国人称为"智囊"。

秦惠王八年(公元前330年),樗里子率领秦国军队占领了魏国的曲沃城。秦惠王十二年(公元前326年),樗里子带兵占领了赵国的蔺地。第二年,又和魏章一起攻打楚国,俘虏了楚国将军屈匄,夺取了汉中。秦惠王封樗里子为严君。

秦惠王死后,太子继位,称为秦武王。武王驱逐了张仪和魏章,任命樗里子和甘茂为左右丞相。秦武王派甘茂攻打韩国,占领了宜阳,又派樗里子带着一百辆马车去周朝。周朝天子对樗里子非常尊重。楚王听说以后,非常生气,责备周天子,说他畏惧秦国人。周天子便派游腾到楚国,游腾对楚王说:"智伯讨伐仇犹的时候,假装献给仇犹很大的车子,却又偷偷地让自己的部队跟在车的后面,把仇犹灭了。为什么呢?那是因为仇犹没有做准备,不知道会那样。齐桓公打着讨伐楚国的口号,真正的目的却是袭击蔡国。现在的秦国,如狼似虎。秦王派樗里子带着一百辆马车出使周朝,周朝害怕自己落到个仇犹和蔡国的下场,所以才派士兵保护樗里子他们的安全,实际上却是监视他们,担心他们有所行动。周王这样做,是怕一旦被樗里子灭了,就要麻烦您。"楚王听了以后,才高兴起来。

秦武王死后,继位的是秦昭王。昭王对樗里子更加尊敬。

秦昭王元年(公元前306年),樗里子带领部队进攻卫国的蒲城。蒲城太守很恐慌,就请胡衍帮忙。胡衍游说樗里子说:"将军攻打蒲城,是为了魏国呢?还是为了秦国?如果是为了魏国,那倒没错。如果是为了秦国,就不对了。卫国之所以能够得以保全,都是因为有蒲城的原

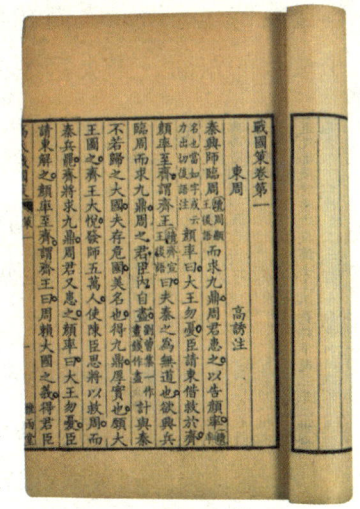

《战国策》书影

因。现在将军要攻打蒲城，把卫国惹急了，卫国为了保全自己的国家，肯定会投向魏国。魏国西河一带的土地被秦国占领，却不能夺回来，就是因为魏国军队不够强大。现在如果卫国依附魏国，魏国的实力就得到了加强。如果魏国强大，秦国西河一带就有被攻击的危险了。到时秦王看到您做的事情，对秦国没有好处，却让魏国得到加强，肯定会怪罪于您。"樗里子一听，觉得有道理，就问他："那你说我应该怎么办呢？"胡衍说："大人不如放弃攻打蒲城，我再把您的决定告诉卫国国君。"樗里子说："好的。"

胡衍到了蒲城，对蒲城太守说："樗里子已经知道了蒲城的弱点，他还说一定要攻占蒲城。"蒲城太守很恐慌，就对胡衍拜了两拜说："请先生给我指点一条明路。"胡衍说："我能够让秦国军队撤退，不再攻打蒲城。"蒲城太守一听，非常高兴，连忙拿出300斤黄金献给胡衍，说："如果秦国军队真的撤退，放弃攻打蒲城，我一定会在卫国国君面前保举您，让您在卫国得到封邑。"

最后，胡衍不但得到了蒲城太守奉送的黄金，还得到了卫国国君的重用。樗里子放弃了攻打蒲城的想法，离开了蒲城。随后，樗里子又率领军队攻打皮氏城，攻打了很久，都没能占领，只能放弃。

秦昭王七年（公元前300年），樗里子去世，被埋葬在渭南章台的东面。临死的时候，樗里子说："100年以后，一定会有天子在我坟墓的两边建筑宫殿，我的坟墓将被夹在中间。"樗里子的家乡在秦昭王庙西面的渭南阴乡樗里，所以人们都叫他樗里子。到了汉朝的时候，长乐宫建在樗里子坟墓的东面，未央宫建在樗里子坟墓的西面，而武库正对着他的坟墓。

左丞相甘茂

甘茂是下蔡人，曾拜下蔡的史举为师，学习各种学说，后来通过张仪和樗里子拜见了秦惠王。秦惠王见了他以后，非常高兴，任命他为将军，派他协助魏章进攻汉中一带。

秦惠王死后，继位的是秦武王。这时张仪和魏章离开了秦国，去了东方的魏国。蜀侯嬴辉和国相陈壮造反，秦武王派甘茂率军平叛，他出色地完成了任务。甘茂回到秦国以后，秦武王任命他为左丞相，樗里子为右丞相。

秦武王三年（公元前308年），武王对甘茂说："我想坐着车子，经过三川,风风光光地到周朝都城转一圈。如果真能那样的话,我就是死了,心里也满足了。"甘茂听了明白武王的心意,说:"大王若真想去周都,请允许我去魏国,和魏王约定,一起攻打韩国。不过,还希望大王能派向寿和我一起去。"秦武王同意了。甘茂到了魏国,就对向寿说:"你先回去,告诉大王说:'魏国已经同意了我的建议,但是我希望大王先不要攻打韩国。'事情如果成功,都是你的功劳。"向寿回到秦国,把甘茂的话告诉了秦武王。武王在息壤迎接甘茂,等甘茂一到,秦武王就问他为什么不打韩国。甘茂回答:"宜阳是一个大县。长期以来,韩国一直把上党和南阳的战略物资送往宜阳。虽然说是一个县,但是实际上却是一个郡。现在我们要越过函谷关和崤山,不远千里,去攻打三川,非常艰难。从前曾参在费地的时候,鲁国有和曾参同名同姓的人杀了人。有人告诉曾参的母亲说:'曾参杀人了。'曾参的母亲还是织着布,镇定自若,好像什么事情都没有发生。过了不久,又有一个人跑来,对曾参的母亲说:'曾参杀人了。'他的母亲还是继续织着布。但是过了不久,第三个人来了,对曾参的母亲说:'曾参杀人了。'于是曾参的母亲扔下梭子,走下织布机,翻过墙逃跑了。以曾参的孝顺和母亲对他的信任,3个人来说曾参杀人,他的母亲尚且怀疑他。现在论贤能我比不上曾参,大王对我的信任也比不上曾参的母亲对曾参的信任,而怀疑我的人也不止3个,我害怕大王也会像曾参的母亲一样,丢下梭子啊。当初张仪向西吞并了巴蜀,向北得到了西河一带,向南得到了上庸,天下的人不因此赞美张仪,却赞扬先王的贤能。魏文侯派乐羊率兵攻打中山,打了3年才打下来。乐羊回到魏国夸耀自己的功劳,魏文侯就拿出了一筐弹劾乐羊的奏折。乐羊吓得连忙对魏文侯拜了两拜,说:'这不是我的功劳,而是大王的功劳。'现在我只是一个从外地来到秦国

金虎
秦国金器的代表性器物,秦人喜欢把黄金铸造成各种形象收藏和使用。这件金虎,不仅具有货币的一般价值,更是一件工艺精湛的艺术品,当为贵族所有。

的臣子,樗里子和公孙奭两个人会用韩国的强大来说长期攻打韩国的弊处。而大王肯定会相信他们的话,想撤兵。一旦撤兵,您就会落下欺骗魏王的坏名声,而我也就得罪了韩国的公仲侈。"武王说:"我不会听信他们的话,我可以和你发誓。"于是,武王就与甘茂在息壤起誓,然后派他率兵攻打宜阳。甘茂统兵打了5个月,也没有攻下宜阳。果然,樗里子和公孙奭在武王面前说起甘茂的不是。武王就召见甘茂,想停止进攻。甘茂说:"请大王不要忘了息壤。"武王说:"是的。"于是又增派援军,让甘茂继续攻打宜阳。秦兵很快取胜,杀了敌军6万,夺取了宜阳城。韩襄公战败,只得派公仲侈去秦国谢罪求和。

占领了宜阳之后,秦武王终于到了周都,而且死在了那里。武王的弟弟继位,称为秦昭王。昭王的母亲宣太后是楚国人。楚怀王怨恨当初秦国在丹阳攻打楚国的时候,韩国没有援救楚国,就派兵围住了韩国的雍氏,韩国派公仲侈去秦国求救。秦昭王因为刚刚即位,而太后又是楚国人,所以不肯去救韩国。公仲侈找到甘茂,请求他为韩国说情。甘茂对秦昭王说:"公仲侈和韩国正是以为能够得到秦国的援救,所以才会和楚国抗争。现在楚国军队围住了韩国的雍氏,而秦国的军队却不肯去援救韩国,那以后公仲侈就再也不会来朝拜了。他肯定会带着自己的国家依附楚国。楚国和韩国连成一体,那么魏国就不敢不听从他们。到时候,就形成了韩国、魏国和楚国3个国家联合起来,攻打秦国的局面。大王,不知道坐着等待别人的进攻和主动进攻别人哪个更为有利?"秦昭王听了他的话,回答:"好。"于是,秦昭王派出援军,赶去援救韩国。楚国军队闻讯撤退。

白起王翦列传

名将白起

在秦灭六国的过程中,大将白起和王翦起了重要作用。司马迁为白起、王翦立传,是肯定他们在统一战争过程中的赫赫战功;另外也尖锐地指出他们各有所短,白起"不能救患于应侯",死于非命,王翦则"不能辅秦建德",殃及后代。从这里可以看出,司马迁赞同秦统一中国的战争,但他反对虐民、暴政。

白起，郿人（今陕西眉县东北），擅长用兵打仗，在秦昭王朝中做将军。

从秦昭王十四年（公元前293年）到秦昭王三十四年（公元前273年），白起率军南征北战，为秦国立下赫赫战功：攻打韩国和魏国，在伊阙斩杀敌军24万，俘虏了将军公孙喜，占领5座城池；再次攻打魏国，占领了61座城池；攻打赵国，占领光狼城；攻打楚国，夺取鄢、邓等5座城池；再打楚国，攻取都城郢城，迫使楚王把都城迁到陈；又打楚国，夺取巫地和黔中郡。白起也因功步步高升，由国尉而大良造，最后被封为武安君。

白起像

秦昭王三十四年，白起攻打魏国，占领了华阳，打败了芒卯，俘虏了韩、赵、魏三国将军，斩杀敌军13万。白起又和赵国将军贾偃交战，最后把贾偃的部下两万人沉入河里。秦昭王四十三年，白起攻打韩国陉城，杀5万人。

秦昭王四十五年（公元前262年），白起攻打韩国野王城。野王城投降秦国，从而切断了上党与韩国内地的联系。韩国上党郡守冯亭便同当地百姓谋划说："通往都城的道路被切断，韩国肯定不能管我们了。秦国军队一天天逼近，韩国不能救援，不如把上党归附赵国。赵国如果接受我们，秦国恼怒，必定攻打赵国。赵国遭到武力攻击，必定亲近韩国。韩、赵两国联合起来，就可以抵挡秦国。"于是便派人通报赵国。赵孝成王跟平阳君和平原君一起研究这件事，平阳君说："不如不接受。接受，带来的殃祸要比得到的好处大得多。"平原君则表示异议说："平白得到一郡，接受是有利的。"结果赵王接受了上党，封冯亭为华阳君。

秦昭王四十六年，秦国攻占韩国缑氏和蔺城。

秦昭王四十七年（公元前260年），秦国派左庶长王龁攻打韩国，攻占上党，上党百姓都逃向赵国。赵国士兵攻打秦国的侦察兵，秦国的侦察兵杀了赵国的神将。六月，秦军攻破了赵国军队，夺取了两座城池，杀了4名都尉。七月，赵国任命老将廉颇为统帅，在长平修建防御工事，坚守不出。廉颇深沟高垒，加强防守，秦国几次挑战，他都不应战。秦军被廉颇阻挡，屡战无功，很是着急。丞相应侯得知赵王对廉颇不满，便派使者带着千两黄金，到赵国施反间计，使者说："秦国军队怕的只是赵括一人。廉颇非常容易对付，况且，他很快就要投降秦国了。"赵王中计，让赵括代替廉颇。秦国听说赵括出任赵军统帅，就暗中派武安君白起担任秦国上将军，王龁为副将。赵括派兵攻打秦国军队，秦国军队一边假装落败逃走，一边又派部队切断赵军的粮道，并迂回包抄赵军主力。

到了九月，赵国士兵断绝口粮已经46天，军内士兵们甚至暗中互相残杀，以人肉充饥。士兵们困厄至极，扑向秦军营垒，发动攻击，打算突围。他们编成四队，轮番进攻了四五次，仍不能冲出去。他们的将领赵括派出精锐士兵，并亲自披挂上阵，率领这些部下与秦军搏杀，意图突围，结果秦军在混战中射死了赵括。赵括的部队大败，士兵40万人向武安君投降。武安君谋划着说："之前我们秦军拿下上党，上党的百姓不甘心做秦国的臣民而归附赵国。赵国士兵变化无常，不全部杀掉他们，恐怕要出乱子。"于是用欺骗伎俩把赵国降兵全部活埋了。只留下年纪尚小的士兵240人放回赵国，赵国上下一片震惊。

秦昭王四十八年（公元前259年），秦国再一次攻占上党，之后将部队分为两支，王龁带领的军队攻取皮牢，司马梗带领的军队攻取太原。韩国和赵国恐慌，派苏代带着重金游说应侯说："赵国灭亡，秦王就称王天下了，到时武安君也就会位列三公。武安君为秦国攻占了70多座城池，在南面夺取了楚国的鄢、郢和汉中，向北战胜了赵括的部队。即使是周公、召公和姜太公，也比不上他的功绩。武安君位列三公，您能够在他下面吗？即使不想在他下面，也没有办法啊。不如允许韩国和赵国割地求和，这就不是武安君的功劳了。"于是，应侯对秦王说："秦国军队劳累，请允许韩国和赵国割地求和。"秦王同意了。这年正月，秦国和赵国、韩国停战。武安君听说了这件事，从此就对应侯心怀怨恨。

九月，秦国派五大夫王陵攻打赵国邯郸，当时武安君有病，不能出征。

秦昭王四十九年（公元前258年）正月，王陵攻打邯郸，进展不大。武安君白起病好后，秦王打算派武安君代替王陵。武安君推辞说："邯郸不容易攻破，而且诸侯国援救邯郸的军队也会纷纷赶来。秦国虽然攻破了长平，可是秦国军队损失也过半，国内空虚。现在又要行军千里去攻打别国的国都，实在不是好的主意。那样的话，赵国军队在城里应战，诸侯国军队在城外攻击，秦国军队肯定会失败。这个仗不能打。"秦昭王不听他的建议，坚持要他去，武安君还是不肯赴任。秦昭王派应侯去请他，武安君就借病推脱。

秦昭王只好改派王龁代替王陵，但秦国军队还是没能攻破邯郸。楚国的春申君和魏国的信陵君一起率领几十万军队攻打秦军，秦军损失惨重。武安君对秦昭王说："大王不听我的意见，现在怎么样了？"秦昭王听到后，气得七窍生烟，强行命令武安君赴任。武安君就推脱自己病情严重。应侯再一次去请他，武安君还是不肯赴任。秦昭王大怒，免去武安君的官爵，让他离开咸阳迁到阴密。但武安君有病，没能成行。过了3个月，秦军邯郸前线的情况越来越糟糕，秦昭王愤怒，就派人驱逐白起，不让他留在咸阳城里。

武安君刚离开咸阳西门十里，走到杜邮，应侯对昭王说："白起走的时候，还愤愤不平，有怨言。"秦昭王派使者赐给白起一把剑，让他自杀。武安君仰天长叹："我怎么得罪了上天，落得这个下场？"想了很久，才说："我本来就该死。长平之战，我就坑杀了40多万人，当然该死！"于是拔剑自杀。这一年，是秦昭王五十年（公元前257年）。武安君无罪而死，秦国人都同情他，所以全国人民都祭祀他。

王翦之意不在田

王翦是频阳东乡人，从小喜欢兵法，后来从军。秦王政十一年（公元前236年），王翦率领部队攻打赵国阏与城，取得胜利，随后又占领了9座城池。秦王政十八年，王翦率兵攻打赵国。一年多以后，攻破了赵国，赵王投降秦国。第二年，燕国派荆轲刺杀秦王，行刺失败，秦派王翦攻打燕国。燕王喜逃到辽东，王翦攻破了燕国都城蓟，然后回到秦国。秦王又派王翦的儿子王贲攻打楚国，大败楚国部队。后来又攻打魏国，魏王也投降了秦国。

秦王攻灭了韩、赵、魏三国以后，就想攻打楚国。秦国将军李信虽然年轻，但是英勇果敢，曾经只身带着几千士兵追逐燕国太子丹的部队，最后将其攻破。秦王很欣赏李信，就问李信："我想攻打楚国，将军估计需要多少部队呢？"李信回答："不超过20万。"秦王又问王翦，王翦回答："没有60万肯定不行。"秦王说："王将军年老力衰了吧，为什么胆子这么小啊？"于是秦王派李信和蒙恬率领20万军队进攻楚国。王翦因为自己的建议没有被采纳，就借口生病，告老还乡，回到了频阳。李信攻打平舆，蒙恬攻打寝，都胜利了。后来李信攻占了鄢和郢，随后率领部队追击楚军，和蒙恬在城父相会。没想到楚国部队三天三夜没有休息，长途跋涉，袭击李信部队，李信大败，损失惨重。秦军只得撤退。

秦王听说秦国军队大败，非常生气。亲自到频阳，向王翦道歉说："我没有听取将军的意见，致使秦军失败。现在我听说楚国军队每天都向西前进，形势不容乐观。将军难道忍心丢下我不管吗？"王翦推辞说："我已经告病，回到了家乡。希望大王能另外选用其他将领。"秦王说："哎呀您就不要再推辞了。"王翦说："大王要是一定要起用我的话，那就一定要60万士兵。"秦王答应了。

王翦率领60万士兵准备出发，秦王在灞上为他们送行。送行的时候，王翦请求秦王赏赐自己良田华屋。于是秦王问："将军就要出发了，为什么还要田地和房屋呢？"王翦回答："我担任大王的将军，即使有功劳，也不能封侯，所以趁着现在大王任用我的时候，及时为我的子孙们赚取家业。"秦王哈哈大笑。王翦到达函谷关的时候，连续五次派使者回秦国，向秦王讨要田宅。有人对他说："您的要求也太过分了。"王翦回答："不是这样的。秦王多疑，不相信别人。现在秦王把秦国全部的军队都交给我，让我去攻打楚国。如果我不向他多请求一些田地，为我的子孙们赚取家业，他又怎么会放心得下，怎么会不怀疑我呢？"

王翦代替李信统率全军，攻打楚国。楚国听说王翦率军前来，就派出全国的军队抵抗。王翦打到楚国以后，坚守军营，不肯出战。楚国部队几次挑战，王翦都不加以理会。王翦每天都让士兵们好好休息，而且和士兵们吃住在一起。过了一段时间，王翦派人问士兵们在玩什么游戏。回报说："大家在玩比赛投石头。"于是王翦说："可以进攻了。"

楚国部队几次挑战，见王翦不应战，就向东去了。王翦派部队追击，一直追到蕲南，打败了楚国部队，还杀了楚国将军项燕。王翦乘胜攻打楚国城池,一年多以后,俘虏了楚王负刍,把楚国属地改为秦国郡县。王翦又进攻百越国。

秦王政二十六年(公元前221年),秦国平定了天下,其中王翦和蒙恬功劳最大,名传后世。

到秦朝二世胡亥的时候,王翦和他的儿子王贲都已经死了,蒙氏一家也被灭门。陈胜反抗秦朝暴政,胡亥派王翦的孙子王离攻打赵,把赵王和张耳包围在巨鹿城。有的人说:"王离是秦国的名将,带领强大的秦国军队,攻打赵国,肯定能获胜。"有人说:"不对。担任将军三代以上的,肯定会失败。为什么呢?因为他们家杀的人太多了,对后代没什么好处。现在王离已经是王家第三代将军了。"不久,项羽援救赵国,攻打秦国军队,果然活捉了王离。王离率领军队投降了诸侯军。

孟尝君列传

相门有相

孟尝君姓田,名文,他的父亲是靖郭君田婴。田婴,是齐威王的小儿子,齐宣王的庶出弟弟。田婴从齐威王的时候就开始任职当权,曾经和成侯邹忌及田忌一起率兵援救韩国,攻打魏国。齐宣王二年(公元前318年),田忌、孙膑、田婴一起攻打魏国,在马陵打败了魏国军队,俘虏了魏国太子申,还杀了魏国将军庞涓。宣王七年,田婴出使韩国和魏国,逼韩国和魏国臣服于齐国,还说服韩昭侯和魏惠王在东阿和齐宣王会面,订立了盟约。宣王九年(公元前311年),田婴任齐国的国相。齐宣王和魏襄王在徐州会面,互相尊对方为王。楚威王听说齐魏互尊为王,对田婴心怀怨恨,以为是他一手促成的。第二年,楚国讨伐齐国,在徐州打败了齐国军队,然后派人去捉拿田婴。田婴派张丑游说楚威王,楚威王才作罢。田婴任齐国国相第11年,宣王去世,湣王即位。湣王即位3年后,封田婴在薛地。

田婴有40多个儿子,其中一个叫田文。田文是田婴小妾的儿子,而且出生在五月五日。当时,人们认为五月五日出生的孩子会给自己的父母带来灾难。田婴就对田文的母亲说:"赶快把这个孩子扔了,不要养他。"孩子毕竟是自己身上掉下来的一块肉，田文的母亲不忍心把孩子丢弃，就暗中抚养田文。

等到田文大了以后，母亲找了个机会，让他和父亲田婴见面。田婴知道田文就是那个五月五日出生的孩子以后，气冲冲地责备她："我让你丢了这个孩子，你怎么还敢把他抚养大？"田文问田婴说："您不想养大五月五日出生的孩子，这是为什么呢？"田婴说："五月出生的孩子，会长得和门一样高，会给父母带来灾难。"田文又问："人的生命，是由上天授予的呢？还是由门户授予的？"田婴不知道怎么回答，只能沉默不语。田文接着又说："如果真的是上天授予，那您又担心什么呢？如果真的是门户授予的话，那只要加高家里的门户就可以了。"田婴更没话说，只能呵斥田文："你不要再说了。"

过了一段时间，田文乘着空闲问田婴："儿子的儿子是什么？"田婴回答："是孙子。"田文又问："孙子的孙子呢？"田婴说："是玄孙。"田文继续问："那么玄孙的玄孙又是什么呢？"田婴不耐烦了，说："这我就不知道了。"田文说："您执掌大权，担任齐国的国相，到现在已经是三朝老臣。齐国的国土面积没有增加，您的财富却越来越多。门下也没有一个贤能的人。我听说，将军家肯定就能出将军，国相家也肯定能出国相。现在您的姬妾们践踏绫罗绸缎，而有才能的人却穿不上粗布短衣；您的仆人们有剩余的饭食肉羹，而有才能的人却连肚子都填不饱。您的财富一天天增加，连把这些东西将来留给谁都不知道；您服务的国家却在一天天衰落，您连想都不想。我感到很奇怪。"

田文的这些话，让田婴改变了对他的看法。田婴马上让他主持家里的事务，负责招待宾客。宾客越来越多，田文与他们相处得很好，人们都对他赞不绝口。田文的名声甚至传到了各诸侯国当中，各诸侯都争着派人去找田婴，劝他立田文为世子。田婴死后，田文果然继承了田婴的爵位，被封在薛地，他就是孟尝君。

孟尝君在薛邑招揽各个国家的宾客，以致连那些犯罪逃亡的人，都来投奔他。孟尝君舍弃自己的家业，给他们很好的待遇，得到了天下士人的敬仰。他门下食客几千人，不分贵贱，都享受和田文一样的待遇。每次孟尝君接待客人，和客人说话的时候，屏风后面都安排一个人，负责记录孟尝君和客人的对话，以及客人的亲戚朋友们的住处。等客人离开以后，孟尝君就派人去问候客人的亲戚朋友，并且送礼物给他们。有一次，孟尝君和客人一起吃晚饭，有一个人把蜡烛遮住了。客人非常生气，以为自己吃的东西和孟尝君吃的东西不一样，放下碗筷就要告辞离开。这时孟尝君站了起来，把自己的饭端到客人面前给他看。客人看见孟尝君的饭菜和自己的一样，惭愧至极，就自刎而死。从此以后，士人们都争相投靠孟尝君。孟尝君对投奔自己的客人不分贵贱，一样优待。后来，孟尝君被齐湣王任命为齐国国相，果然应了他对父亲说的那句话"相门有相"。

冯谖客孟尝君

冯谖听说孟尝君喜欢招纳宾客，就穿着草鞋去见他。孟尝君说："先生从那么远的地方屈尊来到这里，请问有什么可以教我吗？"冯谖说："我听说您喜欢招纳贤能的人，而我是因为贫穷来投奔您的。"孟尝君把他安排在下等食客的住处。

过了10天，孟尝君问管宿舍的人："冯谖最近做了些什么？"那人回答："冯先生非常穷，身上只有一把剑，而且剑把还用草绳缠着。他经常用手弹着自己的剑唱：'长剑啊长剑，还是回去吧，吃饭的时候没有鱼。'"孟尝君听了，就把冯谖安排在中等食客的住处。过了5天，孟尝君又去询问冯谖在干什么，管宿舍的人回答："他弹着自己的剑，唱：'长剑啊长剑，还是回去吧，出行的时候没有车。'"孟尝君听后，便把他安排在上等食客的房间里，出入的时候还给他安排车辆。又过了5天，孟尝君再去问，管宿舍的人回答："现在他又弹着自己的长剑，说：'长剑啊长剑，还是回去吧，没有办法养

冯谖弹其剑

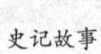

家。'"孟尝君听了以后，很不高兴。

过了整整一年，冯谖没有再说什么。当时孟尝君担任齐国的国相，在薛地有1万户的封地，他派冯谖去收债。

冯谖告别了孟尝君，到了薛地。冯谖把凡是借了孟尝君钱的人都集合起来，收到利息10万钱。冯谖用这些钱酿了酒，买来牛，把那些借孟尝君钱的人，不管付起付不起利息全都叫过来，付不出利息的人要求带着欠条，以便进行核对。等到大家到齐了，就杀牛上酒，开了酒席。正当大家喝酒喝得痛快的时候，冯谖就拿着契据走到席前与大家一一核对，能够付利息的人，就定一个期限；不能给利息的，就把他们的借据统统烧掉。接着冯谖对大家说："孟尝君之所以借钱给大家，就是为了帮助没有本钱的人，让你们能够从事生产。而他之所以要大家还债，是因为没有收入来供养他的宾客。现在宽裕的人，就给你们一个期限；没钱的人，就烧了你们的借据，取消债务。大家可以开怀畅饮了。有这样的封邑主人，大家又怎么能够背叛他呢？"坐着的人都感激地站了起来，向冯谖行礼。

孟尝君听说冯谖把借据都烧了，非常生气，就问他："我门下食客多达3000人，平时的用度不够，所以我才放债给薛邑。但是您不但备酒上菜招待他们，还把他们的借据烧了，这是为什么啊？"冯谖回答："不备酒上菜，大家就不会都来。也就不知道谁有能力还，谁没能力还。有能力的，给他们一个期限，他们就会还；没能力的，即便是催他10年，他也还不了。他欠下的利息越多，就越着急，甚至可能还会逃亡到其他地方。催他那么急，反而对您没什么好处。到时，不但大臣们会说您爱惜金钱，剥削百姓，百姓们也会怨恨您。现在我把那些没有用的借据烧了，放弃那些得不到的利息，让薛地的百姓感激您的恩德，宣扬您的名声，大人您还有什么疑问吗？"于是孟尝君拍掌大笑，感谢冯谖。

齐王害怕孟尝君功高盖主，就罢免了孟尝君。门客们见孟尝君被罢免，纷纷离去。只有冯谖对孟尝君说："您只要给我一辆马车，让我到秦国去，我就能让您重新被齐国重用，而且帮您获得更多的封地。"孟尝君真的给了他一辆马车，送给他一些盘缠。冯谖来到秦国，对秦王说："秦国和齐国，势不两立，谁更强大，谁就能得到天下。"秦王问他："怎么样让秦国更加强大，超过齐国呢？"冯谖说："大王知道齐国罢免了孟尝君吗？"秦王说："我听说了。"冯谖说："让齐国称雄天下的,是孟尝君。现在孟尝君被齐王罢免了,心怀怨恨,肯定想离开齐国;如果孟尝君离开齐国来到秦国,那么齐国的地理形势、朝廷机密、社会状况都将为秦国所掌握。到时齐国的土地就是秦国的了,又何止是称雄啊?您马上派人带着重金暗中去迎接孟尝君,千万不要失去机会。如果齐国再起用他,秦国就麻烦了。"秦王听了以后,就派人驾着10辆车,带着一百镒黄金,去迎接孟尝君。冯谖告别秦王先行离开,回到齐国,对齐王说："秦国和齐国,势不两立,谁更强大,谁就能得到天下。我听说秦国派了10辆马车,拿一百镒黄金来聘请孟尝君。孟尝君不去秦国倒还可以,如果去了,秦国就要称霸天下了。到时秦国强而齐国弱,齐国就危险了。大王何不趁秦国使者还没到,重新重用孟尝君,给他更多的封地,向他谢罪呢?孟尝君肯定会欣然接受。秦国虽然是强国,又怎么能够去请其他国家的丞相呢?"齐王派人到边境等秦国的使者,果然发现秦国使者赶来。齐王见状,召见孟尝君,恢复了他的国相职位,不但重新把薛地封给他,还增加了1000户。秦国使者听说齐国又任用孟尝君为国相,只得返回。

　　听说孟尝君重新当政以后,那些离开他的门客又纷纷回来投奔他。孟尝君对冯谖说："我喜欢招纳门客,对客人也从来不敢怠慢,后来有了3000多门客。可是,这些门客一看到我被罢免,都离我而去。而现在多亏了先生,才让我恢复了相位,他们怎么有脸来见我?我见了他们,要吐口水在他们脸上,大声辱骂他们。"冯谖说："万物都有其必然的规律,世上的事都有常规常理,大人知道吗?"孟尝君回答："我比较愚笨,不知道什么意思。"冯谖说："有生就有死,这是事物的规律。富贵的时候,门客多;贫穷的时候,朋友少,这是常规常理。您难道没见早上急着去市场的人吗?大早上,侧着肩,争着进市场的门;但是晚上,经过市场的人连看都不看一下。他们并不是喜欢早上的市场而讨厌晚上的市场,只是因为自己需要的东西晚上没有了。您失去国相的职位,宾客们离开您,不能因此怨恨他们、拒绝他们。希望您能像原来一样对待他们。"孟尝君拜了两下说："听了先生的这席话,我受益匪浅,哪里敢不遵从啊"

平原君虞卿列传

毛遂自荐

　　长平之战后，秦军围攻赵国都城邯郸。赵国派平原君到楚国求救，并希望双方能结成盟国。平原君打算在门客中选拔20位文武双全的人做随从，一起去楚国。平原君说："如果能够用和平的方式达成合纵结盟，那就好了。如果不能和平解决，哪怕是动用武力进行要挟，也一定要缔结盟约，才能回到赵国。随从人员不从外面找，只从自己门客里面找就行了。"但是，选来选去，只找到19个，最后一个怎么都找不到。这时门下有一个叫毛遂的人，到平原君面前自我推荐说："我听说大人要去楚国进行合纵谈判，选拔20人一起去，而且只在门客中选取。现在少了一个，大人您能让我一起去。"平原君看了他一眼，问他："先生在我门下几年了？"毛遂说："已经3年了。"平原君说："贤能的人在世上，就好像是锥子在口袋里，锥尖马上就能透出来。但是先生在我这3年，却没有谁认为您优秀，我也没听过谁夸奖您，那就说明先生没什么长处。您既然没什么长处，还是留在这吧。"听了平原君的讽刺，毛遂一点也不放在心上，反而正色说："那我今天就请您把我放进口袋里。如果把我放在口袋中，我早就脱颖而出了。"平原君听了他的话，觉得很是惊奇，又想到实在找不到其他人，就答应了。其他19人虽然没有说什么，但是脸上都流露出鄙夷的神色。

　　一路上门客们谈论不休，毛遂出口不凡，其他19人都被他的见识所折服。

　　到了楚国，平原君和楚王商讨合纵的事情，反复向楚王说明合纵的"利"与"害"，从早上谈到中午，楚王也没有下定决心。其他19人就对毛遂说："先生请上去。"毛遂按着宝剑，沿着台阶走进堂内，问平原君："楚赵合纵，有利还是不利，两句话就能说明。但是现在从早上开始说，到了中午也没做决定，为什么呢？"楚王看见一个人走进来，自己还不认识，就问平原君："这位客人是谁？"平原君听见楚王问自己，回答："他是我的门客。"于是楚王大声叱责毛遂说："还不下去！我在和你家主人谈话，你算什么？"毛遂却仍然按着剑，向前走了几步，来到楚王身边，说："大王之所以敢叱责我,是因为楚国人多势众。但是现在十步之内,大王就不能倚仗楚国人多了,您的生命也掌握在我的手里。当着我家主人的面,您为什么要斥责我呢?我听说商汤用七百里土地就称王天下,文王用一百里土地就臣服诸侯,难道是因为他们人多吗?不是的。是因为他们能够发挥自己的优势。现在楚国土地五千里,士兵百万,这是大王的资本。楚国这么强大,足可以做到天下无敌。秦国白起,只不过是个不起眼的小人物,只带了几万部队来和楚国交战。但结果呢,第一仗就占领了您的国都,第二仗就烧了楚国夷陵,第三仗甚至侮辱了您的先人。这可以说是奇耻大辱啊,连我们赵国都为您感到羞耻。大王难道没有意识到,现在合纵是为了楚国,而不是为了赵国吗?再说,在我家主人面前,您为什么呵斥我!"楚王被他说得面红耳赤,连忙说道:"好,好,确实是您说的那样。我愿意带领我的国家跟从您,和赵国缔结合纵盟约。"毛遂见赵王决定答应,但仍然不很坚决,就再一次问他:"现在您真的决定合纵吗?"楚王说:"决定了。"于是毛遂对楚王左右的人说:"拿鸡、狗、马血来。"之后,毛遂拿着铜盘,跪献在楚王面前,说:"大王应该歃血为盟,表明您合纵的决心。然后是我家主人,最后是我。"于是,楚王、平原君和毛遂在殿上起誓结盟。然后毛遂左手端着盛有鸡马狗血的盘子,右手招呼其他19个人说:"诸位就在堂下参加盟誓吧!你们都碌碌无为,就是人们所说的依靠别人才能办成事情的人啊!"

平原君达成了和楚国结盟的目的后,就回到了赵国。平原君感慨地对毛遂说:"我不敢再挑选人才了。当初我的门

毛遂自荐图

客,多的时候有几千人,少的时候也有几百人。自以为不缺少有才能的人。但是见到毛遂先生,才知道自己的过失。毛先生的三寸之舌,胜过了100万的强大军队,让赵国的威望大大提高。我以后再也不敢刚愎自用,自以为是地挑选人才了。"从此,平原君把毛遂奉为上等的宾客。

解邯郸之围

邯郸在秦国军队的围攻下,情况万分紧急,平原君虽然十分担心,但也没什么办法,只能苦等着援军的到来。楚国派春申君率领军队来援救赵国,魏国信陵君也假借魏国国君的命令夺了大将军晋鄙的军队前来救援赵国,然而两国的军队都还没有赶到。

看见平原君着急的样子,李同装作没看见,就问他:"大人不担心赵国灭亡吗?"听见李同这样问自己,平原君生气地说:"赵国如果灭亡的话,我就会成为俘虏。你说我怎么不担心?"李同丝毫不以为然地说:"不是这样吧!现在邯郸的百姓们穷苦得连粗布短衣都穿不上,拿着死人的骨头当柴烧,酒糟和米糠之类的东西都吃不饱,甚至各自交换孩子杀了吃,可以说是危急到极点;但是您的宫室里,还养着数以百计的姬妾和侍女。她们穿着丝绸绣衣,吃着精美的饭菜。邯郸城中百姓困乏,武器耗尽,为保家卫国,士兵们削尖木头当长矛箭矢;再看您的家里,珍宝玩器、铜钟玉磬照样琳琅满目、应有尽有。"平原君似乎从李同的话里面听出了什么,就说:"您请接着说下去。"李同又说:"如果秦国军队真的攻占了邯郸,您还能拥有这些东西吗?要是能击退秦军,保全赵国的话,您又何愁没有这些东西呢?现在您要是能命令家里所有的人都加入士兵的队伍中,与战士们一起守城,再把您家里的全部东西都分发下去,送给赵国的士兵们使用。这样的话,士兵们在危急困苦的关键时刻,得到了您的帮助,肯定会对您感激不尽的。"平原君觉得李同说得很对,就按照他的建议去做,结果一下子募集到敢死之士3000人。李同和这3000人一起,杀出城去,赶赴前线,突袭秦军,秦军被这3000人的威势所迫,后退了三十里。在这个形势暂时缓解的时候,楚国和魏国的救兵也赶到了赵国。秦军一见,知道想攻下邯郸是极为困难的,便撤军回国。李同在和秦国军队作战的时候不幸阵亡,平原君很是感念,就请赵王赐封他的父亲为李侯。

名士虞卿当时在平原君门下，见平原君搬来楚国和魏国的救兵，击退秦军，为赵国立下大功，打算以此为由，请求赵王增加平原君的封邑。平原君很高兴。公孙龙知道了以后，就连夜驾着马车去见平原君，对他说："我听说虞卿想要以信陵君出兵救赵保存了邯郸为理由替您请求增加封邑，有这回事吗？"平原君点了点头，回答："是啊，怎么了？"公孙龙摇了摇头，说："这样是很不好的。赵国国君任用您，让您担任国相，并不是因为您的智慧才能在赵国独一无二，别人都比不上您。赵国国君把东武城的土地封赐给您，也不是因为别人的功劳比不上您，都是因为您是国君的近亲。在这种情况下，您

平原君赵胜像

接受相印和封邑毫不推辞，也是因为您觉得自己是国君的近亲。但是现在，信陵君为了您出兵保存了邯郸，您是有功了，您也因此打算请求国君增加自己的封邑。您这样做，是无功时作为近亲接受封邑，而有功时又要求按照普通人来论功计赏啊。所以，这样是非常不好的。更何况，虞卿为您向赵王请封，有两种可能，要么办成，要么办不成。如果赵王同意了虞卿的请求，给您增加了封邑，那么虞卿就会认为对您有功，就会向您索要报酬，就像那些手里拿着别人欠条的债主一样；如果赵王没有同意他的请求，他也因为为您争功求封，让您对他感激涕零。您千万不能听从他的建议。"平原君听了公孙龙的话，认为很有道理，就拒绝了虞卿向赵王请求增加封邑的建议。

平原君去世的时候，是赵孝成王十五年（公元前251年）。虽然他死了，但是他的子孙们却世世代代承袭他的封爵，一直到赵国灭亡。

春申君列传

黄歇封相

春申君是楚国人，姓黄，名歇，在楚国顷襄王朝中做官。因为黄歇口才好，楚顷襄王就派他为使者出使秦国。当时，秦国派白起攻打楚国，攻占了巫和黔中，攻克鄢和郢，势力达到竟陵。为躲避白起，楚顷襄王将都城往东迁到陈县。黄歇害怕楚国被秦国灭亡，于是上书秦昭王说："天下没有哪个国家比秦国和楚国更加强大了。现在秦国和楚国交战，这就是两只老虎搏斗啊。两只老虎搏斗，得利的就是猎狗。大王不如和楚国亲善，请让我说明原因。我听说物极必反，就好比冬天和夏天；东西太高了，就会危险了，就好比把棋子堆起太高会倒一样。现在大王的土地，比以往任何时候都广阔。大王让盛桥在韩国任职，盛桥把韩国的土地割给秦国，所以大王不费一兵一卒就得到百里土地，大王可以说是贤能啊。您派兵攻打魏国，围住大梁，占领了河内、燕、酸枣、虚和桃，又攻打邢，魏国军队闻风而逃，您可以说是功绩彪炳啊。您整顿军队，两年后继续攻打魏国，占领了蒲、衍、首和垣，兵临仁、平丘。黄、济阳只能据守城池，魏国只能臣服于您。您又占领了濮、磨北面的土地，占据了秦齐之间的要道，断绝了楚国和赵国之间的联系，六国诸侯不敢互相援助。您可以说是威震天下，无人可比。

"如果大王能够持功守威，消除攻伐之心而广施仁义，这样全天下人都会敬仰您，您也成就了王业，那么您就会和三王五霸齐名了。但是您要是想倚仗人多势众，军队强大，企图用武力臣服天下，我担心您会留下后患。《诗经》说'万事万物都会有个开始，但很少能有善终'，《易经》说'狐狸过了河，却湿了自己的尾巴'。这些话的意思是说开始的时候简单，但到后来却很难。为什么呢？从前智伯只知道讨伐赵国的好处，却不知道自己会有榆次的灾祸。吴国只知道讨伐齐国的好处，却不知道自己会在干隧遭到惨败。这两个国家，并不是没有大的功绩，只是因为贪图眼前的利益，忽视了后来的灾祸。吴国相信了越国，于是讨伐齐国，在艾陵战胜了齐军，然而却被越国偷袭，最后导致灭亡；智伯相信了韩国和魏国，讨伐赵国，攻打晋阳城，没想到韩国和魏国背叛，自己也被杀死在凿台。现在大王只知道攻打楚国,却没想到灭了楚国,韩国和魏国就强大了。我暗中为您担忧。

"《诗经》说:'大军不应该离开自己的国家长途跋涉攻打别的国家。'从这点来看,楚国是大王的援兵,韩国和魏国才是大王的敌人。现在您相信韩国和魏国,就像是吴国相信越国一样。我听说,敌人不能放过,机会不能失去。我害怕韩国和魏国表面上卑躬屈膝,实际上却是包藏祸心。为什么呢?因为大王没有给韩国和魏国再生的恩德,却和他们有着几代的仇恨。韩国和魏国不亡,就会是秦国最大的祸害。但是现在您却和他们一起攻打楚国,不正是过失吗?

"大王攻打楚国难道不用出兵吗?而大王一旦出兵就要向韩国和魏国借路。这样一来,军队出发的时候,就等于是您把自己的军队交给了仇敌韩国和魏国,您就要担心他们能不能回来。要是不向韩国和魏国借路,您肯定要攻打随水右边的地区。那可都是高山大河、不毛之地啊。大王即使占领了,也没有什么用处。这样的话,您背负了灭楚国的恶名,却没有得到实际的好处。

"而且您一旦攻打楚国,其他四国肯定会偷袭秦国。就算您打败了楚国,但是却让韩国、魏国和齐国强大起来。等他们强大起来,即便是不能称霸,但是要阻止大王称帝,也足够了。

"我为大王考虑,不如亲善楚国。秦国和楚国联合后,逼迫韩国,韩国肯定会投靠秦国。您再起十万精兵驻守郑地,魏国肯定非常害怕,只能臣服于您。等到楚国、魏国、韩国和秦国成为一个整体,您再逼齐国割让济州一带的土地,到时候,燕国、赵国和齐国不就是大王的囊中之物吗?那时,您就能够称雄天下了。"

秦昭王觉得黄歇的话有道理,下令停止向楚国出兵,又辞谢了韩国和魏国,并且派使者去和楚国结为亲善国家。

黄歇完成使命回到楚国,楚国又派他和太子完去秦国充当人质,秦国把他们扣留下来。楚顷襄王病重,太子完不能回国。太子完与秦国相国应侯很要好。黄歇就对应侯说:"丞相真的对太子好吗?"应侯说:"当然了。"黄歇说:"现在楚王的病估计好不了了,秦国不如放太子回去。太子继位后,肯定会亲善秦国,感激丞相,到时就是两国交好。如果不放太子回去,那他就是咸阳的一个平民,楚国立其他人为太子,肯定不会侍奉秦国。希望

您仔细考虑。"应侯把这些话告诉秦王,秦王决定让楚国太子的师父先回去问问楚王的病。黄歇替太子完谋划说:"太子不如逃回去。我留在这,以死来担当责任。"太子完换上马夫的衣服,替楚国使者驾车出了关。估计太子已经走远,秦国追也来不及了,黄歇才对秦王说:"楚国太子已经回国,大王请治我的罪。"秦王非常生气,想杀了他。应侯劝阻说:"楚国太子继位以后,肯定会重用黄歇。大王不如赦他无罪,放他回去,显示秦国对楚国的亲善。"于是秦王把黄歇遣送回国。

3个月以后,顷襄王去世。太子完继位,他就是考烈王。考烈王元年(公元前262年),任命黄歇为相国,封其为春申君,赐给他淮北12县的土地。过了10年,黄歇对楚王说:"淮北和齐国接壤,战事紧张,请大王设为郡,更加方便。"他把淮北12县献给楚王。黄歇请求封在江东,得到了考烈王的同意。

当断不断,反受其乱

春申君有一个门客叫作朱英,是观津人。朱英对春申君说:"人们都说楚国本来很强大,但是在您的带领下,却变得弱小了。但是我却不这么认为。先王的时候,和秦国亲近20年,秦国也没有攻打楚国,这是为什么呢?那是因为秦国如果要攻打楚国,必须经过邑隘的边塞,非常不方便;如果向东周和西周两个国家借路,攻打楚国,也不可行,因为秦国一旁还有魏国和韩国在虎视眈眈。但是现在却不一样。魏国马上就要灭亡了,不但不能保全许和鄢陵,还把许割给了秦国。秦国军队距离楚国的都城陈仅仅160里,秦楚之间的争斗会日益加剧。" 春申君认为有道理,劝说楚考烈王把都城迁到寿春。

楚考烈王没有儿子,春申君非常担心。他到处寻求能生育的妇人献给国君,虽然找了很多,但是都没能如愿。赵国人李园想把妹妹献给楚王,听说楚王不能生育,他担心时间长了妹妹不会再受宠爱,自己安享富贵的美梦也随之破灭。于是,李园来到春申君的门下充当一名门客。不久,他请假回家,并且故意拖延了返回的时间。春申君问他原因,李园回答:"齐国国君派人找我,说要娶我的妹妹,我因为招待齐国使者,所以回来晚了。"春申君说:"订婚礼物已经带来了吗?"李园回答:"没有。"春申君说:"可以让我看看你的妹妹吗？"李园回答："可以。"于是李园献上他的妹妹。春申君一见，十分喜欢，就纳为小妾，且不久就怀孕了。李园知道后，就和妹妹一起谋划。李园的妹妹就在空闲的时候，对春申君说："楚王对您的好，就算是他的亲弟弟，也比不上啊。现

春申君墓

在您在楚国担任国相已经20多年了。但是国君却没有儿子，等国君去世后恐怕会立其他人为国君，等到其他人成为国君后，您又怎么能够得到宠信呢？您执掌大权这么久，对其他人恐怕有所得罪。等新国君掌权，恐怕您就会有灾难了。现在我已经有了身孕，但是其他人还不知道。我希望您为自己打算，把我献给楚王，楚王肯定会宠幸我。如果因为上天的怜爱，我生了个儿子，到时候，也就是您的儿子，成了楚国的大王，楚国就是您的了。"春申君觉得她说得很有道理，就把李园的妹妹献给了楚王。楚王非常喜欢她，几个月以后，李园的妹妹就生下了一个儿子。这个孩子被立为太子，而李园的妹妹则被立为王后。楚王因此很器重李园，让他参与朝廷大事。得志后的李园担心春申君把这个秘密泄露出去，就暗中蓄养了许多杀手，想杀了春申君。

春申君担任楚国国相25年，楚考烈王病重。朱英对春申君说："世上有不期而至的福气，也有不期而至的灾难，现在您在这个不确定的世上，侍奉喜怒无常的国君，又怎么能够没有不期而至的人呢？"春申君听糊涂了，问他："什么是不期而至的福气？"朱英回答："您在楚国担任国相20多年，表面上是国相，实际上却等于是楚王。现在楚王病了，不久就会去世，而您侍奉少主，与其像伊尹、周公一样，替少主治理国家，等待少主长大，还不如代替他，自立为国君。这就是不期而至的福气啊。"春申君问："什

么是不期而至的灾难呢？"朱英回答："李园仗着自己的妹妹是王后，作威作福，把持朝政，还处处和您作对，又蓄养了许多杀手。就等着楚王死了以后，先下手为强，杀了您灭口。这就是不期而至的灾难。"春申君又问："什么是不期而至的人？"朱英回答："您现在可以安排我做郎中。等楚王死后，李园肯定会先下手，我就可以替您先把李园杀了。我就是您不期而至的人。"春申君说："您还是不要这样。李园为人胆小，而且我对他也很好，他又怎么会杀我呢？"朱英见春申君不听自己的建议，害怕惹来灾祸，就逃到了秦国。17天以后，楚考烈王病死，李园果然先下手，叫杀手埋伏在棘门里面。春申君进了棘门以后，李园的杀手就刺杀了春申君。随后春申君全家也被灭门。之后，李园的妹妹和春申君的儿子被立为楚王，也就是楚幽王。

范雎蔡泽列传

脱险入秦

范雎是魏国人，字叔。他想去游说魏昭王，但是因为家里贫穷，没有办法，只能先投奔魏国的中大夫须贾。

须贾奉魏昭王之命到齐国办事，范雎和他一起去。他们在齐国待了几个月，也没有结果。齐襄王听说范雎能言善辩，就让人赐给范雎牛肉、美酒与黄金十斤。但是范雎没有接受。须贾知道这件事后，非常生气，以为范雎把魏国的秘密告诉了齐国，所以得到了齐国的馈赠。他叫范雎收下齐王送的牛肉和美酒，退还那些黄金。

回到魏国以后，须贾怨恨范雎，就把这件事告诉了魏国国相。魏国国相是魏国的公子，叫作魏齐。魏齐非常生气，就叫手下人杖打范雎，打得他肋骨都断了。范雎装死，魏齐就把他用席子卷起来，丢在茅房里面。宾客喝醉了酒，就在范雎身上撒尿，故意侮辱他。没有一个人替范雎求情。范雎在席筒里对看守的人说："您要是能放了我，我肯定会重重地谢您。"看守的人就请求魏齐把死人给丢了。魏齐喝得大醉，就说："好的。"看守的人就把范雎放了。魏齐清醒以后，非常后悔，就派人找范雎，不见尸体，于是到处捉拿。魏国人郑安平听说了这件事，就带着他一起逃亡，并且把他藏了起来。范雎也改了名叫张禄。

当时，秦昭王派谒者王稽去魏国。郑安平就假装成差役，伺候王稽。王稽问他："魏国有没有有才华的人，愿意和我一起到秦国呢？"郑安平说："我的家乡有个人叫作张禄，想拜见您，谈谈天下的大事。但是他有仇人，不敢白天来。"王稽说："那就让他晚上来。"郑安平就在晚上将张禄引见给王稽。交谈还没有结束，王稽就已经知道张禄非常有才能，和他们约好一起去秦国的时间和地点。

王稽离开魏国，载着范雎一起去秦国。经过湖邑，看见有马车从对面过来。范雎就问："过来的是谁？"王稽说："秦国丞相穰侯。"范雎就说："我听说穰侯在秦国擅权，非常讨厌接纳诸侯各国来的人。我怕他来时侮辱我，不如躲在马车里面。"过了一会儿，穰侯果然过来，问候完王稽，就停住车，问："关东有什么变化吗？"王稽说："没有。"穰侯又对王稽说："您有没有和诸侯国的客人一起来呢？他们没什么作用，只不过是扰乱我们秦国罢了。"王稽说："我哪里敢违背您的心意啊？"穰侯有些怀疑，但还是走了。穰侯走后，范雎说："我听说穰侯思考事情比较缓慢，他刚才就怀疑车里面有人，但是忘了搜查。现在他肯定很后悔，会派人回来检查。"于是范雎下了马车。走了十多里地，穰侯果然派人来检查王稽的马车，看到没有客人，才作罢。

王稽回到秦国，向秦昭王通报了出使情况后，就说："魏国有一个张禄先生，是天下有名的智辩之士。他说：'秦王的国家非常危险，就像堆起来的鸟蛋，如果秦王得到了我，就能够保全。但是不能够用书信的方式。'所以我把他带了回来。"秦昭王不相信，范雎只能在秦国等待机会。

范雎进见秦王

当时,穰侯和华阳君都是秦昭王的母亲宣太后的弟弟;而泾阳君和高陵君则是秦昭王同母弟弟。穰侯担任秦国的丞相,而其他3个人则是秦国的将军。他们家里的财富,甚至超过了秦昭王。后来穰侯担任秦国将军,想越过韩国和魏国,攻打邻近自己封邑的齐国的纲和寿城,来扩大封邑的领土。范雎上书秦昭王说:"我听说英明的君主治理朝政,对于有功劳的人,不会不加以赏赐,有能力的人,不会不让他们当官,苦劳大的,就增多他们的俸禄;功劳多的,就增加他们的爵位;能够治理国家百姓的,就提升他们的官职。所以没有能力的人,就不能当官;有能力的人,也不能被埋没。如果认为我说的话正确,希望您能采取我的建议,让它对秦国有点帮助;如果认为我说的话不正确,那么您把我赶走好了。俗话说:'平庸的国君赏赐自己宠信的臣子,惩罚自己厌恶的臣子;英明的君主赏赐那些真正有功劳的人,处罚那些真正有罪的人。'现在我是身体伤残的无用之人,又怎么能够用妖言来疑惑大王呢?虽然您可能会因为我出身卑贱而看不起我,但您应该重视推荐我的人的意见吧!

"我听说周朝有砥砣,宋国有结绿,梁有县藜,楚国有和璞。这四种玉都是无价之宝,都曾为良匠所不识,但最终还是成为天下有名的玉器。而大王所抛弃的人,难道就不足以给国家带来好处吗?

"高明的医生知道病人的生死,而英明的国君知道事情的成败。对自己有利的,就加以利用;对自己有害的,就不任用;自己有所怀疑的,就稍微尝试一下,即使是舜和大禹复活,这一点也不能改变。至于谈论国家大事,这种东西我不敢在书里面写出来,简单了,又不值得听。我请求大王在稍有空闲时,能够召见我。如果我说得不对,就请大王准备好斧头和钺,我愿意接受死刑。"

这封充满感情的信,打动了秦昭王,范雎因此获得了拜见秦昭王的机会。

远交近攻

范雎去离宫拜见秦昭王。到了宫门口,他假装不知道是王宫,就要闯进去。刚好秦昭王来了,宫里的太监看到范雎冒冒失失要进去,担心秦昭王责备自己,就要赶范雎走,还说:"大王来了。"范雎假装说:"秦国哪里有大王啊？秦国只有太后和穰侯。"秦昭王听到范雎和太监的争执，就亲自迎接范雎，并且道歉说："我本来早就该向先生请教了，但是因为义渠的事情非常紧急，每天都要去向太后请教。现在义渠的事情已经结束了，我才能够来请教您。我私底下认为自己不是很聪明，所以请让我以宾主之礼相见，请您对我加以指教。"范雎连忙还礼。

秦昭王叫左右的人都退下，长跪着对范雎说："先生有什么可以指教我的吗？"范雎说："嗯，嗯。"过了一会儿，秦昭王又问范雎说："您有什么可以指教我吗？"范雎还是像原来一样，说："嗯，嗯。"这样问答一连进行了3次。秦昭王继续问："难道先生真的不肯指教我吗？"范雎说："不敢。我听说当初吕尚遇到周文王的时候，吕尚还是一个渔父，正在渭江边上钓鱼。这样看来，他们的关系实在是很疏远。但是过了不久，他就成功说服了周文王，被周文王拜为太师。周文王采纳了吕尚的意见，最后终于夺得天下。假使周文王疏远吕尚，而不和他深谈的话，那周朝也就不能得到天下，也就不会有所谓的周文王和周武王的伟业了。现在我只不过是一个流亡在秦国的臣子，而我要对大王所说的，都是关系到匡扶国家的大事，而且又关系到您的骨肉之情。我虽然想报效大王，表达自己的忠心，但实在是不知道大王真正的想法啊。这就是为什么大王三次问我，我都不敢回答的原因。我并不是有所顾忌，不敢说话。我知道今天我在大王面前说了，明天我就可能会被杀头，但是我也没有逃避。如果大王听取我的话，那么就算是被处死也不值得我忧愁，就算是被流放也不值得我担心，就算是身遭侮辱也不值得我羞愧。况且，五帝那么圣德也死了，三皇那么仁慈也死了，五霸那么贤能也死了，乌获、任鄙那么力大无穷也不免一死，成荆、孟贲、庆忌和夏育那么勇敢也还是个死。死，是每个人都无法逃避的。既然不能避免，如果我的死能够对秦国有所帮助的话，这就是我最大的愿望了，我又怎么会害怕呢？伍子胥逃亡出了楚国，在吴国街头乞讨，最后却振兴了吴国，让吴王阖闾称霸天下。如果让我像伍子胥一样成就功业，即便是囚禁了我，让我终身不能出来，我又有什么担心呢？我所担心的，就是怕等我死了以后，天下人看到我因为忠言而死，不敢前来秦国。如今您上害怕太后，下被奸臣贼子迷惑，不知怎样来区别奸人。长此以往，重则国家被灭，轻则自己有危险，这就是我为您所担心的。至于穷困侮辱，甚至死亡，我都不担心。"

范雎的话让秦昭王很震惊,他说:"先生这是说的什么啊?我们秦国那么偏远,我又那么愚钝,先生不远千里,来到我们秦国,正是上天劳烦先生,来保全我的国家啊。我能够得到先生,实在是老天爷可怜我,不忍心让秦国灭亡啊!先生为什么说这些呢?事情不分大小,上涉及太后,下涉及大臣,先生尽管直言,不要让我感到迷惑。"

范雎接着说:"大王的国家,国土广阔,是能称王的土地。百姓不敢私自斗殴,却又勇于为国,是称王必须有的百姓。这两样大王都有了。以秦国士兵的勇敢、战车的众多,您的霸业完全可以实现,但是您却被臣子们阻挡了一切。秦国到现在已经闭关15年,这都是因为穰侯他们不尽力,以及大王的策略有误啊。"秦昭王说:"我想听听我的策略失误在什么地方。"

因为旁边有很多人在偷听,范雎没有敢说国内的事情,只能先说国外的事情。范雎说:"穰侯越过韩国,攻打齐国的纲和寿,不是很好的计策。派出的军队少了,就不能够战胜齐国。派出的军队多了,劳民伤财。我想大王的计划,是少出军队,让韩国和魏国多出军队,但是这样的话就不义了。现在这两个国家表面上讨好大王,实际上对秦国却并不亲近,而大王还要越过他们去攻打其他的国家,可不太好。从前齐湣王向南攻打楚国,战胜了楚国的军队,杀了楚国的将军,但是齐国却一尺一寸土地也没有得到。难道是齐国不想得到土地吗?不是的,是因为隔着韩魏,无法统治。各诸侯国看到齐国国内疲乏,君臣不和,就兴兵攻打齐国,最后攻破了齐国。齐国之所以被诸侯国攻破,都是因为齐国讨伐楚国,而让韩国和魏国强大。这就是借给敌人军队,送给敌人粮草。大王不如和远的国家交好,攻打近的国家,那样的话,得到一寸的土地,就是大王的土地,得到一尺的土地,也是大王的土地。而且从前中山国地方500里,赵国却吞并了它,不但功成名就,而且实利多多。现在韩国和魏国,在中部地区,是天下的枢纽,大王要是想称霸天下,首先要控制中

青玉高足杯 秦

原地区，来威震楚国和赵国。如果楚国强大，就亲附赵国；如果赵国强大，就亲附楚国。一旦亲附了楚国和赵国，齐国就会非常害怕。齐国害怕的话，肯定会卑躬屈膝，带着重金来结好秦国。如果齐国与秦国交好，那么韩国和魏国也就可以到手了。"秦昭王回答："我很早就想和魏国交好了，但是魏国经常反复变化，我不能和他亲近。请问先生，如何亲近并控制魏国？"范雎回答："大王首先态度恭敬，用重金去讨好魏王。如果不行，就割让土地来收买他；如果再不行，就派出军队去攻打他。"秦昭王回答："我一定听从您的指教。"于是就拜范雎为客卿，和他一起商讨军国大事。秦昭王听从了范雎的计谋，派军队讨伐魏国，占领了怀，过了两年，又占领了邢丘。

乐毅列传

乐毅伐齐

乐毅是乐羊的后代。乐羊辅佐魏文侯，担任魏国将军，带兵攻下了中山国。乐羊被封在灵寿，他的后代也居住在灵寿。

乐毅很有才华，喜好军事。赵国发生沙丘之乱后，他离开赵国到了魏国。后来燕昭王任用子之执政，燕国大乱而被齐国乘机战败，非常怨恨齐国。但是燕国非常弱小，地处偏远，无法战胜齐国，于是燕昭王广招天下贤士。恰巧乐毅作为魏昭王的使臣来到燕国，燕王以宾客的礼节接待他，并任命他为亚卿。

当时，齐国很强大，南边在重丘战败了楚国宰相唐眛，西边在观津打垮了魏国和赵国，随即又联合韩、赵、魏三国攻打秦国，还帮助赵国灭掉中山国，又击破了宋国，扩展了1000多里地的领土。齐湣王与秦昭王共同上尊号称帝，不久他便自行取消了东帝的称号，仍旧称王。各诸侯国都打算背离秦国而归服齐国。可是齐湣王自尊自大，很是骄横，百姓已不能忍受他的暴政了。

燕昭王认为攻打齐国的机会来了，就问乐毅是否可以出兵，乐毅回答："齐国是一个大国，土地广阔，人口众多，不容易攻打。大王如果一定要报仇的话，请联合赵国、楚国、魏国攻打齐国。"于是，燕昭王派乐毅去和赵惠文王结盟，另派人去联合楚国、魏国，又让赵国去劝说秦国。由于各诸侯认为齐湣王骄横暴虐，对各国也是个祸害，都同意跟燕国联合讨伐齐国。赵、楚、韩、魏、燕五国组成联军，由乐毅统一指挥。联军进击齐国，在济水两边大败齐军。这时各路诸侯的军队都停止攻击，撤回本国。燕国军队在乐毅的指挥下单独追击败逃之敌，一直追到齐国都城临淄。齐湣王在济水西边被打败后，逃到莒邑并据城固守。乐毅带兵巡行，向齐国各地城邑招降，但没什么效果。于是，乐毅集中力量攻打齐国都城临淄，打下临淄后把齐国的珍宝祭器运夺来送回燕国。燕昭王很高兴，封乐毅为昌国君。

乐毅在齐国作战5年，攻下齐国城邑70多座，只有莒城和即墨没有被攻克。这时燕昭王死去，他的儿子继位，他就是燕惠王。惠王做太子时就对乐毅有所不满，齐国的田单了解到他与乐毅有矛盾，就派人到燕国施行反间计，造谣说："齐国只剩下莒城和即墨城没有被燕国占领。乐毅之所以不急于攻占即墨和莒城，是因为乐毅和燕惠王有仇，所以故意拖延时间，准备在齐国自立为王。"燕惠王本来就怀疑乐毅，又受到齐国反间计的挑拨，就派骑劫代替乐毅担任主帅，召回乐毅。乐毅害怕回国后被杀，就投靠了赵国。赵国把观津封给乐毅，封他为望诸君。

后来，齐国田单用计欺骗骑劫，在即墨城下大败燕军，然后一直向北追击，直到黄河边。齐国收复了全部领土，并且把齐襄王迎回都城临淄。

燕惠王非常后悔让骑劫代替乐毅，致使燕军惨败。可是他又怨恨乐毅投降赵国，怕赵国乘着燕国兵败之机派乐毅攻打燕国。于是燕惠王就派人去责备乐毅，同时向他道歉说："先

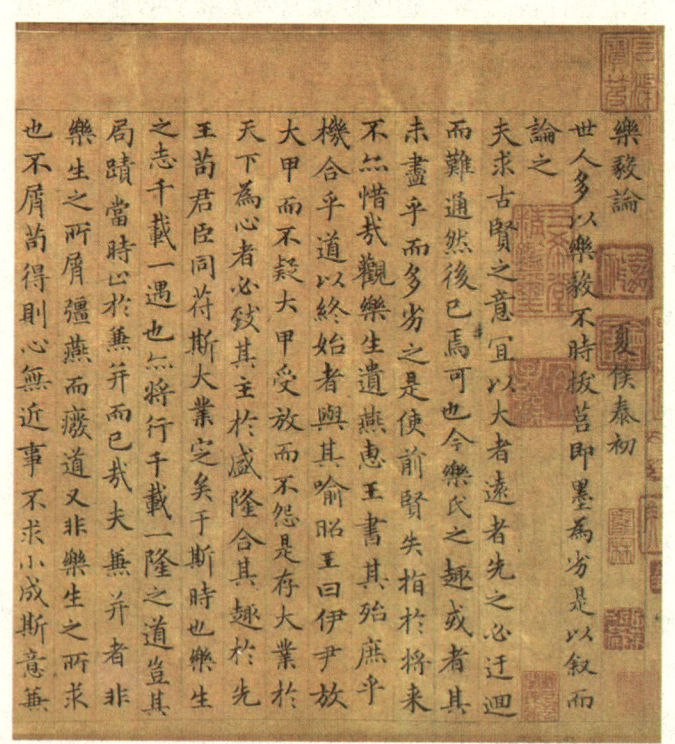

乐毅论　小楷　元　俞和临王羲之作

王把整个燕国委托给将军,将军为燕国打败齐国,替先王报了深仇大恨,天下人没有不震动的,我哪里敢忘记将军的功劳呢?正遇上先王辞世,我本人初即位,是左右人欺蒙我。我之所以派骑劫代替将军,是因为将军长年在外,风餐露宿,因此召回将军暂且休整一下,也好共商朝政大计。不想将军误听传言,抛弃燕国而归附赵国。将军为自己打算是可以的,可是你这样做又怎么对得住先王的深情厚谊呢?"

乐毅回信给惠王说:"我没有听从您的命令回到燕国,是因为害怕回国后发生不测,有损先王的英明和您的道义。现在您责备我,我怕其他人不知道先王宠信我的道理,也不明白我对先王的忠心,所以写信回答您。

"我听说,贤明的君主不赏赐亲近的人,而是奖赏功劳多的,任用有能力的。先王不和其他人商量,就任命我为亚卿。我自己也缺乏自知之明,自认为只要执行命令接受教导,就能侥幸免于犯罪,所以就没有推辞。

"后来先王派我去游说赵王一起攻打齐国,我也幸不辱命。靠着上天的引导、先王的神威,大败齐国。我们的部队,直抵齐国国都。齐王只身逃向莒邑,金银珠宝、战车盔甲及祭祀器物全部缴获送回燕国。于是先王划出一块地方赏赐给我,让我能与小国的诸侯相比。

"我还听说,开始好的不一定结果也会好。伍子胥的主张被吴王阖闾采纳,阖闾带兵一直攻打到楚国郢都。吴王夫差不但不采纳伍子胥的建议,还赐他自杀,甚至还把他的尸骨装在袋子里扔到江中。而伍子胥也因为不能预见夫差的气量,所以被迫自尽。免遭杀身之祸而建功立业,彰明发扬先王的美德,是我的上策。遭到侮辱或者诽谤,毁坏先王的名声,这是我最害怕的事情。面临难以估量的罪过,还用侥幸心理谋求利益,这是按理不敢做的事情。

"我听说,古代的君子即使和人绝交,也不说他的坏话;忠良的臣子即使离开自己的国家,也不说出冤屈。我虽然无能,但也多次接受君子的教导。我献上这封信,把我的心意告诉您,希望您留意。"

燕惠王把乐毅的儿子乐间封为昌国君;而乐毅本人则被赵、燕两国任命为客卿,往来于两国之间,最后死在赵国。

廉颇蔺相如列传

完璧归赵

廉颇是赵国的将军,以勇气闻名于各诸侯国。赵惠文王十六年(公元前283年),廉颇率军征讨齐国,大败齐军,夺取了阳晋,被封为上卿。

蔺相如是赵国宦者令缪贤的门客。

赵惠文王得到了楚国的和氏璧。秦昭王听说了这件事,就写信给赵王,表示愿意用15座城池来交换这块宝玉。赵王同大臣们商量:要是把和氏璧给秦国,秦王恐怕也不会把城池给赵国,这样的话只是白白地上当受骗;要是不给,秦王肯定会派兵攻打赵国。究竟该怎么办呢?就算不给,也要找一个人去回复秦王啊。赵王和大臣们都没想出个好办法来,也没有想到谁能出使秦国。

这时缪贤对赵王说:"大王,我的门客蔺相如可以完成这个任务。"一听说有人能去,赵王非常高兴,急忙问:"为什么说他可以胜任呢?"缪贤说:"微臣曾犯过罪,因为害怕,所以打算逃亡去燕国。但是蔺相如劝阻我说:'您是怎么了解燕王的?'我回答他说:'我曾经陪大王见过燕王,燕王私下告诉我说愿意和我交朋友。所以我想去他那里。'没想到蔺相如却说:'当时赵国强大,燕国弱小,而您深受赵王宠信,所以燕王想和您结交。现在您去投奔他,燕王害怕得罪赵国,不但不会收留您,反而会把您交给赵王。您不如自己向赵王请求治罪,或许能够幸免。'我听从了他的意见,主动向您请罪,而您也赦免我。所以我认为他有智谋,是个合适的人选。"赵王召见蔺相如,对他说:"秦王要用15座城池换和氏璧,要不要答应他?"蔺相如说:"秦国强,赵国弱,大王您不能不答应。"赵王又说:"但要是秦王不给我城池,那怎么办?"相如说:"秦王请求用城换璧,大王要是不答应的话,那就是大王您理亏;而大王给了秦王和氏璧而秦王不给您15座城池,那就是秦王不对。所以您应该答应秦王,然后再看秦王怎么办。"赵王说:"可是派谁去秦国呢?"蔺相如自我推荐说:"大王您要是相信我的话,我愿意前去。如果秦王给了大王城池,我就把和氏璧给他;如果秦王不答应给城池,我一定会把和氏璧完好地带回来。"赵王就派蔺相如带着和氏璧去秦国。

秦王得知赵国使臣带着和氏璧来到秦国,非常高兴,就在章台接见蔺相如。蔺相如把和氏璧献给秦王。秦王拿着和氏璧,一边看,一边赞不绝口。为了让大家也开开眼,就把和氏璧给他的姬妾和大臣们传看。秦王和大臣们只顾着欣赏这块玉了,却把蔺相如晾在一边,蔺相如知道秦王根本就不想给赵国城池,就走上前去,说:"大王,这个璧上有个斑点,我指给您看。"秦王一听,就把璧交给蔺相如,让他指指在哪儿。没想到蔺相如一把抓住和氏璧,往后退了几步,到了宫殿的柱子旁边,身体靠在柱子上,怒发冲冠,对秦王说:"大王,平民百姓之间的交往,还不会互相欺骗,更何况是大国之间的交往!赵王一听说您要和氏璧,就马上斋戒了5天,派我带着宝璧,专程给大王送来。为什么要这样呢?那是因为赵王尊重您,想表达对您的敬意。可是现在我来到贵国,大王却如此傲慢。您得到和氏璧以后,还传给其他人观看,简直就是对我们赵王和我这个使臣的侮辱。我看大王根本就没有给赵国15座城池的诚意,所以就拿回了这块璧。倘若大王一定要得到这块玉,如果逼我的话,我的头就和这块璧一起在柱子上撞碎!"蔺相如两只手拿着和氏璧,头冲着柱子就要撞过去。秦王怕蔺相如真的会说到做到,把和氏璧给撞裂了,连忙说:"千万不要这样!寡人又怎么会是您说的那样呢?"秦王又接着说:"我马上叫人把那15座城池指给您看。"于是秦王找来地图,给蔺相如指明那15座城池。聪明

蔺相如完璧归赵　清　吴历　绢本

本图取材自蔺相如完璧归赵的历史故事。赵惠文王在位时,得到了楚国丢失的和氏璧。秦昭王得知后假以15城池换取和氏璧。蔺相如受命往秦,不惧秦之威,机智应对,视死如归,终完璧归赵。

的蔺相如知道秦王只不过是骗他而已,实际上秦王一定不会给赵国那些城池的,就对秦王说:"赵王派我给大王送和氏璧来之前,斋戒了5天。您也应该斋戒5天,安排大典,我才敢献上和氏璧。"秦王实在是喜欢这和氏璧,再加上蔺相如又坚决不肯让步,最后只能答应他。

蔺相如知道秦王虽然答应斋戒5天,但他肯定舍不得割给赵国城池,就派随从带着和氏璧,从小路返回赵国。5天后,秦王安排好大典,请蔺相如献上和氏璧。但蔺相如回答:"秦国从穆公以来20多位君主,没有一个坚守盟约的。我怕被大王欺骗,所以5天前就派人把和氏璧带回赵国去了。现在大王只要先把15座城池割让给赵国,赵国又怎么敢不给您和氏璧呢?希望大王仔细考虑。"朝廷上议论纷纷,大臣们都请求秦王把蔺相如拉下去杀了。但是秦王却说:"杀了他,不但得不到和氏璧,反而坏了秦赵两国的交情。不如放他回赵国,赵王难道会为了一块璧来欺骗秦国吗?"最后还是让蔺相如回到赵国。

赵王见蔺相如不但带回了和氏璧,而且保全了赵国的尊严,非常高兴,封他为上大夫。最后秦国没有把城池给赵国,而赵国也没有把和氏璧给秦国。

将相和

秦王派使者告诉赵王,说想在西河外的渑池和他见面。赵王害怕秦国会扣留自己,不想去。但是廉颇和蔺相如却对他说:"大王如果不去,就会让秦国和其他国家的人耻笑大王胆怯。"赵王无奈,决定去赴会。廉颇送赵王和蔺相如到了赵国的边境,对赵王说:"大王这次去秦国,我给您估计了一下路程。算上在秦国停留的时间,再加上返回的时间,不会超过30天。如果30天大王还没回来,就请允许立太子为王,以免秦国要挟赵国。"赵王同意了。

到了渑池,赵王和秦王会面宴饮。喝到高兴的时候,秦王对赵王说:"我听说赵王爱好音乐,请您为我弹瑟吧!"赵王就弹起瑟来。没想到秦国的史官却走了上来,写道:"某年某月某日,秦王和赵王一起饮酒,令赵王弹瑟。"蔺相如看赵王受到侮辱,就捧了缶一个大步向前,说:"赵王听说秦王擅长秦国地方的土乐,请秦王为赵王击缶(古代一种陶质的乐器),以便互相娱乐。"秦王听了蔺相如的话,顿时心里怒火直起,不肯答应他的要求。蔺相如走到秦王跟前，跪了下来，递上缶，请秦王演奏。秦王坚决不肯击缶，蔺相如就说："在这5步之内，我蔺相如以死相拼，大王也逃不脱！"秦王的侍卫们一看到这个情形，纷纷拔出刀剑，想要杀蔺相如。蔺相如圆睁双眼，瞪着侍卫们，大喝一声，那些侍卫都吓得倒退了几步。尽管秦王很不高兴，但是迫于蔺相如的威逼，只得敲了一下。于是，蔺相如回头招呼赵国史官，让他写道："某年某月某日，秦王为赵王击缶。"秦国的大臣们见秦王吃了亏，都想找回点面子，压压赵王的威风，就对蔺相如说："请你们用赵国的15座城向秦王献礼。"蔺相如丝毫不肯退步，也说："请你们把秦国的咸阳作为礼物，献给赵王。"就这样，直到酒宴结束，秦王也没有能够压倒赵国。再加上廉颇在赵国的边境部署了大量的军队，防备秦国，所以秦国也不敢轻举妄动。

赵王和秦王在渑池会见以后，回到赵国，由于蔺相如功劳大，就封他为上卿，比廉颇的官位还高。廉颇心里很不服气，说："我是堂堂的赵国大将军，为赵国攻占了那么多城池，他蔺相如出身卑微，只不过靠嘴皮子立了点功，可是官位却在我之上，实在是我的耻辱。"不但如此，他还到处扬言说："要是让我在路上碰上了蔺相如，我一定要好好地羞辱他一番。"蔺相如听到这些话后，就不肯与他相见。即便是上朝，也常常推说有病不去，不

元代磁州窑黑褐彩将相和磁枕（局部）

想和廉颇相争。蔺相如的门客们都暗自为蔺相如抱不平，觉得廉颇太过分了。但是蔺相如却不在乎。

一天，蔺相如外出，远远看到廉颇的车驾，就掉转车子打算回避。蔺相如的门客们实在看不下去了，就对蔺相如说："大人，我们之所以离开亲人来侍奉您，就是仰慕您高尚的节义。现在您和廉颇同朝为官，而廉颇将军口出恶言，而您却处处躲着他，您怕他也怕得太过分了吧？我们这些平庸的人尚且为您感到羞耻，何况您官居卿相呢！我们这些人实在没有什么出息，还请大人同意我们向您告辞！"蔺相如见他们这样，一边坚决挽留，一边向他们解释说："诸位认为廉颇将军和秦王相比谁更厉害？"门客们毫不犹豫地回答："廉颇将军比不了秦王。"蔺相如又说："以秦王的威势，我尚且敢在朝廷上大声呵斥他，羞辱他的大臣，我又怎么会怕廉颇将军呢？但是我想到，强大的秦国之所以不敢派军队攻打赵国，就是因为有我们两个人在呀。如果现在我们两虎相争，肯定不能共存。我之所以这样忍让他，就是因为国家的事情远远要比个人之间的恩怨仇恨重要得多。"廉颇听说以后，非常惭愧，脱去上衣，背着荆条，让自己的宾客们带路，来到蔺相如的门前请罪。一见到蔺相如，廉颇就感慨地说："我只是一个非常粗鄙的人，没想到将军您这么宽厚！还请您原谅我先前的过错。"从此以后，蔺相如和廉颇结为生死之友，成为赵国的顶梁柱。

这一年，廉颇进攻齐国，打败了齐国军队。两年后，廉颇攻占了齐国的几邑。过了3年，廉颇又攻克了魏国的防陵、安阳。过了4年，蔺相如领兵攻打齐国，打到平邑。第二年，赵奢又在阏与城下大败秦军。

廉颇不老

长平之战后的第二年，秦国再次出兵进攻赵国，大军势如破竹，不久便包围了赵国都城邯郸。这一围就是一年多，等到魏国和楚国的援兵赶来，秦军才撤回。经过这两次大仗，赵国国内成年男子大为减少，国家也变得非常衰弱。

东面的燕国，与赵国有很深的仇恨和矛盾，看到赵国受到严重削弱，就起了攻打赵国的心思。但是，以往都是赵国主动攻打燕国，燕国长期处在被动挨打的地位，所以，燕王心里还是有所顾忌。栗腹了解到燕王的心思，就鼓动他说："大王，赵国的成年男子基本上都在长平一战中死了，都城邯郸又被秦国围攻了一年多。现在的赵国，可以说是要兵无兵，要粮无粮，衰弱到极点，如果大王乘机发兵攻打赵国，肯定能够大败赵国军队。"燕王想想也是，于是派兵攻打赵国。

看到弱小的燕国都敢进犯国土，赵王大怒，派老将廉颇领兵反击。赵国军队毕竟是久战沙场，有丰富的作战经验。同时，重大的失败也激发了赵国军民的卫国决心，有道是哀兵必胜。廉颇率领赵军迎击来犯的燕军，在鄗城大获全胜，并杀死了燕军统帅栗腹，随后进军，包围了燕国都城。燕国见大事不妙，急忙派人讲和，答应割给赵国5座城池。因为这一战打得很漂亮，赵王便封廉颇为信平君，并把尉文之地封给他，还让他担任代理相国。

廉颇在长平之战前被免职时，原来的门客都离开了他。现在廉颇又重新被起用，且被封为信平君和代理相国，掌握赵国军政大权，那些门客又重新来投奔他。廉颇看到这帮人如此趋炎附势，非常生气，对他们说："算了吧，各位先生，还是都请回吧！"门客们见他拒绝了大家，就说："唉！大人的想法怎么这样落后呢？人和人之间的结交，就是为了利益，就像是在市场里面买东西一样。您有权势有地位，我们就跟随着您；您要是没有了权势和地位，那我们就离开您。这本来就是一个很普通的道理，是理所当然的事情，您又有什么可以抱怨的呢？"廉颇说不出话来。

公元前244年，赵孝成王去世，悼襄王即位，派乐乘接替廉颇。廉颇无缘无故被免职，非常生气。他没有交出兵权，而是派兵攻打乐乘。乐乘打不过廉颇，只得逃跑。廉颇不听调遣，私自动用军队，违反了国家法令，怕赵王治罪，便逃到魏国的大梁。第二年，赵国将军李牧率兵攻打燕国，攻下了武遂、方城。

廉颇在大梁住了很久，很想在魏国有所作为，但是魏国仍然不大信任他，没有重用他。这时候，秦国越来越强大，不断出兵攻打赵国。赵国几次被秦兵击败，为了挽回局面，赵王想重新启用廉颇担任赵国将军，因为他有着极为丰富的对秦军作战的经验。廉颇知道以后，十分高兴。他也想再回到赵国，为赵国效力。赵王担心廉颇年龄太大无法胜任，就派使臣去探望廉颇，看他身体怎样。但是没想到廉颇有一个仇人，叫作郭开。郭开得知赵王想重新任命廉颇，就担心他回来后会对自己不利。于是，他用重金贿赂赵王的使者，让他回来后在赵王面前说廉颇的坏话。使臣接受了郭开的财物，答

应下来。赵国使臣来到魏国与廉颇相见,廉颇当着他的面,一顿饭吃了一斗米,还吃了十斤肉,且披上铁甲,拿着武器,骑着马耍了几下,表示自己宝刀不老。使者回到赵国以后,却向赵王报告说:"廉将军虽然已经老了,但是他的饭量还很不错。唯一美中不足的就是他陪我坐着的时候,一会儿的工夫,就拉了3次屎。"赵王听了使者的话,就以为廉颇已经年老力衰,不堪任用了,就打消了把他召回的想法。廉颇重返赵国的希望落空。

楚国听说骁勇善战、熟悉兵法的廉颇在魏国不受重用,就暗中派人把他接到楚国。廉颇到了楚国以后,虽然做了楚国的将军,但是却并没有立下战功。临死的时候,廉颇说:"我想指挥赵国的士兵啊。"

屈原贾生列传

屈原和《离骚》

屈原名平,担任过楚国左徒和三闾大夫的官职。他学识渊博,记忆力强,明白国家治乱兴衰的道理,擅长辞令。屈原不但经常和楚王一起讨论国家大事,制定各种政策法令,而且负责接待各国来的使者,处理楚国的外交事务。楚怀王对他非常信任。

楚国有一个大夫,姓上官。他虽然和屈原职位相同,但非常忌妒屈原的才能。有一次,楚怀王命令屈原制定法令,屈原刚写完草稿,还没修改,上官大夫就想夺为己有,屈原不肯给他。上官大夫就在楚怀王面前说起屈原的坏话:"大王,您让屈原制定法令,朝廷内外没有人不知道。但是每公布一条法令,屈原就自吹自擂,说是自己的功劳。"楚怀王听了以后,非常生气,就慢慢地和屈原疏远起来。

屈原见楚怀王不能分辨是非,不能辨明真伪,重用只知道溜须拍马的小人,不相信廉洁正直的人,感到万分痛心,最后忧愁苦闷,写下了《离骚》。

离骚,就是遭遇忧患的意思。上天是人的始祖;父母是人的根本。人在窘迫的时候,就会追念根本。所以在穷困疲惫的时候,没有不呼叫上天的;在疼痛难忍的时候,没有不呼叫父母的。屈原廉洁正直,一片忠心,为了楚国而竭尽才智,却被小人陷害,他的处境可以说是极端窘迫了。他忠心为国却被国君怀疑,又怎么会没有悲愤之情呢?屈原写《离骚》,就是为了抒发这种感情。《诗经·国风》虽然有许多描写男女恋情的作品,却并不淫乱;《诗经·小雅》虽然表达了百姓对朝政的怨恨之情,却不主张反叛。而屈原的《离骚》,可以说是兼有以上两者的优点。《离骚》往上追述帝喾的事迹,赞扬齐桓公的伟业,中间还叙述商汤、周武的德政,批评时政。

《离骚》的语言非常简单凝练,内容托意深微,情志高洁,品行廉正。虽然描写的是细小的事物,却精深博大;虽然举的例子随处可见,含义却非常深远。情志高洁,所以经常用香草来做比喻;品行廉正,所以至死也不放松对自己的要求。身处污泥浊水之中而能洗涤干净,就像蝉从浊污中解脱出来,在尘埃之外浮游一样,不被世俗混浊玷污,出淤泥而不染。可以说,屈原高尚的情志,可以和日月争辉。

屈原被贬以后,秦国想攻打齐国,可是齐国和楚国合纵。秦惠王就派张仪带着丰厚的礼品来到楚国,对楚怀王说:"秦国非常痛恨齐国,想攻打齐国,如果楚国和齐国断交,那么秦国愿意献出商於一带六百里土地给大王。"楚怀王贪图小利,相信了张仪,就和齐国断绝了关系,然后派使者和张仪一起去秦国接收土地。没想到到了秦国,张仪却对使者说:"我和楚王约好的是六里地,而不是六百里。"楚国使者马上赶回楚国,告诉楚怀王。楚怀王气得七窍生烟,马上派部队攻打秦国。秦国派兵迎击,在丹水、淅水一带大破楚军,杀了楚军八万人,还俘虏了楚国将军屈丐,又攻占了楚国汉中一带。楚怀王又发动

屈原　清　傅抱石

全国的军队，攻打秦国，在蓝田和秦国军队交战。没想到螳螂捕蝉，黄雀在后。魏国趁着楚国国内空虚，偷袭楚国。楚国军队不得不从秦国撤军回国。齐国因为痛恨楚怀王背弃盟约，不肯派兵援救楚国，楚国顿时处境非常艰难。

第二年，秦国想用武关外一带的土地交换楚国黔中一带。但楚怀王怨恨张仪欺骗自己，就说："我不要土地，只要得到张仪就甘心了。"张仪知道以后，就对秦王说："我一个人，就能换来黔中一带的土地，实在是秦国的福气。我愿意去楚国。"张仪去了楚国。

到了楚国之后，张仪就给大臣靳尚送上厚礼，让他说服楚怀王的宠姬郑袖，让她在楚怀王面前为自己求情。枕边风还真是厉害，怀王马上听信了郑袖的话，放了张仪。刚从齐国回来的屈原向怀王进谏说："上次张仪那样欺骗大王，您为什么不杀了张仪呢？"楚怀王听了屈原的话，想起自己上当了，非常后悔，连忙派人快马加鞭地去追杀张仪，但已经晚了。

后来秦昭王想和楚怀王见面，楚怀王要去，屈原又劝他说："大王，现在的秦国就像虎狼一样，不值得信任。大王最好还是不要去。"可是楚怀王的小儿子子兰却劝怀王说："您为什么要拒绝秦王的好意呢？还是去好。"怀王最终还是去了。

果然和屈原预料的一样，楚怀王一到武关，就被秦国扣留。秦国要挟楚怀王割让土地，楚怀王坚持不肯答应，最后死在秦国。

屈原投江

楚怀王死在秦国以后，他的长子继承王位，也就是顷襄王。顷襄王任用他的弟弟子兰做令尹。楚国百姓们都非常怨恨子兰，因为当时秦王邀请楚怀王去秦国的时候，就是子兰劝楚怀王去的秦国。

屈原虽然被楚王流放在外，但是他仍然一心眷恋着楚国，怀念着怀王，从来就没有放弃回到朝廷、重新服侍怀王的希望。他一心希望楚王能够觉悟过来，改正以前的错误。他还一心想着应该怎样做才能让楚国重新强大起来。

在他的作品里面，他多次表达了自己的这些思想。一个国君，不管他是笨还是聪明、贤明还是不贤明，都希望有忠臣来帮自己。但是历史上却总是发生国破家亡的事，几代也见不到一个能够治理国家的明君，这是因为那些国君所说的忠臣其实并不忠心，他们所说的贤人也并不贤能。楚怀王在宫殿里面被郑袖迷惑,在朝廷上又被张仪欺骗,最后疏远了屈原,反而去信任上官大夫和令尹子兰,最后落了个兵败割地、客死他乡的结果,被天下人耻笑,这就是不了解人所带来的祸害。《易经》说:"井里的水已经淘干净了,却还没有人喝,我心里感到难过。因为井水本来是给人饮用的。国君英明,天下就都能得福。"国王不英明,又怎么会有幸福呢?

楚国令尹子兰听说流放在外的屈原对他心怀怨恨,非常生气,就让上官大夫在顷襄王面前说屈原的坏话。顷襄王本来就不喜欢屈原在自己旁边啰啰唆唆,就听信了上官大夫说的坏话,又把屈原放逐到了更远的地方。

无比抑郁的屈原披头散发,来到了江边。江边有一个渔父在悠闲地钓鱼。渔父看见一个人远远地走了过来,心里就想:这不是三闾大夫屈大人吗?等到走近了,渔父就问他:"您不是三闾大夫吗?怎么不在都城啊,为什么来到了这个地方?"屈原说:"世上都混浊,只有我一个人清白。其他的人都醉了,唯独我一个人还清醒,所以我被放逐了。"渔父说:"我听说只要是圣人,就都不被外界的事物所拘束,而且能够顺应时世的转移变化来自我调节。现在既然世上都混浊了,那大人为什么不随波逐流呢?既然其他人都醉了,您又为什么不去吃他们吃过的酒糟,喝他们喝过的薄酒呢?却还要保持美玉一样的节操,自取被逐?"屈原说:"我听说,刚洗过头的人,必须

屈原卜居图卷 清 黄应谌 绢本

本画描绘屈原被放逐后,心怀国事而不能为,因而心思迷乱,遂拜访太卜郑詹尹,询问自处之道的情景。图中山势高峻,树木蓊郁,溪水潺潺,近处殿堂折落,堂内桌案之上日晷、龟策等卜器整齐排放,一白发苍苍的老者拱手迎接来客。屈原头戴纶巾,身披广袖长袍,腰系丝绦,长可及地,二人隔门相揖。旁边童子执杖侍立,树下奚官牵马等候。

弹去帽子上的灰尘；刚洗完澡的人，必须抖掉衣服上的尘土。又有哪个人愿意让自己洁白的身体，受到外界事物的污染呢？我宁肯投进长流的大江，葬身在鱼腹之中，也不愿意让我高洁的品德，蒙受世俗的尘渣的污垢！"

愤怒和忧郁充斥于胸，屈原写下了著名的《怀沙》一赋。此文里面说：

"阳光灿烂的初夏呀，草木茂盛。悲伤总是充满胸膛啊，我匆匆来到南方。眼前一片茫茫啊，没有一点声响。我是这么的忧郁啊，这样的日子实在太长了。我自我反省，总感觉自己没有过错，却总是蒙受冤屈。

屈原写了《怀沙》之后，就抱住一块石头，跳进了汨罗江，希望能够用自己的一死，来唤醒楚国国君和百姓。

屈原死了以后，楚国有宋玉、唐勒、景差一些人，都爱好文学创作，也都以善于作赋而闻名。他们和屈原的风格一样，委婉含蓄，但美中不足的是他们没有屈原的铮铮铁骨，不敢直言规劝楚王。从此以后，楚国的领土一天天被削减，仅仅过了几十年，就被秦国灭亡。

屈原投江100多年以后，汉代有个叫贾谊的人，做了长沙王的太傅。他在路过湘水的时候，写文章投进江水里，凭吊屈原。

不得志的贾谊

贾谊是洛阳人，18岁就能吟诗作赋写文章。吴郡的廷尉是河南的太守，听说贾谊才华出众，就召他到自己门下，而且非常喜欢他。汉文帝即位以后，听说河南太守治理地方是天下第一，而且曾经和李斯在同一个地方一起学习过，就任命他为廷尉。吴廷尉又向文帝推荐贾谊，说他年纪虽轻，但是非常精通诸子百家。于是文帝召贾谊为博士。当时贾谊才20来岁，是所有博士中最年轻的。每次要商讨事情，其他人都没有办法应对，只有贾谊能够从容应付。文帝更加欣赏他，才过了一年就提拔他为太中大夫。

贾谊不仅才华出众，还非常关心当时的政治局势。他认为从汉朝建立到文帝即位的几十年，天下太平，应该改正历法并且振兴礼乐。文帝听了他的建议以后，就想任命他担任公卿的职位，但是绛侯、灌侯、东阳侯及冯敬的属下都在文帝面前说贾谊的坏话，说："贾谊只不过是一个洛阳人，年纪轻轻的，稍微学到点东西，就想着执掌朝廷的大权，扰乱皇上您的决定。"文帝听了他们的谗言以后，就逐渐疏远了贾谊，也就不听取他的建议，还让他去担任长沙王的太傅。

于是贾谊告别了汉文帝，前去长沙。在经过湘水的时候，贾谊有感而发，写下了一篇辞赋，凭吊楚国的屈原。辞赋里面这样说：

"我奉天子的命令，戴罪来到长沙。听说屈原自投汨罗，坠江而死。现在在这湘水旁边，特意来凭吊先生。是那纷乱的社会，让您自杀身亡。唉，这是多么悲伤的事情啊！您在那个不幸的时代，鸾凤潜伏隐藏，鸱鸮却自在翱翔。没有才华的小人横行当道，溜须拍马的人得志猖狂；圣贤的人不能随心所欲，方正的人却居人之下。世上的人竟然说伯夷很贪婪，盗跖很廉洁；还说莫邪宝剑太钝了，而铅做的刀反而锋利。哎呀！先生真是太不幸了，无缘无故遭到这样的灾祸！丢弃了周代无价鼎，反而把破烂的瓠当奇货。驾着老牛和跛驴，却让骏马拉盐车。还把帽子当鞋垫，这样的日子又怎么能够长远？哎呀，先生真是不幸，只有您遭受这样的灾祸！

"还是算了吧！既然大家都不了解我，我又能够去向谁诉说自己的不快呢？凤凰远去，本应引退。效法神龙，隐在深渊，躲藏祸害。韬光晦迹，不与水蛭为邻。如果说是良马，又怎么和牛羊区分！您遭到这样的灾祸，其实您自己也有责任。您尽可以浪迹天涯，又何必留恋故乡？凤凰在天空飞翔，看到有德行的国君才下来栖息。但是一旦发现有危险，就会振翅飞走。小水坑又怎么能容下大鱼？但是大鱼，最后却还要受制于蝼蚁。"

担任长沙王太傅的第三年，有一天，一只鸮鸟飞进他的房间，停在他的座位旁边。贾谊原本就因为被贬到长沙来，心里很忧郁，而且长沙气候潮湿，地势低洼，总以为自己寿命不长，看见这只鸟，就更加伤痛，于是又写下了《鵩鸟赋》，自我安慰。

一年多之后，贾谊奉命回到京城，拜见汉文帝。汉文帝有感于鬼神之事，就问贾谊鬼神的本质是什么。贾谊就详细地讲述了鬼神之事的种种情形。文帝听得全神贯注，不知不觉地在座席上往贾谊身边移动。听完以后，文帝对别人慨叹说："我很久没见贾谊了，自以为自己的才华已经超过了他，现在看来，我还是比不上他啊。"

文帝任命贾谊为梁怀王太傅。梁怀王是汉文帝的小儿子，喜欢读书，非常得汉文帝的宠爱，所以汉文帝才让贾谊当他的老师。几年后，梁怀王骑马的时候不小心掉下来摔死了，没有留下后代。贾谊认为自己没有尽到责任，

非常伤心,哭了一年多,也死了,年仅33岁。

吕不韦列传

奇货可居

吕不韦是阳翟的大商人,他低价买进货物,然后高价卖出,赚取差价,积累了几千两黄金。

秦昭王四十二年(公元前265年),秦昭王立安国君为太子。安国君把他最宠爱的姬妾华阳夫人立为正夫人,华阳夫人没有儿子。安国君有20多个儿子,其中一个叫作子楚。子楚的母亲叫作夏姬,不得安国君的宠爱。子楚作为秦国的人质,被扣留在赵国。秦国几次攻打赵国,所以赵国对子楚不是很和善。

子楚在赵国,因为秦国和赵国的关系,十分困窘。他出入连马车都没有,手中拮据。吕不韦听说了子楚的事情,就说:"真是奇货可居啊!"吕不韦一路打听,找到了子楚的住处。吕不韦一见子楚,就对他说:"我能够让您变得富贵。"子楚见他不过是一个商人,不由得哈哈大笑,说:"你只是一个小商人而已,你还是先自己得到富贵,然后再来帮我吧!"吕不韦根本不在意他的嘲笑,反而严肃地说:"只有您富贵了,我才能够富贵啊!"子楚心里一惊,明白了他的意思。于是,子楚一改刚才狂妄的态度,恭敬地请吕不韦进了房间。

子楚让吕不韦坐上座,然后拜了一拜,说:"请问您来有什么能够帮我的吗?"吕不韦毫不客气地说:"现在秦王已经老了,太子安国君非常宠爱华阳夫人,但是华阳夫人却没有儿子,是吗?"子楚回答:"是的。"吕不韦紧接着说:"安国君既然那么宠爱华阳夫人,而华阳夫人又没有儿子,那么肯定华阳夫人能够左右安国君立谁为太子了。安国君有20多个儿子,公子您呢,既不是大儿子,也不得安国君的宠爱,再加上您在赵国充当人质,可以说,您是没什么机会成为嗣君的。"子楚听到这些话,再想想自己在赵国受到的待遇,黯然地点了点头,说:"您说得很对啊。但是又有什么办法呢?"吕不韦见状,马上说道:"办法还是有的。虽然您现在落魄,客居赵国充当人质，没办法去结交诸侯各国的宾客和秦国的亲人，但是您要是看得起我的话，就请允许我带千两黄金，去秦国为您打通华阳夫人和安国君的关节，让他们立您为嗣君。"子楚此时已经把希望都寄托在他身上，闻此言重重地磕了一个头，说："您要是真的成功了，等我当上秦国国君，我一定和您共享荣华富贵。"

吕不韦像

吕不韦给了子楚五百两黄金，让他在赵国结交宾客。之后，他又花了五百两黄金，买了一些珍玩宝物，亲自来到秦国。到了秦国后，吕不韦先拜见了华阳夫人的姐姐。通过华阳夫人的姐姐把所有的财宝以子楚的名义统统献给华阳夫人，并让她转告华阳夫人说："子楚虽然是被扣留在赵国，但是他非常贤能，在赵国广交天下宾客。他把夫人看成自己的天，常常痛哭流涕，思念夫人您和安国君。"接下来，吕不韦又让华阳夫人的姐姐对华阳夫人说："我听说依靠美色来取得宠爱的人，等到老了，也就不会被宠爱了。现在夫人您侍奉太子，虽然得到宠爱，但是却没有生儿子。如果您不趁早从诸公子当中选一个英明贤能的，然后扶立他为继承人，您又怎样保有自己的富贵呢？在赵国做人质的子楚，排行居中，生母又不受太子宠爱，您要是不帮他，被立为继承人的可能几乎没有。而今他自己主动来依附夫人，您不如在此时选立他为继承人。他一定会对您感恩戴德，这样，您也能永享富贵。"华阳夫人听后，便下了决心。

华阳夫人趁着安国君空闲的时候，哭着对他说："臣妾得到上天的眷顾，让您如此地宠爱我，但是我没能为您生下一个儿子，实在是我的无能。现在您的儿子子楚在赵国充当人质，他非常贤能，而且对我非常孝顺。希望您能够立他为嗣君，这样我老了也就能够有所依靠了。"安国君答应了她，和她刻下玉符作为约定，又赏赐很多礼物给子楚，还让吕不韦辅佐他。

李代桃僵

吕不韦帮助子楚获得安国君和华阳夫人的欢心以后，又被安国君任命为子楚的老师，负责辅佐教导子楚。

吕不韦娶了赵国一个富豪的女儿为妾，不久赵女有了身孕。一天，子楚来到吕不韦家里，吕不韦设酒宴款待他。酒酣耳热之际，吕不韦让赵姬出来跳舞。子楚一看见赵姬，两只眼睛就瞪得大大的。一曲终了，子楚对吕不韦说："先生，不知道这位女子是何人啊？"吕不韦知道他的心意，就回答："哦，公子，这是我前几天刚买回来的一个舞女。"子楚一听是个舞女，连忙说："先生，我有个请求，不知道您是否能够答应啊？"吕不韦道："公子请说，只要我吕不韦能够办到的，我都尽力而为。"子楚高兴地说："那就多谢先生了。是这样的，我，我想请先生把这位女子送给我，做我的姬妾。"吕不韦虽然很心痛，但是还是回答："公子先回去，我把她打扮打扮，再把她送给您吧！"子楚虽然迫不及待地想得到赵姬，但是也知道这种事情急不来，就说："这样也好。那就要麻烦先生了。我先回去了。"然后就离开了吕府。

子楚一走，吕不韦就按捺不住怒火，一把抓起桌子上的酒杯，用力往地上一摔，说："不知道进退的家伙！我拿出万贯家产，好心好意帮你打通关节，让你得到安国君和华阳夫人的欣赏，满以为能够依靠你得到富贵，没想到你现在还没当上国君，就连我最宠爱的姬妾都想要了。真是岂有此理！"吕不韦怒气冲天，但转而一想，自己为了子楚，连毕生的积蓄都搭进去了，要是现在为一个女人得罪了子楚，那么以往所有的努力，不是都白费了吗？到时候，自己不但不能官居高位，享受荣华富贵，反而会两手空空，一无所获了。算了，还是把赵姬高高兴兴地献给子楚吧。

子楚得到赵姬后欣喜若狂，对吕不韦感激涕零。不久后，赵姬顺利地生下了一个儿子，取名叫政（他就是后来的秦始皇）。子楚非常高兴，马上立赵姬为夫人，但赵姬对子楚隐瞒了之前已经怀孕的真相。

公元前257年，秦国派军队围攻邯郸，赵国人痛恨秦国，想杀了子楚。子楚就和吕不韦密谋，收买了赵国守城的官员，逃到秦军大营，最后回到了秦国。赵国又想杀子楚的妻子和儿子，然而赵姬是赵国人，她就设法藏了起来，逃脱一死。公元前251年，秦昭王去世，安国君继位，也就是孝文王，他立华阳夫人为王后，子楚为太子。赵国得信，便派人护送子楚的夫人和儿子嬴政回到秦国。

公元前250年，秦孝文王去世，子楚即位，他就是庄襄王。庄襄王尊奉华阳王后为华阳太后，生母夏姬为夏太后，又任命吕不韦为丞相，封为文信侯。3年后，庄襄王去世，太子嬴政继立为王。嬴政仍以吕不韦为丞相，尊称他为"仲父"。这个时候的吕不韦，可以说是权势赫赫，威震八方。

当时，魏国信陵君、楚国春申君、赵国平原君和齐国孟尝君，被称为"四公子"。他们礼贤下士，结交宾客，名扬四海。吕不韦认为秦国如此强大，而自己也是堂堂丞相、秦王的仲父，不应该被他们比下去，就让门客把平生看到的和听到的东西和事情都记录下来，综合在一起，汇成一书，定名为《吕氏春秋》。全书分八览、六论、十二纪，一共20多万字。他还把书的内容写在布匹上，挂在咸阳的城门上，宣布谁要是能够增加或者修改一个字，就给他一千两黄金的赏金。但是最后也没有一个人能够做到。

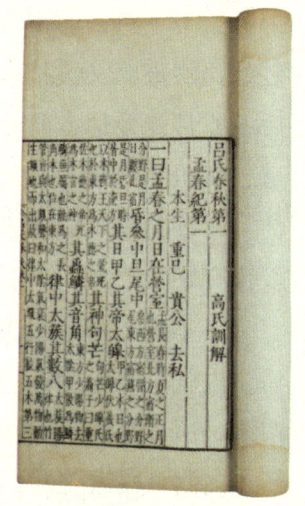
《吕氏春秋》书影

饮鸩自杀

吕不韦当上秦国的丞相后，在秦国可以说是一手遮天，再加上嬴政当时年纪还很小，尊他为仲父，他的权势就更大了。

但是嬴政日渐长大，对秦国的局势和宫中的情况也越来越了解。更重要的是，嬴政年龄虽小，却有着统治天下的野心。他知道吕不韦是他掌握秦国实权的最大障碍，一直在考虑如何铲除他。

庄襄王去世后，太后赵姬非常淫乱。她和吕不韦旧情重燃，经常秘密来往，吕不韦也经常出入太后的宫殿。看着嬴政渐渐长大，吕不韦害怕了，担心自己和太后私通的事会被秦王得知。而且，他意识到像赵姬这样不检点，迟早会出事的，自己可不能不收敛一些。

吕不韦偷偷地找到一个叫作嫪毐的人，让他做自己的门客。吕不韦又想办法让太后知道咸阳有这么一个人，来引诱她。

太后听说之后，果然动了占据嫪毐的念头。吕不韦心里暗自高兴，就进献嫪毐，还假装让人告发嫪毐，说他犯了罪，应该处以宫刑。吕不韦又暗中对太后说："您可以让嫪毐假装受了宫刑，然后再让他进宫服侍您。"太后一听这个主意，非常高兴，就偷偷地送给主持宫刑的官吏许多东西，让他假装处罚嫪毐，又拔掉嫪毐的胡须，让他扮成宦官，进宫服侍。太后得到嫪毐后，非常宠爱他，暗中和他通奸。后来太后怀了嫪毐的孩子，害怕被别人知道，就假装说住在咸阳不吉利，需要换一个环境，于是搬到雍城的宫殿里居住。嫪毐总是陪同在太后左右，宫中的事情都由他决定，而且嫪毐的门客和奴仆有好几千人。

秦王政七年（公元前240年），庄襄王的生母夏太后去世。因为孝文王后，也就是华阳太后，和孝文王一起合葬在寿陵。夏太后的儿子庄襄王葬在芷阳，所以夏太后就决定单独埋葬在杜原之东，说是"向东可以看到我的儿子，向西可以看到我的丈夫。在百年之后，旁边定会有个万户的城邑"。

秦王政九年（公元前238年），有人告发嫪毐其实并不是宦官，还和太后私通，生下了两个儿子。嫪毐知道有人告发了自己，就把两个儿子藏起来，不让别人知道，还和太后谋议说："如果秦王死了，就立我们的儿子继位。"秦王政勃然大怒，命令手下严厉查处这件事情，一定要弄清全部真相。

这年九月，查清事实之后，愤怒的秦王嬴政将嫪毐一家三族全部杀光，还杀了太后和嫪毐生的两个儿子。嬴政又把嫪毐的门客全部迁往蜀地，并且没收了他们的财产。随后，秦王把太后迁到雍地幽禁起来。

因为这件事情牵涉丞相吕不韦，秦王想杀掉他，考虑到他辅佐先王的时候，功劳太大，再加上有很多的宾客和游说的人为他说情，秦王不忍心，便放过了他。

秦王政十年（公元前237年）十月，秦王免去了吕不韦的丞相职务。在齐人茅焦的劝说下，秦王嬴政到雍地迎接太后，接她回到咸阳居住。不久，秦王又把吕不韦遣出京城，让他去河南的封地。

又过了一年多的时间，各诸侯国的宾客使者络绎不绝，前来问候吕不韦。秦王担心吕不韦势力太大，会发动叛乱，就写信给吕不韦说："你对秦国有什么功劳？秦国封你在河南，给你封邑10万户。你和秦王有什么关系？却叫你做仲父。现在命令你和你全家都迁到蜀地去居住！"吕不韦想到秦王对自己一再逼迫，害怕日后被杀，就喝下毒酒自杀而死。

秦王看见自己痛恨的吕不韦和嫪毐都相继死去，就让迁徙到蜀地的嫪毐门客们回到了京城。秦王政十九年（公元前228年），太后去世，谥号为帝太后，和庄襄王一起合葬在芷阳。

刺客列传

太子丹求贤

秦王嬴政出生在赵国，而燕国太子丹也曾经在赵国充当人质。嬴政小的时候，和太子丹很要好，嬴政当上秦王以后，太子丹又到秦国做人质。然而太子丹到秦国后，嬴政对他却不好。太子丹怨恨嬴政，就逃回了燕国。

太子丹回到燕国以后，一心想着报复嬴政。但是因为燕国实在过于弱小，如果说派兵攻打秦国，肯定打不赢，甚至还会招致灾祸，所以太子丹非常苦恼。后来，秦国攻打齐、楚、韩、赵、魏，甚至要攻打燕国了，大有兼并天下之意，太子丹更加不安，忧心忡忡。

太子丹去请教他的老师鞠武。鞠武觉得很为难，就回答："秦国的土地那么广阔，国家又那么强大，已经对其他国家造成了威胁。而且秦国时时刻刻都想着向外扩张，太子何必为一点个人恩怨去触犯秦王呢？这不是给自己招祸吗？"太子丹虽然心有不甘，想想老师的话也有道理，就说："那我们又该怎么对付秦国呢？"鞠武就说："您让我再想一想吧。"

不久，秦国将军樊於期因为得罪了秦王，逃亡到燕国，投靠太子丹。太子丹接纳了他，并且对他非常好。鞠武就劝太子丹说："太子，您千万不能接纳樊於期啊。樊於期是因为得罪秦王才投靠您。您要是接纳他，不就等于和秦王作对吗？秦王要是迁怒燕国，燕国就麻烦了。您这样做，等于是故意给秦国找攻打燕国的借口呀！到时候，即便是管仲和晏婴再生，也没有办法帮您了。"太子丹问："那么我该怎么办呢？"鞠武说："您不如把樊於期送到匈奴，然后向西和韩、赵、魏三国结盟，向南联络齐国和楚国，再向北结交匈奴，到时就能对付秦国了。"太子丹想了一会儿，摇了摇头，说："按老师的计划，需要很长时间，我现在一刻都等不及。更何况，樊於期将军在穷途末路的时候，千里迢迢来投奔我，就是因为他相信我，认为我值得投靠。我总不能因为害怕秦国，再把他送到匈奴吧？我根本不会这样做。希望老师再想想其他办法。"鞠武见太子丹不接受自己的建议，暗自叹了一口气。他觉得太子丹虽然说仗义，但却过于仁慈了，在这样的时代，根本就无法称霸。于是鞠武就说："太子，您虽然仁慈，但是您想过没有，您为了结交樊於期将军一人，将给整个国家带来灾难。如今秦国像凶猛的老鹰一样，它一旦对燕国发泄仇恨，我们该怎么办呢？"鞠武叹了一口气，接着说："既然太子坚持自己的想法，那么我向您推荐一个人，也许他能帮您。这个人叫作田光，他为人机智，而且沉着勇敢，太子可以和他商量商量。"太子丹一听，非常高兴，对鞠武说："请老师把田光先生介绍给我认识。"

鞠武去拜见田光，对田光说："太子丹希望能够和先生一起商量国家大事。"田光便去拜访太子丹。

太子丹听说田光来找他，连忙出去迎接他。一见到田光，太子丹就作了一个揖，然后给田光带路，到了房间以后，又跪下来，亲自擦拭座位，请田光坐下。等田光坐好以后，太子丹又离开自己的座位，走到田光身边，谦恭地问："先生，现在燕国和秦国势不两立，但是我却不知道该怎么对付秦国。还请先生教导我。"田光说："太子只是听说了我年轻气盛的时候的事情，却不知道我现在已经老了。我听说，好马强壮的时候，一天能够跑几千里，但是老了以后，就连劣等的马，都能跑在它的前面。"太子丹一听，便有些失望。田光看了看太子丹，又接着说："虽然我现在已经不能和太子一起商量国家大事了，但是我有一个朋友，叫作荆轲，他一定可以帮您。"太子丹喜出望外，连忙问："那么先生能够把荆先生介绍给我吗？"田光说："可以。"

田光马上告别太子丹，太子丹一直把他送到门口。等到田光要走的时候，太子丹对他说："先生，今天我们说的事情，关系到燕国的存亡，希望您千万不要泄露机密。"田光笑着答应了。

田光去见荆轲，对他说："我已经把您推荐给太子丹，希望您能够去宫里面拜访太子。"又说："我听说，年长老成的人行事，不能让别人怀疑。但是太子丹却吩咐我说千万不要泄露了秘密，这是他怀疑我。一个人行事却让别人怀疑他，就说明他不是个有节操、讲义气的人。您去见太子丹的时候，告诉他我已经死了。"说完就拔剑自杀了。

荆轲去见太子丹，告诉他田光已经死了，还转达了田光临死前说的话。太子丹懊悔不已，觉得是自己害死了田光。他拜了两拜，跪下来，痛哭流涕地说："我之所以告诫田先生不要泄漏秘密，只是希望计划能成功。但是没想到他竟然一死以表明自己的心志。这难道是我的初衷吗?"

太子丹又以头叩地,对荆轲说:"荆先生来到我面前,都是上天对我的眷顾,不忍心抛弃我啊。现在秦王为人贪婪,不占尽天下的土地,是一定不会罢休的。我们燕国弱小,没有办法抵挡秦国的进攻,其他国家又不敢联合起来抵抗秦国,我想来想去,只有一个办法。那就是派遣勇士去秦国,用重利诱惑秦王,秦王为人贪婪,我们乘机劫持秦王。如果能够成功,迫使他全部归还侵占各国的土地,就像曹沫当年劫持齐桓公那样;实在不行,就杀了他。而今,秦国各大将在外手握重兵,要是国内出了乱子,君臣之间就会彼此猜疑。到时候各国联合起来,就一定能够打败秦国。不知道先生能不能帮我的忙?"荆轲想了一会儿,说:"我才能不够,恐怕不能胜任这样的重任。"太子丹听到荆轲拒绝,叩头在地,请求荆轲不要推托。荆轲想了想,答应了。

太子丹拜荆轲为上卿,让他住进上等的舍馆,天天去看望他,还不时给荆轲献上奇珍异物,车马美女,迎合他的心意。

荆轲刺秦王

燕国太子丹拜荆轲为上卿,希望他去刺杀秦王嬴政。但是过了很长一段时间,荆轲都没有行动的意思。这时,秦国将军王翦已经灭了赵国,又带领军队杀到燕国南部的边界。太子丹非常害怕,就去拜见荆轲,对他说:"先生,现在秦军已经到了燕国的南部,马上就要渡过易水了,燕国一旦不保,即使我想长久地礼遇您,又怎么可能呢?"荆轲说:"太子就是不说,我也打算行动了。但是我现在去秦国,没有让秦王相信我的东西,根本不可能接近秦王。"太子丹急切地问:"先生需要什么东西呢?只要是我有的,一定给您送来。"荆轲对太子丹说:"如果我得到樊於期将军的脑袋和燕国的地图,把它们献给秦王,秦王一定会非常高兴地接见我,这样我才能够有机会刺杀他。"太子一听,摇了摇头,说:"樊将军穷途末路来投奔我,我绝不会为了自己的私利而伤害他,先生还是想想其他的办法吧。"

荆轲知道太子丹不忍心,就私下去见樊於期,对他说:"秦王把将军的全家老少都杀了,现在又悬赏黄金千斤来捉拿您,将军打算怎么办呢?"樊於期仰天长叹,流着眼泪说:"我每次想到这些,就痛入骨髓,恨不得抽嬴政的筋,扒他的皮。但又不知道该怎么办!"荆轲说:"现在有一个办法,既可以解除燕国的灾难，又能够替将军报仇，将军想知道吗？"樊於期激动地凑上前去，问："什么办法？"荆轲说："只要我能够得到将军的首级，献给秦王，秦王一定会高兴地召见我，到时候，我左手抓住他的衣袖，右手用匕首刺进他的胸膛，那么不但将军的仇恨可以洗雪，而且燕国的耻辱也可以洗清了。不知道将军是否同意呢？"樊於期一听，不等他说完，就脱掉一边的衣袖，露出臂膀，一只手紧紧握住另一只手的手腕，对他说："我的血海深仇，就拜托给先生了！"说完就自杀了。

　　太子听说以后，马上驾车去了樊於期家，趴在樊於期的尸体上痛哭不已，非常悲哀。但是人死不能复生，已经没有办法挽回，于是就把樊於期的脑袋密封到盒子里面。太子丹准备好了一把宝剑，淬了剧毒，又派秦舞阳做荆轲的助手。

　　荆轲打算等一个同伴一起到秦国，但是那个人住得很远，还没赶到。又过了几天，那个人还没有消息。太子丹以为荆轲反悔，不想去了，就又催他说："日子不多了，荆先生还不打算动身吗？如果是这样的话，请允许我派秦舞阳先去。"荆轲一听，非常生气，斥责太子丹说："您这是什么意思？我之所以还没走，是为了等一个朋友。既然太子认为我拖延时间，那我现在就向您告辞，前去秦国！"于是就出发了。

　　太子及宾客们穿着白衣，戴着白帽给荆轲送

易水送别图　清　吴历　绢本

行。一行人来到易水岸边，荆轲的朋友高渐离击筑，荆轲和着拍子唱歌，悲凉无比，太子和宾客们都泪流满面。荆轲一边向前走一边唱道："风萧萧兮易水寒，壮士一去兮不复返！"接着又唱出悲壮慷慨的声调，送行的人都怒目圆睁，怒发冲冠。唱完，荆轲登上车，头也不回一下，走了。

秦王嬴政听说燕国派人送来樊於期的头和燕国的地图，非常高兴，就安排了仪式，在咸阳宫召见燕国使者。荆轲捧着樊於期的首级，秦舞阳捧着地图，依次走到殿前的台阶下。秦舞阳脸色突变，浑身发抖，大臣们都感到奇怪。荆轲向秦王谢罪说："他是北方来的粗人，没见过天子，所以害怕。"看清楚确实是樊於期的头以后，嬴政又对荆轲说："递上地图。"荆轲从秦舞阳手里拿过地图，献给嬴政。嬴政展开地图，没想到地图展到尽头，突然露出一把匕首。荆轲趁着嬴政吃惊的时候，左手抓住秦王的衣袖，右手拿起匕首就刺向嬴政。但是没有等他得手，嬴政已经反应过来，慌乱之中跳了起来，挣断了衣袖。嬴政情急之下想拔出自己佩带的宝剑，但是他的剑实在太长，没法立刻拔出来。荆轲追赶嬴政，嬴政只能绕着柱子奔跑。

荆轲追杀秦王的时候，大臣们吓得待在一边，不知道怎么办才好。秦国的法律规定，大臣上殿不允许携带任何兵器；而侍卫们也只能拿着武器守在殿外，没有皇帝的命令，谁都不准进殿。仓促之间，医官夏无且用他的药袋砸向荆轲，侍从们也对嬴政喊道："大王，把剑推到背后！"嬴政把剑推到背后，才拔出宝剑，砍向荆轲，砍断了他的左腿。荆轲没有办法追击嬴政，就举起匕首，掷向秦王，可惜没有击中，打在了殿柱上。嬴政又砍了荆轲几剑。荆轲知道自己不能成功，就倚在柱子上，放声大笑，然后张开两腿，坐在地上破口大骂："我之所以没有成功，是因为我想活捉你，逼你归还侵占各国的土地，来报答太子。"刚说完，就被冲上来的侍卫们杀死了。

秦王大怒，增派军队去赵国，又命令王翦的军队去攻打燕国，攻克了蓟城，燕王喜和太子丹率领部队退守辽东。代王嘉写信给燕王喜说："秦国军队之所以追击您，都是因为太子丹。您要是把太子丹的人头献给秦王，秦王一定会宽恕您，就不会攻打燕国了。"燕王喜当真杀了太子丹，把他的人头献给秦王。但没想到秦王还是命令秦国军队攻打燕国，仅仅过了5年，就灭了燕国，俘虏了燕王喜。

李斯列传

李斯谏逐客

李斯是楚国上蔡人。他年轻的时候，在郡里面当个小官。有一次，李斯上厕所的时候，看到厕所里的老鼠在吃脏东西，每当有人或者狗过来的时候，就受惊逃跑。后来李斯去粮仓，看到粮仓里的老鼠，吃的是囤积的粟米，住的是大屋子，不用担心有人或狗的惊扰。将两只老鼠一对比，李斯不由得感慨万分："一个人有没有出息，就和这老鼠一样啊，都是由自己所在的环境决定的。"

后来，李斯拜当时著名的儒学大师荀子为师，向他学习辅助帝王治理天下的学问。学业完成后，李斯就向荀子辞行说："我听说，一个人要是有了机会，就一定不能失去。现在天下大乱，诸侯各国都忙于战事，游说之士能左右天下局势。目前，强大的秦国想吞并其他国家，称霸天下，这正是我等一展所学、实现抱负的好机会。一个人出生低贱，家里穷困并不可怕，但可怕的是他不去求取功名富贵。那样的人就好像是禽兽一样，只想着去吃现成的肉，没有出息。所以说，最大的耻辱莫过于卑贱，最大的悲哀莫过于贫穷。所以，我打算到秦国去，游说秦王。"

李斯告别老师，到了秦国。当时，恰好秦庄襄王去世，李斯就投奔吕不韦，做他的舍人。吕不韦非常赏识他，任命他为郎官，这样李斯就获得了面见秦王的机会。

见到秦王以后，李斯对秦王说："平庸的人往往失去机会，而成大业的人就在于他能把握机会并能下狠心。从前秦穆公虽然称霸天下，却没能吞并其他六国，这是为什么呢？那是因为当时各诸侯国的人还很多，周朝的德望也没有彻底衰落，所以五霸交替兴起，无不推尊周朝。但是自从孝公以来，周朝弱小，诸侯之间互相兼并，函谷关以东地区划为六国，秦国一国独大已经过了六代。现在的诸侯，就好像是秦国的郡县一样。以秦国的强大，大王的贤明，要灭六国，就好像扫除灶上的灰尘一样，轻而易举。这样的好机会，大王要是不把握住的话，等到诸侯各国醒悟过来，再联合起来对付秦国，那时，大王即便是像黄帝一样英明，也不能吞并他们了。"李斯的这些话，句句说到了秦王嬴政的心上。于是嬴政任命李斯为长史，听从他的建议：先是暗中派人去游说各国，对各国的官员贵族加以收买，实在不能收买的，就刺杀他们。接着派出秦国的军队，攻打各国。不久，秦王又任命李斯为客卿。

李斯像

韩国派郑国以修筑渠道为名来秦国做间谍，被发现了。秦国的大臣们劝秦王嬴政下令驱逐各国来秦国游说的人，而李斯也在被驱逐名单里面。李斯就上书说：

"听说大臣们要大王驱逐客卿，我私下认为这是错误的。从前穆公招揽贤才，从西戎找到由余，从楚国得到了百里奚，从宋国迎来了蹇叔，从晋国招来了丕豹和公孙友。这五个人都不是秦国人，但是穆公却重用他们，最后称霸西戎。孝公采用商鞅的新法，移风易俗，国家因此强大起来，威震天下。秦惠王用张仪的计策，攻占了三川，吞并了巴、蜀，占领了上郡，夺得了汉中，囊括九夷，控制了鄢、郢，占据了成皋。不但得到了肥沃的土地，还进一步瓦解了六国的合纵联盟。昭王得到了范雎，听从他的建议，废黜了穰侯，驱逐了华阳君，削夺了权贵的势力，然后又逐渐吞并其他国家，奠定了大王现在能够统一天下的基础。这四位君主，都是依靠了别国客卿的力量，让秦国强大起来。这样看来，客卿有哪一点对不起秦国呢？如果这四位君主不接受和重用他们，秦国又怎么能够像现在这样强大呢？

"我听说，土地广阔，粮食就丰富；国家广大，人口就众多；军队强盛，士兵就勇敢。所以泰山不排斥泥土，才能堆积得那样高大；河海不挑剔细小的溪流，才如此深广；成就王业的人不抛弃民众，才显出盛德。所以土地不分东南西北，百姓不分哪个国家，一年四季五谷丰登，鬼神赐福，这就是五帝三皇无敌于天下的原因。但是现在陛下却排斥宾客，让他们去帮助诸侯国家，使得天下人不敢投靠秦国，这正是'借武器给敌人，送粮食给盗贼'啊！

"现在您驱逐在秦国的客卿，让他们去帮助其他国家，削弱自己而又和诸侯结下怨恨，这样下去，要使国家没有危险，是不可能的。"

看了李斯的上书，秦王意识到了自己的错误，马上废除了逐客令，恢复了李斯的官职。在李斯的帮助之下，嬴政仅仅用了20多年的时间就统一了中国。

权宦赵高

赵高是赵国人。秦王政二十五年（公元前222年），秦灭赵，赵高被掳往秦国。秦始皇听说他精通法律，就提拔他做中车府令，负责管理皇帝车马仪仗，还让他教自己的小儿子胡亥判案断狱。由于赵高善于察言观色、逢迎献媚，因而很快就博得了秦始皇的赏识和信任。

秦始皇三十七年（公元前210年）十月，秦始皇第五次出巡全国。七月，因为病重在沙丘去世。秦始皇去世的消息，只有小儿子胡亥、丞相李斯和赵高及几个亲近的太监知道。秦始皇临死的时候，没有立下太子，但是给正在驻守边境的大儿子扶苏留了一封诏书，让他赶快回都城咸阳主持自己安葬的事情。

赵高明白，一旦扶苏当上皇帝，那么等待自己的，毫无疑问就是排挤和冷落，而要想保住原来的富贵，只有支持对自己言听计从的胡亥当上皇帝。赵高劝胡亥说："现在全天下人的生死命运，都掌握在您、我和丞相李斯三个人手中，希望您能早做打算。"胡亥早就梦想着有一天自己能够登上皇帝的宝座，但是因为有些顾忌，害怕天下人说他不忠不孝、不仁不义，所以不敢轻举妄动。现在听到赵高的这些话，顿时野心又膨胀起来，但他还是有一些犹豫，赵高早就知道他真正的想法，胸有成竹地对他说："机不可失，时不再来。我愿意帮您去和丞相谋划。"胡亥一听，正合自己的心意，就答应了。

赵高找到李斯，经过一番威逼利诱，终于说服了李斯，让他一起支持胡亥为太子。于是胡亥、赵高和李斯三人，伪造了诏书，命令扶苏自杀，然后又假借秦始皇的命令，立胡亥为太子。胡亥就是秦二世皇帝。从此以后，赵高就成为秦王朝权势最大的人，而胡亥却整天只知道吃喝玩乐。

权力越大，赵高的野心也就越大。他将眼光转向了一人之下、万人之上的丞相李斯，他每天想的，就是怎么样除掉李斯。经过一系列精心策划，赵高终于罗织好了李斯的罪名，而糊涂的胡亥也大手一挥，让赵高自己处理。为秦王朝的建立立下了汗马功劳的李斯，就被赵高这么一个奸臣给送上了刑场，腰斩而死。

李斯死了以后，赵高名正言顺地当上了丞相，什么事情都由他一个人决定，他甚至不把胡亥放在眼里。大臣们对赵高,则更是害怕,都竭尽全力来巴结他。

一天,赵高趁着大臣们给胡亥朝贺的时候,叫人牵来一头鹿,献给胡亥,正正经经地说:"这匹马是我呈献给陛下的。"胡亥一听他献东西给自己,非常高兴,但是一看,却感到奇怪。虽然胡亥糊涂得整天只知道吃喝玩乐,游猎嬉戏,但是鹿是马还能分得清。他忍不住笑着说:"丞相是不是开玩笑啊?这明明是一只鹿,您怎么说是一只马呢?"

没想到赵高板起脸,一本正经地问其他大臣:"你们说这是鹿还是马?"这一来,下面顿时乱成了一片。虽然都知道这是一只鹿,但是有的人慑于赵高的淫威,只能保持沉默,不说什么;有的人却习惯了溜须拍马,看到这样的好机会,连忙附和赵高,说是马;还有一些正直的大臣,如实说是一只鹿。

胡亥大吃一惊,还以为自己受到了鬼怪的迷惑,连马和鹿都分不清楚,就让太卜给自己算上一卦。太卜说:"陛下斋戒的时候不虔诚,所以才会这样。"于是,胡亥就到上林苑里去斋戒。

那么,赵高为什么要在胡亥和其他大臣们的面前,指着一只鹿,却说是马呢?原来这正是他险恶用心所在。虽然他已经是威风赫赫,大臣们也对他阿谀奉承,但是仍然有人不服。这一次,不但可以看看谁不服,以后再来对付他们;还可以看看胡亥究竟是不是信任自己,好为以后的行动做准备。果然,这

宇宙锋 年画

赵高欲害大臣匡洪,他得知秦二世赐予匡洪一口"宇宙锋"宝剑,便将女儿赵艳容嫁给匡洪之子匡扶以图盗剑刺杀秦二世,再嫁祸于匡洪。一天,胡亥夜幸赵府,见赵女貌美,想纳为妃子,赵女扯破衣衫,披发装疯,上殿大骂胡亥,秦二世无奈只得回宫。

件事以后，朝中上下都看赵高的眼色行事，任其为所欲为。

胡亥到了上林苑以后，整天只知道游猎嬉戏。有一次，一个行人走进了上林苑，胡亥竟然亲手把他射死。赵高抓住这次机会，想把胡亥支离皇宫，就劝谏胡亥说："您即使贵为天子，但是无缘无故杀死没有罪的人，上天也不允许，鬼神也不会接受您的祭祀，上天也会降下灾祸给您。您应该远离皇宫，去消灾祈祷。"胡亥就离开了皇宫，到望夷宫住。

仅仅在望夷宫里住了3天，赵高就让卫士们穿着白色的衣服，手里拿着兵器，进入宫里，自己却进宫对胡亥说："山东的强盗打进咸阳来了！"胡亥看到卫士拿着兵器朝向宫内，非常害怕。赵高于是逼胡亥自杀，然后自己拿了胡亥的玉玺，想当皇帝。但是文武百官没有一个人听从他的。赵高没有办法，只得立公子子婴为皇帝。子婴继位以后，担心赵高再作乱，就假装有病，却暗中和宦官韩谈商量怎样才能杀了赵高。赵高前来询问病情，子婴就把赵高召进皇宫，让韩谈刺杀了他，还诛灭了他的三族。

蒙恬列传

蒙氏兄弟

蒙恬是秦朝一位很有名的大将，祖先是齐国人。祖父蒙骜是秦昭王手下的一名大将，官做到上卿。秦庄襄王元年（公元前249年），蒙骜担任秦国的将领，攻打韩国，夺取了成皋、荥阳，秦国在那设置了三川郡。庄襄王二年（公元前248年），他带兵攻打赵国，夺取37座城。秦王政三年（公元前244年），又率军打败韩国并夺取13座城。秦王政五年（公元前242年），蒙骜带兵夺取了魏国20座城，并设置东郡。秦王政七年，蒙骜去世。秦王政二十三年（公元前224年），蒙恬的父亲蒙武成为秦国副将，随王翦一起攻打楚国，杀死楚国将领项燕。第二年，他又带兵攻打楚国，俘虏了楚王。蒙恬还有一个弟弟叫蒙毅。

蒙恬学习过刑法，最初担任狱官，掌管狱讼（审理案件）。秦王政二十六年（公元前221年），蒙恬因出身将门而成为秦军将领，率军攻打齐国。蒙恬作战十分英勇威猛，他手下也都是精兵强将。战场上，秦军一鼓作气，战鼓雷鸣，杀气冲天，士兵们拉开战势，手持长戟盾牌，与齐军厮杀在一起。齐军根本不是秦军的对手，没交几个回合，就已经力不从心了。渐渐地齐军兵力不足，最终溃败。秦军大获全胜，蒙恬也因功被任命为内史。秦国统一六国后，常常受到边疆少数民族的侵扰。在这些少数民族中，匈奴最强大、最凶残。为了解除匈奴对边疆地区的威胁，秦始皇就派蒙恬率30万大军前去抗敌。匈奴人天生具有野性，身材高大魁梧，力大无比，打起仗来不要命。面对强大的匈奴军，蒙恬率将士们浴血奋

蒙恬将军玉壶春瓶　元　青花

战，毫不退缩，最终击败劲敌，收复了黄河以南的土地。后来秦朝又根据地势修筑长城。长城西起临洮，东到辽东，绵延1万多里，用于控制险要关塞。此后，蒙恬带兵渡过黄河，占据阳山。他亲自驻守在上郡，和将士们一起守卫边疆十多年。他的能力和威望不仅深受将士们的称赞，而且震慑了与他对抗的匈奴。

　　蒙恬深受秦始皇赏识，他的弟弟蒙毅也因此受到器重，官至上卿。秦始皇外出时，蒙毅陪同并与之同乘一辆车，在朝廷时便跟随皇帝左右。蒙毅在哥哥蒙恬处理外务时常常代替他在朝内谋划各种事情。二人被秦始皇称为忠信大臣，其他官员谁也不敢和他们对抗。

　　赵高是赵国王族疏远的亲属，生长于宦官家庭。秦始皇听说他很有能力，又精通刑狱法律，便选拔他为中车府令。赵高经常陪着公子胡亥，教他学习审理案子。有一次赵高犯了大罪，秦始皇命令蒙毅惩处他。蒙毅不敢违抗皇上的旨意，就依照法律判处赵高死刑，并开除他的宦官籍。后来，秦始皇又觉得赵高平时做事十分认真，就免了他的死罪，并且恢复了他的官位。

　　秦始皇希望游遍天下，沿九原郡出发，直到甘泉宫，于是派蒙恬开路，开山填谷一千八百里，可遗憾的是这段道路并未完成。

　　秦始皇三十七年冬，在游会稽的途中，秦始皇生病了，便派蒙毅等向山川神灵祈祷求福。他们还没回来，秦始皇就在沙丘病死了，而大臣们都还不知道。此时丞相李斯、公子胡亥、中车府令赵高陪同在皇帝身边。赵高因深

得胡亥宠信，就跟李斯暗中谋划拥立胡亥为太子。赵高对蒙毅怀恨在心，太子确立后，便派遣使者假传圣旨，说公子扶苏和蒙恬有罪，责令他们自杀。公子扶苏不辨真假，奉旨自尽，蒙恬听到消息后，对这件事情很怀疑，就请求申诉。使者把蒙恬交给狱吏，并派人接替了他的职务。胡亥听说扶苏已死，就想释放蒙恬。赵高担心他们兄弟二人再次掌权，心中十分不安。

二蒙受害

不久蒙毅回来了。赵高对胡亥说："我听说先帝想立您为太子很久了，蒙毅却说'不行'，明明知道您贤明而拖延不让皇上立您为太子，这是对皇上不忠，我看不如杀了他。"胡亥听了赵高的话，就在代地囚禁了蒙毅。而在此之前，蒙恬已被囚禁在阳周。为秦始皇发丧之后，太子胡亥登位为二世皇帝，赵高最受宠信，他不时毁谤蒙氏二兄弟，弹劾他们。

这时子婴进谏劝说道："我听说赵王迁杀死贤臣李牧而任用颜聚；燕王采用荆轲的计策却违背燕秦的盟约；齐王建杀死他的忠臣而听从后胜的建议，这三位君主都是因为改变本国原来的规矩而导致国家灭亡，并殃及自身。蒙氏兄弟是秦朝的大臣，陛下想抛弃他们，我觉得这种做法不合适。我听说不善于思考的人不能治理国家，不集思广益的人很难保全君位，诛杀贤臣而任用没有德行的人，这样对内使群臣互不信任，对外战士斗志涣散，我认为不可。"胡亥不听，派遣御史前往代地（蒙毅囚禁地），对蒙毅说："当年先帝想立当今陛下为太子，而您却表示反对，这是对皇上的不忠。依照法律，您的罪过已牵连您的家族。皇上不忍心那样做，只赐您一死，已经很幸运了，您考虑考虑吧！"蒙毅说："如果说我不能取得先帝的欢心，那么我从年轻做官直到先帝去世，可以说算是了解他的心意吧！如果说我不知道太子的才能，那么太子跟随先帝周游天下，深受宠爱，我也没怀疑什么啊！先帝选谁立太子，是他认真考虑的结果，我怎敢劝谏和谋划啊？我不敢巧言辩驳，以图逃避死罪，只是因牵连先帝的名誉而感到羞耻，希望各位加以考虑，使我死得其罪。顺应天下的正义是大道所推重的，严刑诛杀是道义所唾弃的。秦穆公当初用三位贤臣殉葬，判百里奚不恰当的罪名；秦昭襄王杀死武安君；楚平王杀死伍奢；吴王夫差杀死伍子胥。这四位君主受到天下人的议论，以致在诸侯国中声名狼藉。因此说，用道义治国的君王不杀害无罪的臣民，而刑罚也不加在无罪者的身上。希望大夫慎重考虑！"尽管使者认为蒙毅说得有道理，但还是按胡亥的意图，把他杀了。

二世皇帝又派使者到阳周，蒙恬说："从我的祖先到子孙，在秦国建功立业已经有三代了。如今我统管着30万大军，虽遭囚禁，我要想反叛朝廷的话也不是难事。但我知道我将被处死还坚守做臣子的道义，是怕违背了祖先的教诲。从前周成王刚登位的时候还是个婴儿，每次上朝的时候都需要周公姬旦背着他去。成王生病很危险，周公姬旦自己剪下指甲投入黄河中，并说道：'君王年龄还小，是我姬旦在掌控大权。如果有什么罪过的话，就由我来承担灾祸吧。'周成王长大以后，能够治理国家了，周公把朝政交还成王。但还有奸臣说：'周公旦早就想作乱，大王如果不加防备的话，恐怕会出大事的。'周成王十分气愤，就去搜查，当他在档案馆看到周公把指甲投入黄河的记录时，流下了眼泪，于是便把进谗言的人全杀掉，又请周公还朝，而此时周公已逃到楚国去了。如今我蒙氏家族世代尽忠，从来没有二心，没想到会落得这样的下场，一定是因为有奸臣倒行逆施、凌驾王室之上。周成王犯了错误而不断改正，终于使周朝变得繁荣强盛，商纣王杀死了比干而不悔过，终于导致身死国亡。因此，我认为有了过失可以补救，听从劝谏可以觉醒。我所说的话并不是求得免罪，而是为忠言直谏。希望陛下能为天下人考虑考虑。"使者说："我只是受命来执行刑法的，不敢把将军的话转达给皇上。"蒙恬无奈地叹息说："也许我蒙恬犯过大罪，早就该死了，从临洮到辽东，筑城墙，挖壕沟，这就是我的罪过吧！"说完便服毒自杀了。

黥布列传

乱世英雄

黥布本来姓英，是秦朝的一个普通百姓。在他小的时候，有人给他算命说："你以后要受刑，受刑之后会封王。"黥布当时年纪小，没把这话放在心上，只是笑着答道："等我当了王，就封你为丞相！"说完就又到别处玩耍去了。等到黥布长大后，果然因为犯法而受黥刑。这时黥布猛然想起了小时候的那个算命先生，觉得他简直就是神仙，算得太准了！受刑后，黥布逢人便高兴地说："小时候有人给我看过相，说我受刑以后会封王。他说得多么准啊！"大家听了，都嘲笑他不知天高地厚。可黥布依然一副扬扬自得的神情，好像马上就要称王了一样。

黥布被定罪，发配到了骊山。骊山有刑徒好几十万人，黥布整日和他们混在一起，品行越来越坏，而且还跟其中的大小头目拉帮结伙，称兄道弟，关系十分密切。没过多久，他就成了这里的头儿，率领着这些刑徒逃往长江一带，专门抢劫民舍，杀富济贫，成了一伙盗贼。

后来陈胜起义的时候，黥布去见番县的县令吴芮，并率领他的部下一起反叛秦朝，聚集了很多兵力。番县县令觉得黥布很有前途，就把女儿嫁给了他。秦朝大将章邯消灭了陈胜等人以后，黥布就带兵向北攻打秦军的左右校尉，在清波打败了他们，然后又带兵向东进军。当时，项梁已经平定了江东，渡过长江又向西进发，陈婴带领自己的军队也归附了项梁。黥布和蒲将军看项梁势力很强，就投奔他。项梁渡过淮河，向西攻打景驹、秦嘉等人，其中数黥布的部队最勇敢。等到了薛地，听说陈王果真死了，他们就拥立楚王后裔怀王之孙熊心为楚怀王。项梁号称武信君，黥布号称当阳君。后来，项梁兵大败，楚怀王便把都城改在了彭城，黥布和将士们也都跟随他去了彭城。

当时，秦军加紧围攻赵国，赵国几次派人请求支援。楚怀王就派宋义担任上将，范增担任末将，项羽担任次将，黥布、蒲将军也都是将军，由宋义统领着去救援赵国。不久项羽把宋义杀了，怀王改立项羽为上将军，统率全军。

项羽命令黥布为先头部队，第一个渡河进攻秦军。黥布的军队英勇善战，士兵们奋勇杀敌，连连获胜。与项羽的部队会合后更是力量无穷，势不可当，秦朝大将章邯最终也彻底认输了。因为黥布善用兵术，指挥得当，用很少的兵力就能够战胜很多强大的敌人，所以在诸侯中功劳最大，诸侯军队也都愿意投靠他。

项羽带领军队向西到达了新安，又派黥布在晚上去偷袭章邯部属，20多万将士被活埋。到了函谷关外，进不去，就又派黥布去偷袭关下的守卫军，才入了关，到了咸阳。到了咸阳之后，项羽封赏各位将领。黥布因为经常担任先锋，冲锋陷阵，战功累累，所以被封为九江王。

汉高祖元年（公元前206年），诸侯都回到了自己的封国。项羽拥立怀王为义帝，把都城定在了长沙，却暗中命令九江王黥布偷偷跟踪义帝并杀掉他。

汉高祖二年（公元前205年），齐王田荣背叛了楚王，项羽攻打齐国，向九江王征兵。九江王黥布装作生病，留在原地没动，只派几千人前往。当时汉军在彭城打败楚军的时候，黥布也是装病不肯出兵，项羽因此对他恨之入骨。他多次派人去责备黥布，想要和他面对面地谈话，黥布害怕，不敢前去。当时，项羽的敌人有齐国、赵国，还有汉王刘邦，能够帮忙的只有黥布，而且刘邦又十分看重他，总想拉拢他。项羽虽然对黥布不满，但也没把他怎么样。

汉高祖三年，汉军攻打楚国，在彭城作战，汉军失败，逃往虞城。

汉高祖对这次战斗结果十分不满，大骂左右将士："你们这群人，无才无德，根本不值得跟你们一起商量国家大事！要你们有什么用？"这时一个叫随何的大臣走上前说道："我不明白陛下的意思。"汉王说："现在项羽正在攻打齐国，要是有谁能替我出使淮南国，借助他们的兵力来反叛楚国，让项羽继续在齐国几个月，使劲地拖住他，那么我夺取天下就有百分之百的把握了。"随何说："请陛下让我去淮南国吧。"汉王便派随何和20多个随从一起前往淮南国。

黥布与随何

随何等人被汉高祖派到了淮南国，他们想尽了一切办法，在淮南国整整待了3天，还是没见着九江王的影儿。随何十分着急，就找到淮南国的太宰，对他说："大王不愿意见我，一定是觉得楚国强大，汉国弱小，不值得与汉国交往。我就是为这个来的。如果我能见到九江王，他觉得我的话有道理，那么一切都好。如果我说得不对，那么，就把我随何及手下20多人杀死，以表大王背弃汉国与楚国友好的心迹。"太宰把随何的话转告给了淮南王，于是九江王召见了随何。

随何问九江王："大王为什么和楚国那么友好呢？"九江王回答："我用大臣的礼节来服务项王。"随何说："大王和项王都是诸侯，您却自愿做他的臣子，一定是认为楚国强大，可以把国家托付给他。现在项王攻打齐国，耗费了很大的气力，在这种情况下，您作为项王的臣子，就应该出兵，亲自率领军队做楚军的先锋军。可是您却只派了4000人去援助，身为臣子，怎么能这么做？还有当初项王和汉王在彭城打仗的时候，很困难，而大王有上万兵马却看着不管，一点也不肯帮忙，为什么？既然您是项王身边的人，又怎么能做出这样的事？人人都看得出来，大王表面上是投靠楚国，实际上是想自己独霸一方，我认为这样做很不好。

"大王虽然并不是真的投靠楚国，但又不肯背叛楚国，是因为觉得汉国弱小，不值得投靠。实际上，楚汉之间，谁大谁小，很难一眼看出来的。楚国兵力虽然强大，但很不讲义气，不仅不遵守诸侯盟约，还杀害了义帝，天下人都在背地里反对楚国。但是楚王很自大，打了几次胜仗，就以为自己很强大了。

"现在，汉王收了各路诸侯军队，从四面八方运来了粮草，后备资源很充足，城池固若金汤。汉王性格宽厚仁慈，深受人民爱戴，前途无量。而楚军只是个纸老虎，表面看来很厉害其实很软弱，周围常常有敌人包围，想立刻攻城又没有那么大的力量，想围困又支撑不起来，光粮草问题就很难办，要靠老弱残兵到千里之外的地方去转运粮草。所以说楚军是靠不住的。即使楚国战胜了汉国，诸侯也一定会觉得很危险，肯定会相互救援，一起对抗楚国的。可以看出，楚国现在的强大并没有给他带来什么好处，反而招得天下人的反抗。所以很明显，楚不如汉。

"如今看大王不投奔坚不可摧的汉国，却投奔摇摇欲坠的楚国，我真是感到奇怪啊！我觉得淮南的兵力并不一定能战胜楚国，但是大王如果能听取我的意见，愿意出兵反叛楚国，那么项王就一定会被拖在齐国，只要他在齐国留上几个月，那么汉王就绝对能够统一天下！然后，汉王就会拿出一部分土地来赐封给大王。请大王仔细考虑考虑！"

九江王听了随何的话，仔细琢磨了一下，觉得有理，于是决定背叛楚国，投靠了汉王。

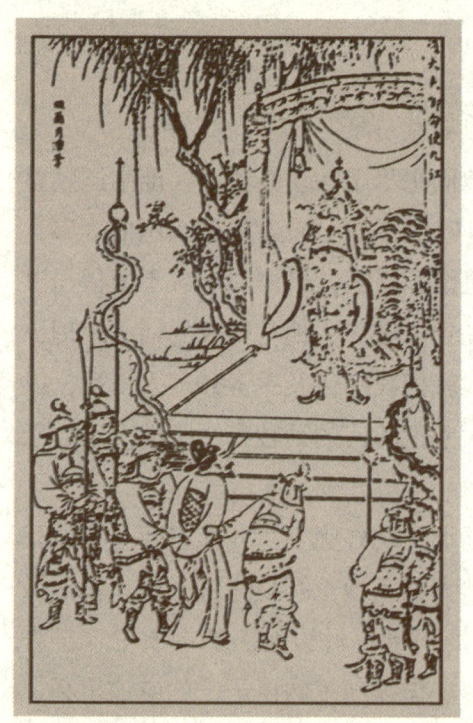

随何说黥布

当时，项羽的随从在淮南，正准备让黥布发兵帮忙。随何找到他们的住处，不由分说地闯了进去，说："九江王黥布已经是汉王的人了，楚国凭什么叫他发兵？"黥布听到他的话感到很吃惊，楚国的人也惊讶地站了起来。说着，随何把黥布叫到门外，对他说："您已经投靠了汉王，这是事实。现在已经没有办法了，只能马上把楚国的人杀掉，同时立刻出兵帮助汉国。"黥布同意，马上把楚国的人杀了，然后出兵攻打楚国。楚国派项声、龙且攻打淮南，交战了几个月，最后黥布的军队失败了。黥布想带兵去投奔汉国，但队伍太大，担心项羽来拦路截杀，就带了几个人和随何从小路逃到了汉国。

到了汉国，汉王听说黥布来了，就召见他。黥布进来，正好赶上汉王在洗脚，汉王很随便地接待了他。黥布很不高兴，后悔来到汉国，产生了自杀的念头。黥布到了汉王给他安排的住处一看，帐

霸王别姬　近代　关良

幔、器具、饭菜等都跟汉王的差不多，于是又转怒为喜了。等一切安排好之后，黥布想派人回九江把妻子、儿女和手下一起接过来，可是他没有想到，项羽已经提前下手，收走了九江的散兵，自己的妻子、儿女也被他杀了。黥布的随从东奔西走，找到了黥布的老友和近臣，他们去投靠了汉王。汉王十分高兴，给黥布增加了士卒，带他北上。汉高祖四年（公元前203年），黥布被封为淮南王，一起攻打项羽。

汉高祖五年（公元前202年），黥布派人到九江，占领了许多个县城。汉高祖六年，他又和刘贾进入九江，引诱楚国大司马周殷背叛楚国，跟汉军攻打楚军，最后在垓下大败楚军。

项羽死后，天下安定。汉高祖设酒宴来论功行赏。随何的功劳也很大，可是汉高祖却说："你的性格呆笨，像书呆子一样，怎么能治理国家呢？"随何不服气，反问汉王："当初，陛下带兵进攻彭城，楚王还没离开齐国。请问陛下，出动5万步兵、5万骑兵，能攻下淮南国吗？"汉高祖说："不能。"随何说："陛下派我带20人出使淮南，结果陛下很快就如愿以偿了。

这就是说我的功劳比5万步兵、5万骑兵还要大。可是陛下却说我是书呆子，不能治理天下！"汉高祖很惭愧，连忙向随何道歉："是我不对，我会重新看待您的功劳。"

淮阴侯列传

胯下之辱

韩信是淮阴人，原来他只是一个普通的百姓，家里很穷，由于平时缺乏管教，他的品行也不端正，经常四处游荡。没有人选他当官，他也不会做买卖赚钱，生活很困难，无奈之下就常常到别人家白吃白喝，混日子，时间一长，大家都开始厌恶他。

有一段时间，他在南昌亭亭长家里吃住，过了几个月，亭长的妻子越来越讨厌他，可又不好直接说，她就每天早上很早起来做好饭，然后在床上把饭吃完。等到韩信起床后来吃饭，饭早已没有了。韩信知道他们嫌弃自己，一气之下，就跟他们断绝了关系，离开了亭长家。从那以后，韩信就不再到别人家混饭吃了，他不愿意再看别人的冷眼。

有一次，韩信在城边河里钓鱼。河边还有许多妇女在洗丝絮。有位老大娘看见韩信饿了，就拿出自己的饭给他吃，一连几十天都是这样。韩信内心充满了感激之情，对老大娘说："等我将来发达了，一定会重重地报答您老人家。"老大娘说："你一个堂堂男子汉，连自己都养不活，还说日后怎么样的大话！我是看你可怜才给你饭吃，不敢指望你来报答！"

淮阴的屠户里有个年轻人，有一次当着许多人的面羞辱韩信，说："你虽然个子很高大，还喜欢佩带刀剑，但实际上是个胆小鬼！这大家都知道。你如果不怕死，就拿剑来刺我；要是怕死，就从我的裤裆底下爬过去！怎么样，你敢比试吗？"说着，那年轻人便站着不动，两脚叉开，一副傲慢的神气。他略微仰着头，眼神里充满了挑衅和取笑。韩信见此情景没有说话，他心里升腾起一股强烈的怒火，瞪大两眼，盯了那年轻人片刻，随后又从头到脚打量了那人一番。韩信的嘴唇微微动了两下，与年轻人对视着。此时，他们周围已聚满了看热闹的人，期待着这场战斗的结局。人群里有人冲韩信大声喊道:"冲啊!冲上去!与他拼命!"随后一群人都跟着大声喊叫:"打啊!打!""不能认输!不能败在这小子手里!"周围吵吵嚷嚷,你拥我挤。可是韩信接下来的动作却令许多人大吃一惊。只见他在那年轻人面前慢慢矮了下去,紧接着俯身在地,从他的裤裆底下慢慢爬了过去。满大街的人突然变得非常寂静,一

胯下之辱图(局部)　立轴　佚名

个个都惊讶地张大嘴巴看着眼前发生的一切,说不出话来。随后人们都嘲笑韩信,认为他胆小怕事,是个懦夫。

　　后来,项梁反抗秦朝,渡过淮水的时候,韩信去投奔他。韩信跟随项梁有一些日子,一直是默默无闻。项梁失败后,韩信又投靠项羽,做了郎中。他多次为项羽献计献策,想得到项羽的重用,但项羽并没有采纳他的意见。韩信不满。汉王进入蜀地时,韩信离开了楚军,投奔汉王。在汉王那里,他仍旧默默无闻。

　　一次韩信在做接待客人的小官时犯了法,被判死刑。与他一起的13个人都已经被斩了,轮到韩信时,刀斧手站在他身旁,正准备下手,韩信突然抬头一看,恰好看见了滕公,就大声说:"汉王难道不想统一天下了吗?为什么要杀壮士啊?"滕公非常惊奇,看他长得高大威武,就放了他。后来,滕公和韩信在一起说话时,发现韩信很有才华,很欣赏他,于是就报告给汉王,说:"上次将要被斩而最后被放了的那个人,很不一般,很有才能。日后必有大用。"汉王听后,采纳了滕公的意见,让韩信做了治粟都尉。

被封淮阴侯

汉王被围困在固陵的时候，采用张良的计策，征召齐王韩信。韩信带兵赶到垓下，与汉王会师。项羽被打败之后，汉王乘韩信不备夺去了他的军队。汉高祖五年，齐王韩信被改封为楚王，都城定在下邳。

韩信到了自己的封地，召见了曾经给自己饭吃的洗丝絮的老大娘，送给她一千两黄金，并说道："我韩信当年许下的诺言一直都没有忘！"另外还召见了南昌亭亭长，给了他一百钱，说道："您是个好人，做好事却有始无终。"韩信还召见了曾经侮辱过自己并叫自己从他的裤裆下爬过去的那个人，让他做了楚国的中尉。他告诉他的将相们："这是位壮士。当初他辱我时，我难道不能杀了他吗？但杀了他就不会出大名，所以忍让了他，才取得今天这样的成就。"

项王有一个逃亡的将领，名字叫钟离眛，这个人跟韩信的关系一直很好。项王死后，他就投奔了韩信。汉王跟项王争夺天下的时候，吃过钟离眛的亏，现在听说钟离眛在楚国，就下令抓捕他。但韩信顾念义气，就找借口推辞了，不想杀他。

韩信刚到楚国时，每次巡视各县都带着很多士兵。汉高祖六年，有人向汉王报告说楚王韩信谋反。汉高祖就采用了陈平的计策，对外宣布要巡视天下，会见诸侯，其实是要袭击韩信。韩信当时也很明白。汉高祖快到楚国了，韩信想出兵反叛，保全自己，但又觉得自己并没有什么罪过，想朝见皇上，然而又怕被擒获。

这时，有人给韩信出主意说："您只要杀了钟离眛去见皇上，皇上一定会很高兴，您也就不必担心什么了。"韩信动了心，就召见钟离眛一起商量。钟离眛对韩信说："汉王不敢攻打楚国，是因为有我钟离眛在您这儿。如果您一定拿我去讨好汉王，那我立刻就自杀！不过，我要是死了，您也会紧接着灭亡！"见韩信面露为难之色，钟离眛最后一次问他："果真要拿我的头去见皇上吗？"韩信没说什么，意思是默许了。然而韩信念及朋友情谊，又十分不忍。钟离眛那双充满怨恨和期盼的眼睛，让他不能再看下去了。他心中交织着痛苦与无奈，掉转过头去。钟离眛看着韩信的背影，眼神变成了失望，突然冲着他的背影大骂道："你不是个忠厚的长者！"说完就自杀了。韩信猛然转过身，看到钟离眜的身体慢慢地倒了下去，他想立刻走过来却没有挪动脚步，他想说"这是不得已而为之"，可是嘴唇动了动却没发出声音，只是站在原地久久呆立。

韩信拿着钟离眜的头去拜见汉高祖。汉高祖见韩信居然把钟离眜给杀了，不但没对韩信的行动大加赞赏，反而命令手下人把他绑起来，放在后面的副车上。韩信感到很悲哀，叹口气说："果真像人所说的那样'狡兔死，良犬烹；高鸟尽，良弓藏；敌国破，谋臣亡！'现在天下已平定，我的死期也到了！"高祖说："不是我陷害你，是有人告发你谋反！"于是给韩信戴上刑具。

到达洛阳之后，高祖念旧情，不忍心杀害韩信，就赦免了韩信的罪，让他做了淮阴侯。

韩信知道高祖害怕和忌妒自己的才能，就常常假装生病不去朝见，也不跟从。韩信感到很压抑，终日闷闷不乐。他觉得自己跟周勃、灌婴等人处于一样的地位是一种耻辱。韩信去拜访樊哙将军，樊哙跪拜着迎接他的到来，等韩信要走时他也同样用这样的礼节送他出门，并且口口声声自称臣子。然而韩信出了门却苦笑道："想不到我韩信竟然和樊哙等人平起平坐！"

皇上跟韩信谈论各位将领的才能，觉得他们都有优点和不足。皇上问韩信："你看我能带多少兵？"韩信回答："陛下最多能带十万兵！"皇上又反问道："你呢？"韩信答："我是越多越好。"皇上笑着说："越多越好，那为什么还被我抓来了？"韩信说："陛下不善于带兵，擅长指挥将领，所以我才让陛下抓获。况且，陛下的能力是上天赐予的，不是人的力量所能够达到的。我即使才能再大，也无能为力啊。"

陈豨被任命为巨鹿郡守，来向淮阴侯韩信辞行。

韩信让左右随从都退下，单独和陈豨散步。韩信仰天叹息说："我有话要对您说。"陈豨说道："请将军吩咐！"韩信说："您统治的地方，都是天下的精兵聚集的地方，而您又是陛下最宠信的臣子。如果有人说您反叛，陛下肯定不相信；但要是再有人告您谋反，陛下就会怀疑；要是有人第三次告您谋反，陛下就一定会大怒，亲自带兵出征。您好好准备一下，争取一次成功，我可以起兵来与您呼应，有可能一统天下。"陈豨一向很了解韩信的才能，很信任他，就答应了。

韩信之死

汉高祖十年（公元前197年），陈豨果然起兵反叛。皇上亲自出征。韩信谎称自己身体不好，没跟随皇上出征，而是暗中派人到陈豨那里，鼓励他说："您只管发兵，我韩信会在这里帮助您！"随后，韩信又召集家臣们开会商量，打算乘黑夜假传诏令，赦免各官府里的囚徒和奴隶，领着这些人去袭击吕后和太子刘盈。韩信安排好以后，等候陈豨的回信。

这时，韩信的一个家臣得罪了韩信，被囚禁起来。韩信想要杀了他。于是家臣的弟弟上告，向吕后揭发韩信准备反叛的情况。吕后一听，大怒，立刻召萧何商议如何对付韩信。萧何说："我有一个办法，不知可行不可行。"

吕后说："什么好办法？快说！"

萧何接着说："请皇后派我到韩信那里去，就说是从皇上那里来，然后告诉他说陈豨已经被抓住并且杀了头，列侯、群臣都前来祝贺，请他也来表示祝贺。只要韩信一进宫，我们就立刻捉住他！"萧何一边说着一边做捆绑状的手势。吕后表示同意，立即派萧何前往韩信住处。

萧何见到韩信，就骗他说："听说陈豨已经被杀头了，叛乱终于平定，这可是大好事呀！您虽然身体不好，若能勉强进宫表示祝贺一下也好。"

韩信一听，"腾"地一下从座位上站起来，问道："真有此事？"

萧何说："我刚从皇上那儿来。"

韩信想了一下，又说："我身体不太舒服，还是免了吧！"

萧何说："平定叛乱是天下人盼望已久的事，如今终于取得了胜利，难道您不觉得应该庆贺一下吗？"

韩信见不好推辞，只好勉强答应了。

韩信刚一进宫，吕后就下令捉拿韩信。韩信还没反应过来，就被几个卫士捆绑在地。

韩信临死之前，痛恨地说："唉！我后悔当初没听蒯通的劝说，如今竟败在了妇人小子手里！亏得我韩信一世英名，这是天意啊！"

韩信死后，被灭三族。

汉高祖平定了陈豨的叛乱，回到京城，听说韩信已死，大松了一口气，然而又觉得有点可惜，问道："韩信临死说了什么？"

吕后回答:"他说后悔没采用蒯通的计策。"

汉高祖说:"这个人是齐国的说客。"下令齐国逮捕蒯通。

蒯通被押到长安,高祖问他:"是你鼓动淮阴侯谋反的,是不是?"

蒯通回答:"是。可是这小子并没有听我的,所以落得如此下场。如果他当时听取我的意见,陛下又怎么可能杀得了他呢?"

高祖听了后更加生气,命令左右侍卫道:"杀了蒯通!"

萧何月下追韩信　青花梅瓶

蒯通大叫:"冤枉啊!凭什么杀我?"

高祖说:"你鼓动韩信谋反,还说冤枉吗?"

蒯通说:"秦王朝混乱残暴,诸侯纷纷自立,英雄并起。秦二世失了江山,天下人争抢想当王,但只有德才出众的人才能如愿以偿。盗跖养的狗,见到唐尧也要狂叫,并不是唐尧不仁义,而是他不是狗的主人。我蒯通当时在齐国,只知有齐王韩信,不知有陛下,所以才给韩信出那个计策。况且,天下有势力的人无数,想当皇帝建立君王大业的人多得是,只不过没有人有能力去反叛!您难道能把他们都杀了吗?"

高祖赦免了蒯通的罪过。

樊哙郦商夏侯婴灌婴列传

从屠夫到列侯

本传是樊哙、郦商、夏侯婴、灌婴四个人的合传。这四个人都是刘邦手下能征惯战的将领,所以司马迁把他们放在一起来描写。

舞阳侯樊哙是沛县人,与高祖是同乡。

原先,樊哙是个杀狗的屠夫,与高祖的关系很好,曾经与高祖一起在芒山、砀山一带隐居。高祖起兵反抗秦朝的时候，樊哙扔下屠刀，跟随高祖攻取了沛县。后来高祖称为沛公，樊哙当了他的陪乘。樊哙英勇威猛，跟随沛公作战，立下了汗马功劳。沛公先是封他为国大夫，后来跟沛公在濮阳攻打章邯时战绩显著，沛公又封他为公大夫。随着樊哙的战功不断，他的地位也不断上升，最后被封为贤成君。

沛公最早进入函谷关，封锁了关口。项羽以为沛公要抢先称王，驻军戏下（地名），准备攻打沛公。沛公不想和项羽进行冲突，就亲自带了100多名骑兵通过项伯的关系来见项羽，向项羽说明封锁关口是为了防备秦军，并无他意。项羽设宴款待他。当酒喝得差不多的时候，亚父范增想杀沛公，派项庄在桌前舞剑助兴，趁机刺杀沛公。可是项伯却总是掩护沛公，让项庄下不了手。当时能进入营帐的只有沛公和张良两个人，樊哙留在营外把守。当樊哙听说沛公有性命危险，就拿着铁盾要进营，军营卫士不让樊哙进去，他硬是闯了进去。

项羽瞪着眼前进来的这个人，喝问道："你是谁？"张良回答："是沛公的陪乘樊哙。"项羽赐给樊哙一卮酒和一块肉。樊哙将酒一饮而尽，然后拔剑切肉，将肉吃光。项羽又问他："还能再喝酒吗？"樊哙说："我死都不怕，还怕喝酒吗？沛公入关平定了咸阳，在灞上风餐露宿，耐心等待大王的到来。可是大王一到，却相信小人的谗言！大王这样做，我担心会失去民心啊！"项羽听了，沉默半天不说话。这时，沛公起身要上厕所，就把樊哙也一块儿叫了出去。出了营帐，沛公把车驾留在原地，自己只骑了一匹马与

樊哙像

樊哙等人从小路逃回了灞上的军营，留下张良向项羽辞谢。项羽当时已不再怀疑沛公，也就打消了追究他的念头。当天，如果没有樊哙及时闯入营内，沛公的情况可就危险了。

第二天，项羽带兵血洗咸阳，然后封沛公为汉王。汉王内心对樊哙充满了感激之情，就封他为列侯，称为临武侯。后来樊哙又被提升为郎中，随汉王进入汉中。

汉王平定三秦，樊哙就带兵攻打西县县丞和雍王的部队，取得了胜利。后来又跟随汉王攻打其他城，大破秦军后，樊哙又被升为将军。楚汉争霸的时候，他又随从汉王攻打项羽，立下了汗马功劳，在和高祖一起抗敌的时候在陈县打败了项羽。项羽死后，汉王当了皇帝，因为樊哙战果累累，功劳很大，汉王就封赏他很高的待遇。后来，樊哙又跟随皇上攻打燕王臧荼，平定了燕地，韩信谋反时，他又随高祖到陈县，捉到韩信，平定了楚地。之后，高祖改赐封樊哙为列侯，用舞阳作为赏赐。樊哙被称为舞阳侯。

黥布反叛时，正赶上高祖生病，整天躺在内宫睡觉，不愿意接见人，也不让外人进来，连跟高祖关系亲密的绛侯周勃、灌婴等都不敢去启奏国事。一连十几天都是这样，樊哙心里非常着急，再也顾不得卫士的阻挡直接闯进宫中。大臣们看见樊哙闯了进去也都跟随他一起进去了。到了内宫，他们看见皇上独自枕着一个宦官躺着。樊哙看到这样的情景，流下了泪，并对皇上说："当初皇上和我们各位大臣在小小的丰、沛地区起兵，连续作战了这么多年，终于平定了天下，是多么不容易啊！如今天下已经平定了，您也累了，也该歇歇了，更何况重病在身啊！可是，您不能不管国家大事了呀！您不肯见我们，也不肯听奏章商量国事，难道想和一个宦官来商量天下大计吗？皇上难道还不清楚秦朝是怎样被赵高这类人搞垮的吗？"高祖闻言感到惭愧，立刻起身，微笑着恭敬地接见大臣们。

过了不久，燕王卢绾谋反，高祖派樊哙去攻打燕国。当时高祖依然病得很厉害，于是就有人趁机说樊哙的坏话，说他勾结吕氏，等皇上一去世，就带兵杀尽戚夫人和赵王如意等人。高祖以为是真的，非常气愤，就派陈平和周勃去夺了樊哙的爵位，并命令他们在营中处决樊哙。然而陈平、周勃二人觉得樊哙不可能反叛，他们俩又很害怕吕后，所以就没杀樊哙，而是把他抓起来送到了长安。等到了长安，高祖也去世了，吕后就把樊哙放了，又恢复

了他的爵位。

孝惠帝六年（公元前189年），樊哙去世，谥号为武侯。

他的儿子樊伉代其侯位，而樊伉的母亲吕媭也被吕后封为临光侯。在吕后临朝时，吕媭也掌管政事，十分专断，大臣们没有不怕她的。樊伉代侯九年之后，吕后去世了。大臣们诛杀吕氏宗族和吕媭的亲属，接着，又杀死了樊伉。舞阳侯这个爵位中断好几个月。等到汉文帝即位，才封樊哙的妾所生的儿子樊市人为舞阳侯，恢复了原来的爵位和食邑。樊市人在位29年死去，谥号为荒侯。他的儿子樊他广继承侯位。6年之后，舞阳侯家中舍人得罪了樊他广，非常怨恨他。于是就上书说："荒侯市人因为有病而丧失生育能力，就让他的夫人和他的弟弟淫乱而生下他广。他广事实上并不是荒侯的儿子，因此更不应当继承侯位。"皇帝下命令把此事交给官吏去审理。在汉景帝中元六年（公元前144年）时，免除了樊他广的侯位，将他降为平民百姓，封国食邑也一并撤除了。

忠厚长者夏侯婴

汝阴侯夏侯婴是沛县人。他原先当过沛县马房地区的司御，因为职务的需要，经常迎送宾客。夏侯婴每次经过沛县泗水亭时，都要到高祖那里与他谈天，两人总是聊得很投机，直到天色很晚才离开。后来夏侯婴当了县吏，跟高祖接触得就更多了。有一次，高祖开玩笑无意当中伤害了夏侯婴，有人就告发了高祖。高祖当时是亭长，为官伤人是要重罚的，高祖申辩说自己不是有意的，夏侯婴也为高祖做证说没有恶意。后来，夏侯婴因为这件事受到高祖的牵连，被关押了一年多，还挨了好几百大板，高祖却开脱了罪责。

高祖起兵后，准备攻打沛县。高祖让夏侯婴出使沛县，争取不用武力就能解决。高祖降服了沛县，随后便做了沛公，赐封夏侯婴为七大夫，让他做了太仆。夏侯婴跟随高祖攻打胡陵的时候，与萧何一起说服了胡陵长官，最后沛公没费丝毫力气就拿下了胡陵。高祖很高兴，就赐封夏侯婴为五大夫。后来夏侯婴又随高祖夺取了几座城，连续作战，战果累累，高祖又赐封他为执帛。在攻打章邯军队获胜后，夏侯婴又被赐封为执圭。

夏侯婴跟随高祖很多年，高祖感激他的忠诚，欣赏他的才能，就改封他为滕公。秦朝灭亡之后，沛公被封为了汉王，汉王又立刻封夏侯婴为昭平侯。

楚汉争霸时，夏侯婴跟随高祖攻打项羽。在彭城交战中，汉军失败了，汉王驾车落荒而逃。在逃跑的路上，汉王遇见了走散的儿子和女儿（就是后来的孝惠帝和鲁元公主），就把他们拉上车一起逃跑。车上的人增加了，马也越跑越慢，而敌军紧紧地在后面追赶，距离越来越近。在这危急的时刻，汉王万分焦急，好几次把两个孩子推到了车下，想抛弃他们。夏侯婴看到后，对汉王喊道："这是您的亲生儿子和女儿，您怎么这么狠心？他们还是孩子啊！"夏侯婴不忍心，每次都跳下车，把被吓坏了的两个孩子抱起来，带着他们一起跑，汉王十分生气，有好几次都想杀了夏侯婴。不过他们还算幸运，一路躲过了项羽的追杀。后来，汉王把孝惠帝和鲁元公主送走了，不让他们跟着自己出战。

汉王到了荥阳之后，收集被击溃的军队，军威又振作起来，汉王把祈阳赐给夏侯婴作为食邑。在此之后，夏侯婴又指挥兵车跟从汉王攻打项羽，一直追击到陈县，最后终于平定了楚地。行至鲁地，汉王又给他增加了兹氏一县作为食邑。

夏侯婴跟随汉王攻打项羽，终于打败了楚国。汉王登基做了皇帝。这年的秋天，燕王臧荼反叛。夏侯婴又跟随高祖迎战臧荼，结果大胜。第二年又在陈县逮捕了楚王韩信。高祖改封汝阴给夏侯婴做赏赐。

高祖作战追击败兵到达了平城，却被匈奴军包围，整整7天都没解围。于是高祖派人给单于的嫡妻阏氏送去了厚礼，这才解除了一面的包围。高祖出城后，想一路骑马狂奔，就对夏侯婴说："还等什么！还不上马快走！"说完就要挥鞭。可是夏侯婴觉得这样不好，他制止高祖，说："我们应该慢慢走，保持队形，同时要拉弓上箭，时刻准备迎击外围的匈奴兵。"高祖逃脱了匈奴的包围后，又奖赏了夏侯婴。后来夏侯婴又打败了好几次匈奴军的围攻，在陈豨和黥布发动叛乱的时候，夏侯婴又带兵冲进了敌军的阵营，打败了叛军。

夏侯婴在高祖身边长期担任太仆，直到高祖去世。后来，孝惠帝当政的时候，夏侯婴还像当年在高祖身边一样以太仆的身份服侍孝惠帝。孝惠帝没有忘记当年逃难路上夏侯婴的搭救之恩，把宫殿北面最好的公馆赐给了他，并给它起名叫"近我"，表示对夏侯婴特殊的尊重。

孝惠帝死后，夏侯婴仍以太仆的身份来服侍吕后。吕后去世后，大臣们准备让代王来主持国政。代王将到时，夏侯婴与东牟侯一起清扫宫室，废除少帝，然后用天子的车马到代王府去迎接代王，跟大臣们一起拥立代王，称为孝文帝。8年以后，夏侯婴去世，谥号为文侯。

战功累累的灌婴

颍阴侯灌婴，原来是个商人，在睢阳专门卖丝绢为生。当初高祖做沛公时，攻城夺地打到了雍丘一带，秦将章邯打败并杀掉了项梁，于是沛公带兵回到了砀县。灌婴这时找到沛公，就以小官的身份跟随了他，在成武和扛里两地与秦军交战，结果大败秦军，沛公封他为七大夫。后来，灌婴又跟随沛公在亳邑、开封等地攻打秦军，立了大功，沛公赐封他为执帛，称为宣陵君。之后，灌婴又随沛公攻打阳武，一直打到洛阳，北上封锁了黄河的渡口，南下打败了南阳郡守，平定了南阳郡。灌婴奋力作战，到达灞上，沛公赐封他为执圭，称为昌文君。

沛公当了汉王之后，灌婴做了郎中。不久沛公又任命他为中谒者，跟随汉王平定三秦。后来灌婴在废丘攻打章邯失败后，又向东降服了殷王，平定了殷地。然后灌婴又袭击项羽的部将龙且和魏国丞相的军队，经过双方激烈的交战，最后灌婴取得了胜利。汉王封灌婴为列侯，称为昌文侯。

灌婴随从汉王收复了砀县，到了彭城。这时项羽出兵围攻汉军，汉王一看，形势不妙，便向西逃跑，灌婴跟着汉王掉头在雍丘驻军。趁着汉王势弱，手下的大将要谋反，灌婴又前去平定了叛乱。之后收编了散兵，驻军荥阳。楚军又来围攻。来了很多骑兵，汉王就在军中选拔人才，让他们充当骑兵将领来反抗楚国骑兵。大家推荐李必和骆甲，这两个人原来是秦军的骑兵，于是汉王准备用他

四骑史戟画像砖　东汉

们。李必和骆甲说:"我们原来是秦国人,汉王的兵恐怕会不信任我们。希望大王能派一个善于骑马的亲信来帮助我们。"当时灌婴还很年轻,又攻打过好几次敌军,英勇威武,汉王就任命他为中大夫,李必和骆甲为左右校尉,然后他们二人和灌婴一起率领骑兵去攻打楚军,结果打得楚军狼狈败退。紧接着,灌婴又单独率军攻击楚军后路,截断了楚军的粮食后备资源。在鲁县一带和项羽交战,结果取得了胜利。然后灌婴率领骑兵南渡黄河,护送汉王到了洛阳,再北上到邯郸迎接相国韩信的军队。回到敖仓后,灌婴被封为御史大夫。

汉高祖三年,御史大夫灌婴率领骑兵与韩信会合,在历下打败了齐军,俘虏了齐国大将华毋伤。随后,灌婴和韩信带兵攻取了齐都临淄,俘虏了齐国代理丞相田光,追击齐国丞相田横,终于打败了齐国的骑兵,杀了许多齐国将领。齐国平定了之后,韩信自立为齐王。灌婴自己率兵转战南方,渡过了淮河,降服了很多城邑。当到达广陵时,项羽派项声、薛公、郯公带兵攻打灌婴。灌婴打败了项声和郯公,斩杀了薛公,降服了彭城等地。然后,灌婴与汉王在颐乡会合,随从汉王在陈县一带攻打项羽,项羽战败逃走,楚军伤者无数。汉军气势猛然高涨,汉王封赏灌婴。

项羽在垓下被打败之后,灌婴等人一路追赶,一直追到东城,打败了军队,斩杀了项羽,俘虏了将领。随后,灌婴并没有停留,马上渡过长江,平定了吴郡、豫章、会稽三郡,回师又平定了淮河以北。楚王项羽身死,天下基本安定,汉王登基做了皇帝。灌婴平定天下有功,得到了皇上的封赏。这一年秋天,灌婴又以车骑将军的身份跟随高祖打败了燕王臧荼。第二年,他们又到陈县捉拿楚王韩信。回到朝廷后,高祖封灌婴为侯,称为颍阴侯。

韩王在代地发动叛乱,灌婴奉命出征,杀掉了代国的左丞相,并打败了帮助代国谋反的匈奴骑兵。随后,灌婴又统率燕、赵、齐、梁、楚等国的所有车骑部队一起攻打匈奴。陈豨叛乱时,灌婴随从高祖出征,降服了曲逆等县,攻下了东垣。黥布谋反时,灌婴以车骑将军的身份打败了黥布的部队,亲自活捉了敌军的左司马。灌婴打败了黥布回朝时,高祖去世了,灌婴就以列侯的身份服侍孝惠帝和吕太后。太后去世后,吕禄等人就自封为将军,准备作乱。齐哀王听到这个消息后就率兵西进,要进京杀掉不该称王的人。吕禄知道后,就派灌婴为大将和齐哀王交战。灌婴虽然听从了他的命令,但是行军到了荥阳,就跟绛侯周勃等人密谋,先在荥阳暂时停下来,然后找齐哀王

一起商量怎样杀掉吕氏。没过多久，周勃等人就诛杀了吕氏家族，齐哀王领兵回府，灌婴也撤兵回朝，与周勃、陈平等人共同拥立代王，即汉孝文帝。

后来，周勃被免除了丞相职务，灌婴不辞劳苦作战，功劳很大，就继任为丞相。在灌婴当丞相的时候，匈奴大举入侵北地、上郡，皇帝命丞相灌婴带领骑兵8万多人，前去迎击匈奴。匈奴逃跑之后，济北王刘兴居造反，皇帝命令灌婴收兵回京。又过了一年多，灌婴死在丞相任上，谥号为懿侯，儿子平侯灌阿继承了侯位。元光三年（公元前132年），汉武帝封灌婴的孙子灌贤为临汝侯，让他作为灌婴的继承人。8年之后，灌贤因犯行贿罪，封国被撤。

太史公说：我曾经到过丰沛，访问当地的遗老，观看原来萧何、曹参、樊哙、滕公居住的地方，打听他们当年的有关故事，所听到的真是令人惊异呀！当他们操刀杀狗或贩卖丝缯的时候，难道他们就能知道日后能附骥尾，垂名汉室，德惠传及子孙吗？我和樊哙的孙子樊他广有过交往，他和我谈的高祖的功臣们开始起家时的事迹，就是以上我所记述的这些。

季布栾布列传

季布的故事

季布很讲义气，有侠义心肠，在楚国很有名气。季布原先跟随项羽率军打过仗，多次围困汉王。后来楚汉争霸结束了，项羽失败，汉王取得了天下。汉王下令要捉拿季布，抓到者悬赏一千两黄金，并向全国传令，谁要是胆敢窝藏季布，就让他罪连三族。

季布跑到了濮阳周氏家里藏着。周氏对季布说："汉王悬赏重金要捉拿将军，而且追得很紧，我看用不了多久就会找到我这里来，将军要是肯听我的，我就帮您想个办法；要是您不想听我的，那我也不想活了，就算活下去早晚也没有好下场。"季布已经无路可逃，就答应了周氏。周氏让季布把头发全剃光，戴上颈箍，再穿上一身破烂的粗布衣服，然后安排在大货车里，和自己家里的几十个家童一起被送到鲁国朱家，当成家仆把他们卖了。朱家知道其中有季布，就买了他们。

然后，朱家乘车赶往洛阳，拜见汝阴侯滕公。滕公跟朱家的关系很好，就留朱家喝了几天酒。趁这个时候,朱家问滕公:"季布到底犯了什么罪,皇上这么紧急地到处追捕?"滕公说:"当年项羽和汉王争夺天下的时候,季布帮着项羽围困汉王有好多次,皇上至今还耿耿于怀,不能忘记,于是就想抓捕他。"朱家问滕公:"您觉得季布怎么样?他是个什么样的人呢?"滕公说:"贤能之人。"朱家说:"作为一个臣子,应该为自己的君主效劳。季布帮项羽围困汉王,这是他应该做的,并没有错啊!再说,是项羽的臣子就都应该杀掉吗?皇上刚取得了天下,只是因为个人恩怨就花那么大的力气去追捕一个人,这不是在向天下人显示他没有器量吗?汉王如果一直这么追查下去,凭季布这样的人,不是向北逃奔匈奴,就是往南投靠南越!只因为心怀记恨,却无意中资助了敌国,这在以前也不是没有过的事啊!您应该去劝劝皇上。"

季布像

后来,滕公找了个机会就把朱家的意思传达给了高祖,高祖也觉得有道理,就赦免了季布,让他做了郎中。季布从当项羽的大将,成了被追捕的逃犯,又降格成了家奴,最后终于得到了高祖的赦免,还升了官,大家都很佩服他,说他是个能屈能伸、克刚为柔的大丈夫。

惠帝的时候,季布是中郎将。当时匈奴很强大,根本不把汉朝放在眼里,单于写信侮辱吕后,吕后非常气愤,就召集各位将领来商量如何对付匈奴。上将军樊哙高傲地说道:"给我10万兵,让我立刻消灭他们!"其他将领在吕后面前不敢反对,都想奉承吕后,于是也跟着说:"是啊,是啊,把他们消灭掉!"这时,季布上前说道:"樊哙当斩首!当初高祖率领40万兵攻打匈奴,都被匈奴围困在了平城,如今樊哙就想用10万兵来打倒匈奴,这怎么可能呢?简直是异想天开!再说,秦朝因为对匈奴用兵,陈胜等人乘机起义,樊哙在这个时候却敢阿谀奉承,难道是想动摇天下吗?"大家听了季布的话,都感到十分惊恐。吕后宣布退朝,再也不提攻打匈奴的事。

汉文帝的时候,季布做河东郡守。有人说他很有贤能,皇上于是就召见季布,想让他当御史大夫。但又有人说季布虽然勇敢,可是酗酒成性,难以接近，不能任用。季布来到了京城，在馆舍里住了一个月才被皇上召见。皇上一见到季布，就让他回原郡。季布心里很不高兴，就向皇上说道："我没有立过功，却受到皇上的恩宠，让我当了河东郡守。现在皇上突然要召见我，一定是有人拿我来欺骗皇上，而当我来到京城，还没有做任何事情，就回原郡，肯定是有人在说我的坏话。皇上随便听了一个人的好话就召见我，又随便听了一个人的污蔑之词就打发我走，这件事要是被天下有见识的人听说了，恐怕他们会嘲笑您的。"皇上无言以对，感到非常惭愧，好半天才说了一句："我不是那个意思，你想多了！河东郡是最重要的郡，而你是郡守，所以我才特别召见你啊！"

楚国人曹丘先生能说会道，凭着一张巧嘴，利用权贵捞取钱财。他曾经侍奉赵同等人，又和窦长君关系很密切。季布听说后，就劝窦长君说："人们都说曹丘先生不厚道，您以后少和他来往吧。"后来，曹丘想让窦长君写封信，介绍他去见季布。窦长君说："季将军不喜欢您，您还是别去了。"可是曹丘非要见季布，终于得了窦长君一封亲笔信。曹丘派人先把信交给季布，季布看了以后果然大怒，准备等曹丘来了大骂他一通。曹丘到了之后，没等季布张口，先向他鞠了一躬，然后说道："楚国人有句话叫'黄金百斤，不如季布的一句诺言。'您在梁、楚一带有这么了不起的名声，靠的是什么？靠的是大家的宣扬。我是楚国人，您也是楚国人，如果我在全国宣扬您的名声，那么您的名声就会远远超过楚国！您为什么要这么坚决地拒绝我呢？"季布觉得有理，就留曹丘住了好几个月，把他当成贵客招待，还送很多礼物给他。后来，季布的名气越来越大，与曹丘的宣扬有很大关系。

栾布哭彭越

栾布是梁国人。当梁王还是普通百姓的时候，跟栾布关系很好，两人经常往来。栾布家里很穷，到齐国谋生，在那里做了一名酒保。又过了几年，彭越和一些人在巨野一带成了强盗，栾布被强行出卖，在燕国当奴仆。后来，栾布替他的主人家报了仇，燕国将领臧荼推举他为都尉。臧荼后来做了燕王，栾布就成了他的将领。不久，臧荼反叛，汉军来攻打，俘虏了栾布。梁王彭越知道了这件事，就报告给了汉高祖，请求赎回栾布，让他做梁国大夫。

栾布当了梁国大夫以后，经常出使各国。有一次，栾布出使齐国时，正好高祖征召彭越，以谋反的罪名将他抓起来，并连诛三族。彭越被官吏推到了城外的空场上，他的头被砍下来悬挂在洛阳城门下示众。随后官吏向在场的人们命令道："有谁敢替彭越收尸，就把他抓起来！"

栾布从齐国回来，听说彭越被杀了，非常吃惊，也非常难过。

他来到城门外，对着彭越高高悬起的人头报告出使齐国的情况，一边说话一边痛哭。场外的人见到如此情景也觉得很难受，都静静地看着他。官吏走上前，把栾布抓了起来，向高祖报告。高祖见了栾布，大骂道："你是不是也想跟着彭越谋反？我已命令任何人不许祭祀他，可是你偏偏还要哭他，这显然是要跟彭越一起谋反！我不杀了你，又留你有什么用？来人，把栾布拉出去，用刑！"栾布被官吏推拉到汤锅跟前，准备用刑。这时栾布突然回头大声说道："请容我说一句话再死！"高祖说："什么话？"栾布说："当初皇上被困在彭城的时候，还有在荥阳、成皋一带打败仗的时候，项王没有顺利西进，那是因为有彭王在梁地把守，跟汉军联合，使得楚军陷于困境。当时，天下大势其实就在彭王手里，彭王跟楚军联合，汉军就失败，跟汉军联合，楚军就失败。再有垓下战争的时候，如果没有彭王，项羽也不会灭亡。天下平定了，朝廷分封彭王，彭王也想把爵位传至万代。如今皇上向梁国征兵，彭王因为生病不能来，皇上就起了疑心，以为彭王要谋反。但是哪里有谋反的迹象呢？而您却因为微不足道的细节就毫不犹豫地杀掉了他！如果皇上再这样下去，那么有功的大臣们也会觉得自己危机重重。现在彭王的头都被挂在了城门上，那我活着还有什么用！我甘愿受罚！"高祖听了，十分感动，不但没有给栾布用刑，而且还让他做了都尉，赦免了他的罪。

袁盎晁错列传

名重朝廷

袁盎是楚国人。他的父亲原先是群盗中的一员，后来移居到了安陵。吕后时期，袁盎当过吕禄的家臣。文帝时，袁盎的哥哥袁哙保任袁盎做了中郎。

绛侯周勃是丞相，每次朝会结束后都是他最先退朝，自然非常得意。孝文帝对周勃也很好，对他恭恭敬敬，以礼相待，还亲自送他出门。袁盎看不惯，就向文帝进言说："皇上认为丞相是个什么样的人？"文帝说："当然是国家的重臣。"袁盎说："绛侯只能说是个功臣，而算不上是个重臣。重臣应该是能与君主共存亡的人。吕后在位时，吕氏家族掌握大权，随便封王封侯，刘家命脉虽然没有断绝，可是力量已经很薄弱了，当时绛侯当太尉，掌握军权，可是却不能扶助刘家天下。后来，大臣们反叛吕氏家族，绛侯手中有兵权，正好赶上这个机会，算是做了一件大事。所以说，绛侯是功臣，不是重臣。现在他当了丞相，有点傲慢无礼，自以为是，对皇上骄矜自傲，而皇上对丞相却是谦恭礼让，臣子和君主都有失礼节。我认为皇上不应该用这样的态度对待臣子。"在以后的朝会上，文帝逐渐变得严肃起来，丞相也对皇上感到有些敬畏，不敢再摆狂傲的姿态。过了不久，绛侯知道了内情，生气地责备袁盎说："你怎么可以这么做呢？我和你哥哥是好朋友，可你却在皇上面前说我的坏话！"袁盎也没多说什么，他觉得自己有理，一直没向绛侯道歉。

后来，绛侯被免除了丞相的职务，回到了封国。有人对绛侯心怀怨恨，就趁机上书皇上诬告他要谋反。文帝以为是真的，大惊失色，立刻派人把绛侯抓了起来，囚禁在牢狱里。各位公卿大臣没有一个人敢站出来替绛侯辩白，这时候，袁盎挺身而出，向皇上直言声明绛侯没有罪。最后绛侯被释放。绛侯非常感激袁盎，两人的关系也越来越好。

淮南王刘长进京朝见。刘长因为跟辟阳侯有仇，就把他杀了，之后，更加横行霸道，举止骄横。于是袁盎劝皇上说："淮南王等诸侯们太骄横了，恐怕日后要闹事。应

《帝鉴图说》之纳谏赐金
此图表现的是袁盎进谏受赏的故事。

该适当地削减他们的封地和权力。"文帝说:"您说得过重了,他们凭着那点力量根本掀不起多大的风浪。"文帝并没有把这件事放在心上。于是淮南王更加为所欲为。后来,棘蒲侯柴武的太子谋反事发,皇上追查治罪时牵连到淮南王。皇上将他放逐到蜀郡去,并且用囚车运送。袁盎那时是中郎将,就对皇上说:"皇上对淮南王一直是放任自流,从不禁止,以至于弄到今天这个地步。现在皇上又突然对他这么严厉,让他坐囚车,好像不太合适。淮南王刚愎自用,骄横惯了,从来没吃过这种苦,要是他在路上遭遇风寒丢了性命,那么皇上就会被天下人认为是心胸狭窄的人,他们就会说您能容天下之大却容不下一个淮南王,您就会无辜落下个杀弟之名!"文帝还是不听袁盎的劝说。果然,淮南王到达雍地以后不久就病死了。文帝听到消息后,很是伤心。袁盎来拜见,一进门就磕头请罪。文帝懊悔地说:"唉!都是因为当时没听你的劝谏,所以成了这个结果!"

袁盎安慰文帝说:"皇上也不用太自责,事情已经过去了,后悔也没有用。请皇上放宽心,别再为这件事而难过了。况且,皇上已经做了3件高出世人的大事,这件小事算不了什么!还不能影响到您的名声。"文帝不解,问道:"我做过什么高出世人的大事呢?"袁盎回答:"皇上在代国时,太后常年生病,皇上替母亲担忧,整整3年晚上都难以入睡,汤药如果不是皇上亲口尝过就不敢给太后。曾参作为百姓都没做到这样孝顺,皇上却做到了,要比孝顺,皇上可是远远超过曾参啊!吕氏家族当权时,大臣专政,天下动荡,可是皇上毅然从代国赶往京城,即使是孟贲、夏育的勇猛也比不上皇上。皇上到达代王的官邸之后,5次辞让天子的尊位。想当初,许由只不过就让了一次,而皇上却让了5次。这3件事难道还称不上是高出世人的大事吗?再说,皇上放逐淮南王,就是想让他尝尝苦,要他改正错误,至于结果并不是皇上的错啊!"文帝听了袁盎的这一番话,心里感到宽松多了,长舒了一口气,问:"那接下来该做什么呢?"袁盎说:"皇上应该把淮南王的儿子好好安排一下。"文帝听从了他的建议,把淮南王的3个儿子都封为王。

从此,袁盎在朝廷名声大振。

袁盎之死

袁盎一直和晁错不和。只要有晁错在场,袁盎就走;反过来袁盎要是在场，那晁错必定会离开。两个人互相敌对，就算没办法不得不碰面，也从来不说话。汉景帝即位，晁错当了御史大夫。晁错派官吏追查袁盎收受吴王财物的事，准备量罪定刑。幸亏景帝开恩，袁盎才免遭刑罚，只被贬为平民。

吴楚两国刚刚发动叛乱的时候，晁错对丞史说："袁盎接受了吴王很多金钱，处处替他掩饰，一再说他不会反叛。可是结果怎么样？现在吴王果然反叛了！可是朝廷却一点都不知道，毫无准备，这都是因为袁盎。应该重重地惩治他，他肯定知道反叛的阴谋！"丞史说："没找到有力的证据，怎么能随便惩治！再说，现在叛军已经打过来了，应该集中力量对付叛军，惩治袁盎有什么用！况且，袁盎也并不像您说的那么坏吧？"晁错听了，一时没话可说，也没有理由辩解，不知道该怎么办。

有人偷听到了丞史和晁错的对话，就告诉了袁盎。袁盎心里非常害怕，连夜跑去找窦婴，跟窦婴说了吴王反叛的原因，并希望能够在皇上面前亲口对质。窦婴进宫报告景帝，于是景帝召见袁盎。袁盎进宫拜见皇上，并请求皇上让其他人回避。当时晁错也在场，也被要求回避，心里很恼火，愤愤不平。等人们都退下之后，袁盎就把吴王反叛的整个过程原原本本地报告给了皇上，而且说这次反叛其实都是晁错的缘故。只有立即杀掉晁错来向吴王谢罪，吴军才肯撤兵。景帝没有马上下令，而是让袁盎担任太常，让窦婴担任大将军，为平叛出力。两人势力很强，各地有才能的人都争先归附他们二人，光随从的车子每天就有几百辆。

朝廷把晁错斩杀后，然后派袁盎以太常的身份出使吴国。吴王想让袁盎当将领，但他不肯，吴王很愤怒，想杀掉袁盎，于是就派了一个都尉带领500人把他围困在军中。

还是在几年前，袁盎正担任吴国的丞相，有个从史跟袁盎的一个婢女私通。袁盎其实已经知道了这件事，但他故意装作不知道，仍旧像以前那样对待从史。后来有人告诉从史说："丞相已经知道了你跟他的婢女私通的事，你赶快跑吧！"从史非常惊慌，马上逃跑了。后来袁盎亲自驾车把从史追了回来，还把婢女赐给了他，并继续让他当从史。

如今袁盎被围困在了吴国，而当年那个从史正好担任困守袁盎的校尉司马。司马不忘旧恩，卖掉了自己的全部行装，换了两石浓酒送给看守的士兵们喝。当时外面天气很冷，士兵们又饿又渴，见到有酒都争着抢，有些士兵都醉倒了。司马看士兵们一个个都倒在地上，趁机溜到袁盎那里，一边朝外拉他一边说："赶快走，要不明天吴王就会杀了您的。"袁盎不相信，问道："你是谁？干什么的？"司马说："大人忘了吗，我是您以前的从史，跟您的婢女私通，是您亲自把我追回来的。"袁盎这才想起他，但随后又说："你还有父母，我老了，不值得你救我。"司马着急地说："大人快别说这些了，快逃命吧，晚了可就来不及了！我已经做好了逃亡的准备，父母也安排好了，您就放心吧！"随后，司马用刀割开了帐幕，领着袁盎从小道逃走了。而那些把守的士兵仍烂醉如泥，一无所知。

袁盎脱险之后，就把皇上给的信藏在怀里沿路行走，天亮的时候，遇见了梁国的骑兵，就向他们借了马飞奔回了朝廷。吴楚叛军被打败后，皇上封楚元王的儿子刘礼为楚王，袁盎担任楚国丞相。袁盎关心国家大事，几次上书进言都没有被采纳，袁盎感到很失望，又赶上身体不好，就辞官回家，跟乡里人整天玩乐。洛阳人剧孟来拜访袁盎，袁盎很友好地接待他。安陵有个富人对袁盎说："我听说剧孟是个赌徒，将军为什么还要和他交往？"袁盎回答："剧孟虽然是个赌徒，可是他的母亲去世时，客人送葬的车子就有1000多辆，这说明他有与众不同的地方。再说，当今天下能救人急难的人不多了，不是以父母为理由，就是借口自己有事而拒绝，而剧孟不是这样，他是真心帮助别人的人。您虽然总是带着好几个骑士，但您应该想想，要是真发生了什么危险，那些人靠得住吗？"后来，袁盎拒绝了和富人之间的来往。王公贵人们听说这件事，都认为袁盎不是一般的人。

袁盎在家闲居，景帝仍时常派人来同他共议国家大事。景帝想把皇位传给梁王，袁盎觉得不合适就劝说景帝，后来景帝就打消了这个念头。梁王因此对袁盎怀恨在心，就派人刺杀袁盎。刺客到了关中，听说袁盎为人正直，有口皆碑，于是扔掉刀剑，直接找到袁盎说："梁王给我钱，让我来杀您，可是听说您宽厚仁义，是个正直的人，我实在不忍心杀掉您。但是以后还会有人来刺杀您，您可要小心啊！"后来，袁盎还是没逃脱掉，终于被梁国的刺客杀掉了。

晁错的聪明

晁错是颍川人。他曾经在轵县张恢先那里学习过申不害、商鞅的刑名说，与洛阳的宋孟、刘礼是学友。后来，凭着文学才能当上了太常掌故。

晁错为人正直，无论是对别人还是对自己都很严厉。汉文帝时期，全国上下几乎没有一个人对《尚书》有研究，只听说济南有个伏生，是以前秦朝的博士，曾研究过《尚书》。可是伏生已经90多岁了，不能应征，于是文帝就下令太常派人到伏生那里去学习，太常就派晁错去了。晁错回来后，就根据《尚书》劝说皇帝施行仁政。文帝很欣赏他的智慧和才能，就让他先后担任太子舍人、门大夫、太子家令。晁错以他的博学和善辩的口才得到了太子等人的宠信，太子家中的人们都称晁错为"智囊"。

汉文帝时，晁错多次向皇上提建议，主张削弱诸侯势力，而且需要修改一些法令，文帝都没有采纳。文帝很欣赏他的才学，提升他做中大夫。当时赞同晁错意见的只有太子，而袁盎和很多功臣都不喜欢晁错。

汉景帝继位后，任命晁错为内史。晁错每次请求景帝密谈国家政事，景帝都十分认真地听从他。不久，晁错受到的恩宠超过了九卿，并多次修改国家法令。丞相申屠嘉心里不服，却又无可奈何，总要想尽办法来整治晁错。当时，内史府建在太上庙外的空地里，门是朝东方向开的，进出很不方便。于是晁错决定把门改为朝南开，就凿开了太上庙外空地上的围墙。申屠嘉听说以后，觉得整治晁错的机会来了，他想借着这件事请求皇上诛杀晁错。可是晁错已经知道了申屠嘉的诡计，就在夜里求见皇上，把这件事详细地向皇上说了一遍。

第二天上朝的时候，申屠嘉向皇上报告说："晁错自作主张把太上庙的围墙凿开当门，触犯法令，应该受到严惩，请求皇上把晁错交给廷尉处治。"景帝说："晁错开凿的不是庙墙，是太上庙外面空地的围墙。他没有触犯法令，凭什么处治他呢？"申屠嘉知道自己晚了一步，很是气愤又没有办法，只好低头谢罪。退朝后，申屠嘉生气地对长史说道："我还不如先把晁错给杀了，然后再向皇上报告，可是现在已经晚了，反倒让他先下手为强了！"申屠嘉很长时间心里都不痛快，最终郁悒而死。

后来，晁错更加声名显贵，当上了御史大夫。晁错向景帝报告了诸侯的罪过，之后又劝景帝说："皇上应该适当削减诸侯的土地，没收他们的旁郡，来加强皇权的统治，确保刘家的天下。"景帝把各位公卿、列侯和皇室召集一起来商量，大家都赞同晁错的意见。只有窦婴和晁错的意见不同，与他争辩，从此窦婴与晁错有了矛盾。

晁错修改了30条法令，每一条都关系到诸侯的利益。诸侯都很吃惊，愤愤不平，没有一个不痛恨晁错的。晁错的父亲听说后，马上从颍川赶来，不满意地对晁错说："皇上刚刚即位，你执掌大权，刚一上任就削弱诸侯，收他们的地，收他们的郡，难怪诸侯们都恨你，你到底想干什么？"晁错说："我是为皇上着想，如果不对诸侯严厉点，皇上就不受尊崇，天下也不得安宁。削弱诸侯的势力可以更好地统治天下，也加强了皇权，有什么不好吗？"他的父亲说："你这么做，刘家天下是安宁了，可是晁家怎么办呢？"后来，晁错的父亲就自杀了。不久，吴楚七国果然反叛，都打着诛杀晁错的旗号。窦婴、袁盎也向皇上进言，请求诛杀晁错。皇上考虑再三后将他斩首。

后来，邓公担任了校尉，被派去攻打吴楚两国叛军。回来以后，他向景帝报告作战情况。景帝问："你刚从军中来，有没有听说晁错死后，吴楚两国准备退兵？"邓公回答："吴王谋反已经酝酿几十年了，早晚都要反叛。现在他起兵，虽然名义上是诛杀晁错，而实际上他的本意并不在于晁错。您现在已经把晁错杀了，以后恐怕全天下的士人都不会再开口，不敢再进言了。"景帝说："您这话是什么意思？"邓公说："晁错担心，要是诸侯国过于强大，朝廷就很难控制他们了，所以才请求削弱诸侯的势力，这样才能够保住刘家的天下。晁错是为了皇上着想，可没想到，计划刚刚实行，他就被杀

伏生授经图轴　明　崔子忠

伏生，名胜，秦时官博士，精通《尚书》。此图根据伏生将《尚书》传授给弟子晁错的故事而作。画中大树荫立，枝叶茂盛如华盖，树下伏生盘坐于蒲团上，聚目凝视着伏在石案上记写《尚书》内容的晁错。其旁有一侍女，也关注着晁错奋笔疾书的样子。

了。他被杀掉了,可是造成的结果呢?结果只能让朝廷的忠臣不敢再说话,反而还帮诸侯报了仇。这件事皇上可是考虑得欠妥呀!"景帝恍然大悟,想了好久,感叹道:"您说得对,我后悔莫及呀!"

邓公是成固人,有许多出人意料的妙计。建元年间,皇上招纳贤良之士,公卿们都推举邓公。一年之后,邓公推说有病辞职回家,他的儿子邓章因为研究黄帝、老子的学说在朝廷大臣之间很有名望。

太史公说:袁盎虽然不好学,可是他善于领会贯通,他以仁爱之心为本体,常常称引大义,慷慨激昂。赶上汉文帝刚刚继位,他的才智恰好碰上了适宜的时代,因此能得以施展。时局不断地在变动,等到吴楚反叛时,他向皇帝建议诛杀晁错。虽然他的建议被采纳实行,然而他以后不再被朝廷所用。爱好名声,夸耀才能,终于因为追求名声而招致祸患。晁错做太子家令的时候,多次进言而不被采用。后来擅权,修改了国家的许多法令。诸侯发动叛乱,晁错不急于匡正挽救这个危机,却想报个人的私仇,反而因此招来杀身之祸。俗话说:"改变古法,搞乱常规,不是身死,就是逃亡。"难道说的就是晁错这类人吗?

张释之冯唐列传

得遇明君

廷尉张释之做官10年都没有升迁,想辞官回家。中郎将袁盎知道张释之是个贤能善良的人,不舍得让他走,就把他安排在宫中当谒者。张释之就向文帝讲了秦汉之间的历史,如秦朝灭亡的原因、汉朝兴起的原因等,文帝听得很高兴,连连称赞他有远见。

有一次,张释之跟随文帝出门,登上虎圈。这时文帝想查看上林尉所记录的各种禽兽档案的情况,一共问了十多个问题。上林尉看了看左右两边的人,一时紧张得说不出话来,问题也答得不完整。看管虎圈的啬夫正好也在场,就替上林尉回答了问题,啬夫回答得又详细又清楚,其实是想炫耀自己的口才。汉文帝听了啬夫的回答满意地点了点头,然后对左右的人说道:"这才像官样!上林尉真是无能!"于是文帝让张释之任命啬夫为上林苑令。

张释之想了想，上前对文帝说道："皇上认为绛侯周勃是个什么样的人呢？"文帝说："你怎么突然问起他来？当然是个忠厚的长者。"张释之又问："那么东阳侯张相如又是个什么样的人？"文帝说："也是忠厚的长者啊。"张释之说："绛侯、东阳侯都被认为是忠厚的长者，可是这两个人在讲述事情的时候，竟然说不出几句完整的话，难道只凭这一点就能说他们两人做不了官吗？为什么要求人们都去学啬夫呢？做官难道就只凭一张嘴吗？秦朝因为喜欢任用舞文弄墨的官吏，所以官吏们都争着做表面文章，趋炎附势、阿谀奉承，谁也不说实话。因此，秦朝皇上听不到自己的过失而使国家越来越衰败。如今皇上要是因为啬夫能言善辩就提升他，那么我担心全天下都会受到这种风气的影响，人们都争着夸夸其谈，却没有一点用处。况且这种影响是很快的。所以，皇上想做什么还是不做什么，可要仔细考虑啊！"文帝惭愧地说："你说得很对！"于是文帝取消了旨令。文帝登车，张释之陪在身边，缓缓地向前走着。在车上，文帝和张释之谈论秦朝的弊端，张释之说："当年秦始皇统一六国，夺取了天下，是个很有才能的人。但是在他执政时，残酷的法律制度和刑罚手段竟残害了无数无辜的百姓，横征暴敛更是逼得人民痛不欲生。作为一国之君却没有一颗'仁义'的心啊！失去了民心，不讲求道义，不顺应天理，国家就会灭亡。"文帝很赞同。

不用利口　明　木刻版画
此图选自明代大学士张居正编撰的《帝鉴图说》，表现张释之劝谏汉文帝不用能言善辩之人的故事。

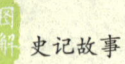

回到宫中后,文帝任命张释之为公车令。

太子和梁王一同乘车进宫朝见,经过司马门没有下车,于是张释之追上来拦住了太子和梁王,不让他们进殿门,并对他们说,在司马门不下车是犯不敬罪。这件事很快让薄太后知道了,文帝脱帽谢罪说:"我管教太子不够严厉。"于是薄太后派使者承诏令赦免了太子和梁王,他们才进得门去。文帝因为这件事看出了张释之与众不同的一面,就让他做了中大夫。

不久,张释之又升为中郎将。有一次,张释之跟随汉文帝到灞陵。文帝坐在灞陵上面向北面远望。当时慎夫人也在旁边,文帝让慎夫人弹瑟,自己和着瑟的曲调唱歌,感情凄凉。文帝唱到情深之处时,回头对大臣们说:"拿北山的石头做外椁,把大麻、棉絮剉细塞在石椁的缝隙里,再用漆粘合起来,就谁也打不开了吧!"左右大臣都说:"是。"张释之说:"假如里面有能够引起贪欲的东西,那么即使封闭整个南山做棺椁,也还有缝隙;假如里面没有能够引起贪欲的东西,那么即使没有石椁,也用不着担心!"文帝赞赏张释之的智慧和才能,又任命他做了廷尉。

冯唐的逆耳之言

冯唐是汉代的名臣,很受皇帝的赏识。他的祖父是赵国人,父亲曾迁移到了代郡。汉朝建立后,冯家又移居安陵。冯唐的孝行是出了名的,并担任中郎署长,辅佐汉文帝。

有一次,文帝和冯唐谈话。文帝说:"当年我住在代郡的时候,属下人经常对我夸赞赵国将领李齐的贤能,跟我讲他在巨鹿城下作战的故事,如今我还常常想到这个故事。您知道李齐这个人吗?"

冯唐回答:"作为将领,他赶不上廉颇和李牧。"

文帝很惊讶,问道:"为什么这么说呢?"

冯唐回答:"我的祖父在赵国时跟李牧关系很好,我父亲以前当过代王的丞相,和李齐交往密切,所以很了解他。"

文帝听了冯唐讲廉颇、李牧的为人后,十分高兴。接着又感叹道:"可惜,我怎么就得不到像廉颇、李牧这样的将领呢!我要是有他们这样的大将,还用担心匈奴吗?"

冯唐说:"请皇上恕我直言,即使皇上得到了廉颇、李牧,也不可能重用他们。"

文帝大怒,说:"你这话什么意思?"随后,文帝愤然起身回宫。

过了很长时间,文帝又召见冯唐,责备他说:"当着文武百官的面,你怎么能那样说话?即使有不同意见,也可以找个僻静的地方私下再说呀!"冯唐道歉说:"我这个人直来直去,从来不避讳。"文帝虽然不高兴,却也拿冯唐没办法。

当时,匈奴大举进攻朝䢒,杀掉了北地郡都尉孙卬。文帝很担心匈奴的入侵,就又问冯唐:"你怎么知道我不会重用廉颇和李牧呢?"

冯唐说:"我听说,古代的君王在派遣将领时要跪着推车子,并且说:国门以内的事由我控制;国门以外的事由将军来处理。在外边,将军可以按照自己的意愿来赏赐士兵的军功和爵位,回来再向我报告。这可不是空话!我的祖父说,李牧担任赵将驻守边疆时,把从军中征收的租税全部用来赏赐将士,赏赐的数量全由李牧自己决定。朝廷只是分配给李牧任务,命令他必须战胜,至于李牧怎样做,朝廷不参与。所以,李牧才能发挥他的才智,向北驱逐单于,打败东胡,向西抵御强大的秦国,向南抗衡韩国、魏国,使赵国几乎成了霸主。可是等到赵王迁即位,赵王听信了郭开的谗言,就诛杀了李牧,让颜聚代替了他,结果兵败,士兵们狼狈逃窜,被秦消灭了。"

"如今魏尚担任云中郡守,他把军中的税收全部赏给了将士们,还拿出自己的钱,每5天杀一次牛,宴请宾客、军吏和属官,因此匈奴躲得远远的,不敢靠近云中要塞。有一次,匈奴派兵前来入侵,魏尚只带了很少的骑兵就把他们打败了。为什么魏尚的将士那么厉害呢?就是因为将士们感到他们的首领很容易亲近,值得为首领付出一切。那些士兵大都来自平民百姓家庭,他们只知道奋勇杀敌,抓捕俘虏。可是等到向衙门报功时,只要一个字不符合,法官就根据法令来惩治他们。我认为皇上法令太苛刻繁杂,奖赏太少,刑罚太重。有一次,云中郡守魏尚向衙门上报斩杀敌军数目的时候因为差了6个首级,皇上就交给司法官治罪,夺了他的职位,还加了一年的刑。由此看来,皇上即使有廉颇、李牧这样的大将,也不会重用他们的!"

文帝听了觉得很有道理,当天就派冯唐拿着令牌去赦免魏尚,还让他继续做云中郡守,然后文帝又任命冯唐为车骑都尉。

扁鹊仓公列传

起死回生的扁鹊

扁鹊原名秦越人，是齐国渤海郡郑地人。其实，扁鹊原是上古时代的一位医生，秦越人比他晚生了2000多年，只是因为秦越人治病的本领非常高，人们才尊称他为"扁鹊"。后来大家都叫他扁鹊，而原来的名字秦越人却很少有人记得了。

扁鹊到各个国家走访行医。有一次，扁鹊经过虢国，正赶上虢国太子病死。扁鹊走到宫门前，问喜好方术的中庶子："太子得的是什么病？为什么国中都在举行祈祷？"中庶子说："太子得了气血不和的病症，气血运行交错受阻而不通畅，无法排放出来，猛然发作就伤害到了内脏。正气抵挡不住邪气，邪气积聚多了而发散不出来，直到太子死去。"扁鹊问："死了有多长时间了？"中庶子回答："从鸡叫到现在。"扁鹊说："收殓了吗？"中庶子回答："还没有。"扁鹊说："请你告诉国君，说齐国渤海的秦越人来了，没顾得上瞻仰大王的神采很遗憾。听说太子死了，我能让他活过来。"中庶子说："先生该不是蒙骗我们吧？你凭什么说能让太子活过来呢？我听说上古的时候，有一位名医叫俞跗，治病不用汤药酒剂、石针导引、按摩药熨，一看就知道是哪里有病，先生要是能有这样的医术，那太子就可复活；要是做不到，那就连刚出生的婴儿都欺骗不了！"扁鹊闻言没有惊慌，坚定地说道："您说的那些治疗方法

扁鹊行医画像石

不过是一小部分而已，我的方法和他的不同。我不用切脉理，看气色，听声音，看形态，就能说出是什么病症。根据疾病的外在表现就能推断内在的原因，反过来通过疾病内在的原因同样可以知道表现什么样的症状。人要是生了病，从外表上就能看出来，根据这个就能诊断千里之外的病人。我的方法有很多，不能单看一方面就下结论。您如果不信我说的话，可以进去看看太子，您就会听到太子的耳朵有鸣响，看到他的鼻子微微在动，摸摸他的两腿会感觉有点温热。"

中庶子听得目瞪口呆，半天才回过神来。随后中庶子马上就去报告虢君，说神医扁鹊来了。虢君听说扁鹊的神奇医术后大吃一惊，连忙接见他。虢君见到扁鹊说道："先生的崇高品德我早就听说了，只是一直没有机会见您。如今先生经过我们这个小国，真是万分的荣幸！请先生救救太子吧！您来了，太子就有救了！"话没说完，虢君就已经泣不成声了。扁鹊说："大王不要太悲伤，我能让太子复活。太子这样的病，是一种名字叫'尸蹶'的病，虽然看上去像死了一样，实际上并没有死。这些症状都是因为身体内部气血混乱不畅造成的，只是一时突然发作。医术精良的医生能治好这种病，而那些医术拙劣的医生因为不明白病理常常使病人处于危险的境地。"然后，扁鹊吩咐他的弟子磨针，并把磨制好的针插在太子身体的相应穴位，过了一会儿，太子果然苏醒过来了。随后，扁鹊又让弟子煎煮药熨和药剂，放在太子的两肋下熨治，片刻工夫，太子竟然能够坐起来了。最后，扁鹊又调制了平衡阴阳的汤药叫太子喝，太子只喝了12天就完全康复了。所有的人都无不称赞地说："先生真是了不起的神医啊！真是妙手回春！"扁鹊说："我并不能使死人复活，其实太子根本就没有死，我只是帮助他起来而已。"

扁鹊的美名传扬天下。他经过邯郸，听说那里对妇女特别尊重，就当妇科医生；经过洛阳，听说洛阳敬爱老人，他就做治疗耳、鼻、目疾病的医生；到了咸阳，知道秦国人爱护小孩，就当小儿科的医生。扁鹊每到一个地方，就随着那个地方的风俗习惯而改变自己的医治范围，灵活处理各类病情，真是无所不能。妇女、老人及孩子都十分敬佩他，常常夸赞他，各个地方的人们都以神医扁鹊的到来而感到荣幸。后来，秦国的太医令李醯看到扁鹊名扬天下，知道自己的医术不如扁鹊，心里很是忌妒，就派人刺杀了他。

太仓公答疑难病症

太仓公姓淳于,名意,临淄人。太仓公年轻的时候喜欢医术,曾经向公乘阳庆专门学习过。阳庆已经70岁了,没有儿子,就把自己的秘方传给了淳于意,还传授给他黄帝、扁鹊的脉书,教给他怎样通过观察人的面部颜色来判断病情,怎样医治疑难病症。

皇上下诏书问太仓公:"您都有哪方面的专长?是在哪里学到的医术?都看过什么样的病?病人用药后怎么样?"

太仓公回答:"我年轻时就喜欢医术,跟公乘阳庆学习过,他教给我很多治病的方法,给了我一些脉书,又给我讲了很多药理。公乘阳庆很看中我,就把秘方传给了我。我跟着他学习了3年,《脉书》《上经》《下经》《药论》等理论方法我都很精通了,我给病人下药一般情况都很准确。"

皇上说:"那你详细说一说你是怎么给病人诊断的?"

于是太仓公详细地讲述了他在齐国的诊断情况。

"齐国有个名叫成的御史说自己头疼,我给他诊脉,之后告诉他病情严重。出来后,我对成的弟弟说,他得的是疽病,发生在肠胃中,不久就会死去。成的病是由于酒后纵欲所致,因为我在切脉时,感觉出他的肝脏有病,而从外表上是看不出来的。脉象上说,脉长像弓弦一样挺直,不能随四季的变化而更替,这说明肝脏有病。脉长而硬但均匀,是肝的经脉有病,要是一会儿紧一会儿慢躁动有力,就是肝的脉络有病。这种病是因为酒色过度造成的。

"齐王二儿子的男孩生病,心烦气躁,不想吃饭,还经常呕吐唾沫。我切脉之后告诉他们说,这是气膈病。这种病是因为心情过度忧郁而起食。我给他开了下气汤服用,喝了一天,膈气消除,两天后就能吃东西,三天就完全好了。

"齐国有个中御府长生病了,我诊断后告诉他说,这是热病。这个病暑热多汗,脉有些弱,但不妨大碍。由于平常不注意气温的变化,常常忽冷忽热,受凉所导致的。中御府长说他在冬天时曾出使楚国,走到阳周边时,马一下受了惊,连人带马一起跌进了水里。等官吏把他拉上来后,他浑身上下都湿透了,然后就感到身上一会儿冷一会儿热,像着了火一样,直到现在还怕冷。于是我就给他开了液汤火剂退热,服了一剂就不出汗了,服第二剂热退了，等服了三剂病就完全好了，20天后，身体完全恢复。

"另外，我还给很多人诊治过一些疑难杂症，病情很多，有的也很复杂，我大多都已记不起来了。"

皇上又问："你看的病有很多病名都相同，可是诊断的结果却不同，这是什么原因呢？"

太仓公说："病名基本上差不多，不能分辨，因此古人创制了脉法，以脉法来确立诊断的标准，依照规则，判断人的阴阳情况，区分人的脉象，与自然变化相适应做参考，这样才能把各类疾病区分开，使它们的名称各不相同。医术高明的人能够很快地做出判断，而平庸的医生往往将它们混淆。但是脉法也不是全部应验的，不同的病人要用不同的切脉方法，才能区分相同名称的疾病，看出是哪个部位生病。我跟着阳庆学习，把诊治过的病人都详细地记录下来，然后根据记录的病症的情况去验证脉法是否符合，经过反复验证，现在对各种疾病的情况都很清楚了。"

皇上说："当你知道病人的一切情况后开药方时，有没有诸侯、大臣向您请教的呢？当初齐文王生病时，没去找你看，为什么？"

太仓公回答："赵王、胶西王、济南王、吴王都曾派人来叫我看，我不敢去。齐文王生病时，我担心官吏让我去当侍医而受拘束，所以我就到处行医游学，拜师求教，学会了很多理论知识和本领。"

皇上接着问道："你知道齐文王生病不起的原因吗？"

太仓公说："我没有看到齐文王的病情，可是我听说齐文王常常气喘、头痛，而且视力很差。我认为这根本不是病。这是因为身体肥胖，蓄积了太多的精气，又不经常活动，骨头无力支撑，所以才气喘，用不着治疗。脉法上说，人在20岁时，血脉正旺盛，应该多运动，30岁应该多快步走，40岁就应当安静地坐着，50岁需

淳于意像

要多睡觉休息，60岁以上就该养元气了。齐文王还不满20岁，正是血脉旺盛的时候，却每天懒于走动，不顺应生长规律。我听说有的医生用灸法治疗，这是不行的，不但不会好转，反而会加重病情。对于这种形气都很足的情况，应该调和饮食，在晴朗的天气里出去散步或驾车游玩，这样才可以开阔心胸，调和筋骨、肌肉、血脉，疏通体内郁积的旺气。"

皇上最后问他："你在给别人看病时就完全没有失误过吗？"

太仓公说："我给病人看病，先要切他的脉，然后再推断是什么情形，根据脉象分析病情，最后下药方。脉象衰败反常的不可以诊治，脉象和病情一致的才能医治。如果不能精心切脉，就掌握不准病情，所以我也不能保证完全没有失误。"

吴王濞列传

吴王刘濞得势

汉初，天下统一，人心思定，已成大势所趋。刘濞却野心勃勃，他凭借山海之利，苦心经营30多年，最后打着"清君侧"的旗号发动了叛乱。结果，他错误估计了形势，短短的几个月，叛乱集团土崩瓦解，刘濞本人也最终落得众叛亲离、身死国削的下场。

吴王刘濞是汉高祖的哥哥刘仲的儿子。高祖平定天下7年以后，刘仲被立为代王。后来匈奴攻打代国，刘仲防守失利，就扔下封国逃跑了。刘仲一路逃到了洛阳，向高祖主动承认错误，高祖看在他是自己的哥哥的面子上不忍心用法律惩罚他，就把他贬为郃阳侯。

高祖十一年秋，淮南王英布发动叛乱，向东吞并了荆地，夺取了那里侯国的军队，向西渡过了淮河，攻打楚国，高祖亲自率兵与他迎战。刘仲的儿子沛侯刘濞当时只有20岁，身体却非常健壮，力大无比，跟随高祖在蕲县以西的会甑地区打败了英布的军队。高祖觉得吴地、会稽地方的人很难管理，大多数人都轻浮而且好打架，得有一个年富力强的首领来统领他们。自己的儿子年龄还太小，他就封刘濞在沛地做吴王，管辖着3个郡53个县。有一天，高祖召见刘濞，给他看面相，之后高祖对刘濞说："你的脸上带有反叛的面相。"高祖让刘濞当王有些后悔，但是已经不能改动了，就告诫他说："传说汉朝建立后50年内在东南方将会出现叛乱的人，难道就是你？可是天下同姓为一家人，你可千万不要有什么反叛的念头呀！"刘濞回答："我哪里敢啊！"

惠帝、吕后时期，那时天下刚刚安定，各郡国的诸侯王都在一心地管理着自己国的百姓。吴国有豫章郡的铜矿山，刘濞就招集一些人来铸钱，煮海水制盐，这使得国家的财政很富足。

文帝当政的时候，吴王太子进京朝见。吴王太子闲着的时候陪着皇太子喝酒、玩博戏。由于吴王太子的老师是楚地人，性格粗野骄横、轻浮强悍，在他的影响下，吴王太子平日里也是不讲礼法、狂傲专横。他们两人在博戏中争夺博局上的通道，你我互不相让，吴王太子在皇太子面前一点都不恭敬。皇太子被惹怒了，迅速抄起桌子上的博戏的台盘朝吴王太子投了过去，吴王太子来不及防备，被重重地打倒在地。皇太子把吴王太子杀死了，并且把尸体运回了吴国。吴王气愤地说："天下同姓是一家，为什么要把尸体运回来！"吴王又把尸体运回了长安。从此吴王逐渐抛弃了作为封国王侯的礼仪，也常常以生病为借口不去参加朝会。等到朝廷派人来查，知道吴王根本就没生病，就命令吴国使者去朝见，吴国使者到了朝廷，就被朝廷关押了起来，等待治罪。吴王心里也感到害怕，于是想要谋反的念头越来越强烈了。

后来吴王派人代替自己去参加朝会，文帝又责问吴国使者："为什么吴王不亲自来朝见？"吴国使者回答："大王确实没有生病，只是因为朝廷关押了一些使者，又治了罪，大王才假装生病。大王刚装病，就被朝廷发觉了，朝廷追查得又那样紧，所以大王就越想躲藏，是害怕皇上诛杀他。实在是没有办法才谎称生病呀！希望皇上不要再追究，给大王一个改过自新的机会。"文帝听后就赦免了吴王的使者，让他们回去，并且赏赐吴王几案和拐杖，还嘱咐他年龄大了可以不用参加朝会。

吴王得以解除了自己的罪过，也就逐渐放弃了谋反的念头。吴国盛产铜和盐，国家富庶，百姓不用缴纳赋税。有士兵去服役，总是发给代役金。每到节日，吴王就拜访看望一些贤能人士，还把一些物品赏赐给平民。其他郡国的官吏想到吴国来捉拿逃亡的罪犯，吴王就收容罪犯，不把他们交给官吏。这样的生活一直持续了40多年。

七国之乱

胶西国的群臣听说大王和吴王结了盟约,想要联合谋反,连忙劝说胶西王:"拥戴皇帝是臣子最大的快乐。大王和吴王要是向西发兵,即使取得了成功,两个君主也会互相争权夺利,那样就会引起新的内乱。诸侯的土地不足朝廷各郡的十分之二,背叛了朝廷也会让太后忧虑的,这不是好的计策。"可是胶西王不听劝,依然按盟约行事,派使者邀请齐王、胶东王、济南王、济北王等,他们也都同意了这个计谋。

诸侯受到削减封地的处罚后感到很恐慌,很多人都对晁错怀恨在心。等到吴会稽郡、豫章郡等地被削减的文书一到,吴王便首先起兵,杀掉了朝廷很多官吏。而胶东王、菑川王、济南王、楚王、赵王也一起向西进军。

齐王后来反悔了,于是服毒自杀,违背了盟约。济北王的城墙被毁坏还未修好,而济北王又让他的郎中令劫持看守,不能发兵。于是胶西王作为首领同胶东王、菑川王、济南王一起进攻。赵王刘遂也参与了反叛,并且暗中派使者前往匈奴和他们的军队联合。

七国发动叛乱的时候,吴王要征兵,就向全国下令:"我已经62岁了,还当着军中统帅,我的小儿子14岁,也在战场上作战。那些上和我一样大的人,下和我的小儿子一样大的人全部都要出征。"这样吴王征得了20多万人来征讨朝廷。

景帝时,吴王在广陵起兵,向西渡过淮水,合并楚国军队。他派使者给各诸侯送信,"吴王刘濞恭敬地问候胶西王、胶东王、济南王、赵王、楚王、淮南王、衡山王、庐江王、原长沙王的儿子:

"如今朝廷有奸臣,皇上被迷惑下令侵夺诸侯封地,派官吏抓捕诸侯,完全不以诸侯王君主的礼仪对待刘氏骨肉至亲,更没有德行和善心,他只会任用奸臣,扰乱天下,危害国家。皇上又多病,没有太多精力查办。所以我想动兵除掉奸臣,在这里想听听各位诸侯王的意见。我国虽然狭小,土地纵横3000里;人口虽少,但精兵强将很多,已经有50万人,另外我在南越住了30多年,他们的君主也答应派军来跟随我,这样又可以增加30多万人。

"我虽然没有什么才能,但希望能和各位诸侯王一起帮助皇上,各位诸侯王想保存国家,扶弱锄强,来巩固刘氏宗室,这才是国家的希望。我国虽贫穷，但是可以努力节省衣食的费用，积蓄金钱，修理兵器，囤积粮食，这样已经持续了30多年。这些都是为了今日这个目的，希望各位诸侯王积极利用这些条件。另外，我国奖惩制度也非常分明。杀掉、俘获大将军者，赏黄金五千斤，封邑一万户；杀掉、俘获将军者，赏黄金三千斤，封邑五千户；杀掉、俘获两千石官员者，赏黄金一千斤，封邑一千户；俘获一千石官员者，赏黄金五百斤，封邑五百户，可以封为列侯。那些带着军队或城邑来投降的人，达到一万的就可以当大将；达到五千可以当将军；三千可当副将；一千可以当两千石的官员；一些小的官吏可以根据不同职位封爵赏金。其他的封赏都比汉朝的军法规定多一倍。这样，原来那些有封爵城邑的人只会增加，不会减少。希望各位诸侯王清楚地报告给士大夫，我说的都是实话，不敢欺骗他们。我的钱财全国到处都有，不一定只在吴国取用，各位诸侯王日夜也用不完。应该赏赐的人就通知我，我会亲自送给他。今日我恭敬地把这些话传达给各位诸侯王，请仔细考虑。"

魏其武安侯列传

魏其侯窦婴

魏其侯窦婴是文帝窦皇后堂兄的儿子。他从小性格直爽，有器量，喜欢结交朋友。文帝时，窦婴做吴国的国相，后来因为身体不好被免职。景帝时，他又出任詹事。

梁孝王是景帝的弟弟，很受母亲窦太后的宠爱。有一次，梁孝王进京朝见，随后以亲兄弟的身份与景帝一起喝酒。这时景帝还没有立太子，两人喝酒喝得正在兴头上，景帝就随便说了句："等以后我想让梁王继承皇位。"

太后听了非常高兴。而窦婴当时也在场，于是他端起酒杯向景帝敬了一杯酒，然后说道："想当初是高祖打下来的天下，父子相传，这是汉朝的规定，皇上怎么能擅自把皇位传给梁王呢？"太后一听，心里很不满意，从此憎恨起窦婴来。渐渐地窦婴也觉得自己的官位低，于是装病辞职。太后借此机会，除去了他出入宫门的名籍，不让他参加春秋两季的朝会，不喜见他。

景帝三年，吴、楚等七国反叛。景帝对整个的宗室和外家窦氏子弟的人

进行逐一考查，发现这些人当中没有一个人能比得上窦婴的贤能。景帝召见窦婴，想把重任交给他。可是窦婴并没有答应，他进宫拜见景帝，坚决推辞官位，说："请皇上恕罪，臣身体不便，恐怕不能胜任这个重要的职位。"景帝不高兴，严厉地说道："现在天下正有急难，你难道眼看着不管吗？"于是任命窦婴为大将军，又赐给他黄金一千斤。后来，窦婴又把袁盎、栾布等名将贤士推荐给景帝。

窦婴不爱钱财。皇上赏赐给他的黄金，他就放在廊檐下面，要是有小官经过，窦婴就让他们根据需要拿去使用。而窦婴自己却没拿过一点黄金回家。

窦婴驻守在荥阳，监督讨伐齐、赵的军队。后来七国军队全部失败后，景帝论功行赏，封窦婴为魏其侯。随后那些游士、食客都争着来投奔魏其侯。每次上朝议论国家大事，除了条侯，其他列侯都不敢和魏其侯平起平坐。

景帝四年（公元前153年），立栗太子，魏其侯被任命为太子的老师。到了景帝七年（公元前150年），栗太子被废除，魏其侯劝说了几次都无济于事，后来索性就借口生病，隐居在蓝田县南山下。这样过了好几个月，其间有很多宾客来劝说他回朝廷，可是没有用。

有一个梁地人，名叫高遂，劝魏其侯说："能够使将军富贵的是皇上，能够亲信将军的人是太后，如今将军是太子的老师，太子被废除却不能力争，即使力争了也没有什么效果。将军自己倒是找了个托词隐居起来，悠闲自得，不肯入朝。这样看来，其实您是在表明自己而张扬皇上的过错啊！要是皇上和太后真要整治您，那将军的妻子还有孩子一个都逃不了啊！"魏其侯想了想，说："还是你说得对。"于是，魏其侯不再隐居度日，还像以前那样按时参加朝见。

桃侯刘舍被免除丞相的职位后，窦太后就向景帝推荐魏其侯。景帝说："太后是不是以为我舍不得，而不让魏其侯当丞相？我是觉得他这个人有点骄傲自大，办事又轻率，不认真考虑就鲁莽行事，怎么敢委以重任呢？实在是难以担当丞相一职呀！"于是景帝没有任用魏其侯，而是任用了建陵侯卫绾做丞相。

武安侯田蚡

武安侯田蚡是景帝皇后同母异父的弟弟，出生于长陵。魏其侯当了大将军以后,声名十分显赫。那时田蚡还只是一个郎官,并不怎么显贵,常常来窦婴家陪同喝酒吃饭,像一个晚辈一样跪拜。到了景帝晚年时期,田蚡越来越得宠,地位也明显上升,当上了太中大夫。田蚡的口才好,能言善辩,看过很多书,王太后认为他很有贤德和才能。后来王太后执政,所采取的镇压、安抚等手段,都是由田蚡的宾客谋划的。田蚡的弟弟田胜也因为是王太后的弟弟而官运亨通。景帝后元三年(公元前141年),田蚡被封为武安侯,田胜被封为周阳侯。

武安侯田蚡很想当丞相,他在对待宾客上表现得特别恭敬有礼,还把那些闲居在家的贤能人士向皇上推荐,他用这种办法是想压倒魏其侯和其他大臣。建元元年(公元前140年),丞相卫绾被免了职。武帝想要另任丞相和太尉。这时,籍福劝说田蚡道:"魏其侯显贵已经很长时间了,如今有很多人都投靠了他,现在将军刚刚发达,还比不上魏其侯,如果皇上要让您当丞相,您一定要把这个丞相的位置让给魏其侯,魏其侯当了丞相,您就一定是太尉了。太尉和丞相同样尊贵,而您还能落个让贤的好名声。"武安侯想了想,觉得有道理,就把这个意思委婉地告诉了王太后,王太后向皇上转达后,武帝就任命魏其侯为丞相,任武安侯为太尉。籍福去向魏其侯表示祝贺,同时告诫他说:"您一直都是喜欢好人,憎恶坏人,好人都支持您,所以您当上了丞相。但是您又对坏人恨之入骨,坏人是很多的,也将会毁掉您。但要是您能够一起容纳好人和坏人,那么丞相的位置就能保持长久,如果您做不到这一点,就可能有坏人从中诬蔑您,说您的坏话,到时候丞相的宝座可就不保了!"魏其侯不听劝,很不以为然地说:"没有人能把

帛画　西汉

我怎么样的。"

魏其侯和武安侯都喜欢儒家学说，就推荐赵绾任御史大夫，王臧任郎中令。魏其侯和武安侯还请来了鲁国的申公，想要设置明堂，命令列侯们回到自己的封地去，废除关禁制度和按照古代礼仪来制定各种服饰的制度，以此来兴起清明太平的政治。魏其侯检举了很多窦氏子弟和皇家宗室中品行恶劣的人，开除了这些人的族籍。当时窦太后和王太后自己家里的一些子弟都是列侯，其中很多列侯都娶公主为妻，不想回自己的封国，这样说魏其侯的坏话的人就越来越多，直到传入窦太后耳中。窦太后爱好黄老学说，而魏其侯和武安侯还有赵绾等人喜欢儒家学说，排斥道家言论，因此窦太后更加对魏其侯和武安侯不满意。御史大夫赵绾向皇上请示说以后不要把国家政事报告给窦太后，窦太后更生气了，就免了赵绾等人的职，把他们赶走了。接着窦太后又免了魏其侯和武安侯的丞相、太尉的职位，改任柏至侯许昌为丞相，武强侯庄青翟为御史大夫。从此魏其侯和武安侯就以侯爵的身份闲居度日。武安侯虽然不是太尉了，但因为有王太后在，所以还很受宠信。武安侯每次与皇上商量国家大事，皇上都愿意听从。原先站在魏其侯这边的官吏和士大夫们如今都投向了武安侯，武安侯变得越来越骄横傲慢。

建元六年（公元前135年），窦太后去世，丞相许昌、御史大夫庄青翟被免官，武安侯终于当上了丞相，而御史大夫由大司农韩安国担任。士人、郡守还有诸侯们更加攀附武安侯。武安侯生来身材矮小，其貌不扬，但出身高贵。他认为各诸侯王当中有很多年龄已经大了，而武帝又刚刚登基，年龄还很轻，自己依靠皇亲的关系当上了丞相，如果不趁早杀掉他们的威风，用礼法来让他们服从，国家就不会稳定。那时，田蚡进宫向皇上奏事，一谈就是半天，田蚡的进言武帝都听从，他推荐的人有的能从闲居之人一下升成两千石级的官员。就这样，田蚡渐渐地从武帝手中夺得了大权，欲望也越来越大。有一次，武帝实在是看不下去了，对田蚡大喊道："你任命官吏还要到什么时候？我还要委任官吏呢！"还有更严重的，田蚡想把考工官署的土地划分给自己用来扩建住宅，就向皇上报告了这件事，武帝大怒，说："你干脆把整个武器库都拿走吧！"田蚡这才稍稍收敛了点。

武安侯田蚡一生骄奢淫逸，他修建的住宅比所有贵族的府第都好，田地庄园又宽阔又肥沃，派到各郡县采购器具物产的人来往不断。田蚡住宅内十分豪华，前庭摆着钟鼓，竖着长旗，后屋内美女如云。另外，各地诸侯来往所奉送的金玉、狗马和其他玩物都堆积如山，数也数不过来。

豪横的灌夫

魏其侯不再受窦太后的宠信后，与武帝的关系也疏远了，直到不被任用。因为没有了权势，原来围在他身边转的宾客士人们渐渐地远离了他，对待他也不像从前那样恭敬了，甚至开始轻视他。而这些人当中有一个名叫灌夫的将军却还像以前那样对待魏其侯，一点都没有别的心思，魏其侯每天闷闷不乐，但对灌夫特别好。

将军灌夫是颍阴人。他的父亲叫张孟，原来是颍阴侯灌婴的家臣，很受重用，灌婴就推荐他当上了2000石级的官员，因此张孟就用了灌家的姓，改叫灌孟。当年吴、楚反叛，灌夫带领1000人和他父亲灌孟一起出征。灌孟年龄已很大了，颍阴侯却向太尉说让他当校尉，灌孟不高兴，打仗的时候故意冲击敌军的坚固阵地，最后牺牲在吴军的战场上。灌夫在战场上与敌人奋力拼搏，英勇杀敌，他激昂地大喊道："我要亲手杀了吴王！把吴国将军的头砍掉，为父报仇！"只见灌夫身披铠甲，手拿战矛，召集了一些平常和自己要好的愿意跟随自己一起作战的勇士共几十人，准备与敌军拼杀。然而等到走出军营，面对眼前浩浩荡荡的军队，很多人都害怕了，不敢迎上前去。只有两个跟灌夫最好的勇士和发配在灌夫部下服军役的十几名囚徒冲入了敌军当中，他们冲到吴军的战旗下杀了几十人后，不能再向前了，只好骑马跑回来。回到汉军军营，只剩下灌夫和一名士兵了。灌夫身上多处受伤，经过涂药才慢慢地好转了。灌夫的身体刚刚恢复一点，就马上请求将军灌何说："我现在对吴军营地的路径已经很熟悉了，就让我再出兵去攻打他们！我的身体已经完全好了！"灌何觉得他很勇敢又有义气，但还是不放心，就向太尉报告，太尉坚决不同意，阻止灌夫上战场。后来吴军被打败了，灌夫也因勇猛有义气而名扬天下。

颍阴侯在文帝面前夸赞灌夫的行为，文帝就任命灌夫为中郎将。景帝时期，灌夫又当了代国国相，后来又任淮阳太守。建元元年，武帝调灌夫担任太仆。有一次，灌夫和长乐宫的卫尉窦甫在一起喝酒，灌夫喝醉后，打了窦甫。窦甫是窦太后的弟弟，武帝害怕太后生气会杀掉灌夫，就把灌夫调到燕

国做国相。几年后,灌夫因为犯法而被免职,在长安家中闲居。

灌夫性格刚强豪爽,喜欢喝酒,好发酒兴,不喜欢阿谀奉承。对那些地位比自己高又有权势的皇亲,要是不想对他们恭敬有礼,就一定要用讥讽的话来骂他们;而对于那些地位比自己低的人就不一样了,越是贫困低贱的就越是尊敬他们,平等地对待他们。灌夫还经常在众人面前夸奖年轻人,很多士人也都称颂灌夫很有眼力。灌夫不喜欢文学,喜欢行侠仗义,而且诚实守信,只要是答应别人的事就一定要办到。他的朋友们都是一些豪强恶霸,灌夫家里非常有钱,黄金就有几千万斤,每天招待的客人达几十人甚至上百人。对于山林、水池、田地等财产,灌夫的宗族宾客更是争夺得十分激烈,他们在颍川一带横行霸道,很是嚣张。

李将军列传

百战成名将

李将军名叫李广,是陇西郡成纪县人。他的先祖李信是秦朝的将军,曾经追捕过燕国太子丹。李广是将门的后代,他家世代传习箭术。

文帝十四年(公元前166年),匈奴入侵萧关,李广以良家子弟的身份跟随军队抗击匈奴。李广善于骑马射箭,以一当十,百发百中,杀了很多敌人,很快升成了中郎。后来,李广跟随孝文帝一起出行,孝文帝看他无论是在战场上冲锋陷阵抗击敌人,还是在野外搏杀猛兽,都表现得十分勇猛。孝文帝就对李广说:"可惜将军生不逢时啊!你要是生在高帝的时候,早就是万户侯了!"

景帝时期,李广担任陇西都尉,后又被调为骑郎将。吴、楚反叛的时候,李广担任骁骑都尉,跟随太尉周亚夫攻打叛军。他在昌邑城下夺取了敌军的战旗,从此名声大了起来。后来,李广又当了上谷太守,和匈奴天天打仗。典属国公孙昆邪对景帝说:"李广论才能论气势,天下没有第二个人能比,他凭着自己一身赤胆和勇气场场和敌军硬拼到底,我担心会有什么闪失。"景帝想了想,觉得有道理,就让李广改任上郡太守。

匈奴又来侵扰上郡了,景帝派一名宦官跟着李广学习军事本领,抗击匈奴。宦官带着几十名骑兵在战场上纵马奔跑，发现了三个匈奴人，就立即追击他们。三个匈奴人趁宦官不备回身射箭，宦官中箭倒在了地上，他的骑兵也被匈奴人给杀光了。后来宦官逃回了李广那里，对他抱怨说："也不知那三个匈奴人是什么人，怎么那么厉害！我带了几十名骑兵追杀过去，却没想到中了他们的箭！看来我还得继续学习！"李广说："那三个人一定是匈奴中射雕的人。"说完，就立刻带了一百名骑兵去追赶那三个匈奴人。那三个匈奴人没有

李广像　白描　王云古

马，步行走了几十里。李广很快就追上他们，然后吩咐手下骑兵左右分开两路把他们包围起来，自己要亲自射杀这三个人。最后有两人被射死，一人被俘虏。李广一问，他们三个果然是匈奴中射雕的人。李广刚要把俘虏捆绑起来上马准备带回去，却远远望见几千名匈奴骑兵正朝自己奔来。匈奴骑兵看见了李广，以为是诱敌的骑兵，都吃了一惊，迅速上山摆开了阵势。李广的一百名骑兵见状都非常惊慌，想骑马往回跑。李广说："我们距离大部队几十里远，如果逃跑，匈奴一定会追赶，到时候谁也跑不掉！如果我们不跑，匈奴一定认为我们是被派来诱敌的，就不敢打我们了。"说完下令道："前进！"骑兵们冲到离匈奴的阵地还有2里远的地方后停了下来，李广又命令道："所有人都下马解下马鞍！"士兵们不解地说："我们人少，敌军多，他们离我们这么近，要是有危险，怎么办？"李广说："敌军以为我们会逃跑，我们把马鞍解下来，他们就会认为我们是在诱敌了。"匈奴骑兵见到如此情景，果然迟疑不决，不敢进攻。等到第二天早晨，李广才率军回到大军营中。

　　汉武帝时期，大臣们都认为李广是有名的将领，武帝就把他由上郡太守调为未央宫的卫尉，让程不识做长乐宫的卫尉。李广和程不识以前都率领军队屯守驻防。攻打匈奴的时候，李广的部队没有队列和阵势，喜欢驻扎在水草丰富的地方，筑营停宿，非常便利，晚上也不用担心。李广一向严密防

范，远处也安排好哨兵站岗，所以从来没遇到过危险。而程不识对队伍的组合、行军的队列还有驻军的阵势等要求都非常严格。夜晚需要有人防守，军吏每天整理文书忙到天亮，士兵也得不到很好的休息，但是也没有遇见什么危险。程不识常常说："李广治军最简单，可是假如敌军一下来个突袭，他们就无法阻挡了，他们的士兵们都很安逸快乐，都争着为将军效劳。我的军队虽然军务上有些繁杂，士兵们看上去有些疲惫，但是敌军也不敢轻举妄动。"那时李广和程不识都是汉朝的名将，然而匈奴更害怕李广，士兵们也都喜欢跟随李广。

汉之飞将军

"汉朝飞将军"是匈奴给李广的称号。李广驻守右北平时，匈奴很怕他，躲避他有好几年，不敢入侵右北平。当年在马邑大战中，汉军在山下设下了伏兵，李广当时任骁骑将军，匈奴发现了汉军的计谋迅速撤退，后来李广又从卫尉任为将军，从雁门攻打匈奴。由于匈奴兵多力强，李广战败并被匈奴军活捉。单于早就听说李广很有才能，所以他向手下人下令道："一定要活捉李广！"但是在途中李广逃脱了。李广回到了京城后，朝廷因为他在战争中损失太大，又被匈奴活捉了，本应处决，但到最后李广用钱赎罪，沦为平民，从此闲居在家。

有一次，李广和随从一起到田间去与人喝酒。回来时路过灞陵亭，当时灞陵尉喝多了，硬是不让李广通过。李广的随从说道："你睁大眼好好看看，这是前任李将军！"亭尉说："现在的将军都不能晚上通行，别说是前任的了！"亭尉阻拦着李广，说什么也不放过，没办法李广和

李广射石图（局部） 清 任颐
唐代诗人卢纶诗："林暗草惊风，将军夜引弓。平明寻白羽，没在石棱中。"即讲李广射石这件事，极力称赞李将军的神勇和高超箭术。

随从只好停宿在灞陵亭。后来，武帝任命李广为右北平太守，李广请求要和灞陵尉一起去赴任，然而等到了军中，李广就把他给杀了。

李广身材高大，两条手臂像猿一样长，天生喜欢射箭。有一次，他出去打猎，猛然看见草丛中有块大石头，以为是老虎，于是拔箭向它射去，箭头射了进去，"老虎"却没动，李广仔细一看，原来是块大石头。当然他也射过真的老虎。李广口齿呆笨，平常很少说话，与别人在一起消遣的时候，就在地上用手指画兵阵，然后用箭射，根据箭的疏密来判断输赢，输了的人就罚酒。李广把射箭当作自己的乐趣，每天射箭就成了他生活中重要的一部分，因此箭术越来越高，百发百中。李广的子孙或者别的人向他学习射箭，都没有人能比得上他。在与敌军交战时，李广的箭可是立了大功。几十步之外的敌兵，他要不就不射，要射就一箭击中，从来没失过手。

李广为人宽厚仁慈，常常把得到的赏赐分给部下，和士兵们一起吃一起住。带兵打仗的时候，经常会遇到缺粮断水的情况，而这时如果在某处发现了水或食物，李广一定要让士兵们先喝，分食物，自己最后再喝，要是有一个人不肯喝水，那么李广也坚决不喝，士兵们不吃饭，他也不吃，真是有福同享，有难同当。所以士兵们都愿意跟随李广，愿意为他效劳。

元狩二年（公元前121年），李广以郎中令的身份带领四千名骑兵从右北平出塞，博望侯张骞带一万名骑兵也和他一起出征，兵分两路。队伍行了几百里，匈奴左贤王率军突然包围了李广，匈奴的军队有四万人，是李广军队的十倍，李广的士兵们见匈奴军阵容如此强大，都感到很害怕。这时李广示意儿子李敢向匈奴军出击，回来向李广报告说："匈奴军并不可怕，很轻松地就能打败他们。"士兵们这才放下心来。随后李广布下圆形阵势，面朝外。匈奴兵这时突然发起猛攻，箭如雨一般向汉军袭来，汉军奋力抵抗，激烈应战，利箭穿梭于兵阵之中。很快汉军的弓箭要用完了，士兵的损失也很大，其余的士兵开始惊慌起来。在这危急关头，李广下令让士兵们都拉满弓，但不要射出箭，自己则亲自用大黄弩弓射匈奴的副将，一连射倒了好几个。匈奴军见状都纷纷撤退了。已是黄昏，军吏士兵们个个都面无人色，然而李广却是神态自若，从容不迫，慢慢地整顿好了军队。军中上下无不夸赞李广的勇敢与镇定。第二天，张骞的部队赶到，匈奴才彻底退兵。

李广自刎

李广有一个堂弟叫李蔡，曾经和李广一起服侍过文帝。景帝的时候，李蔡的功劳已达到了两千石级的官位。武帝元朔五年，李蔡任轻车将军，跟随大将军卫青攻打匈奴右贤王立下了战功，被封为乐安侯。元狩二年，又做了丞相。李蔡的名声远远不如李广高，可是李蔡就能被封为列侯，官位达到三公的级别，而李广却得不到封爵和封地，做官也从来没超过九卿，李广为此很苦恼。于是他就找来星象家王朔，向他诉说心里的苦衷："自从汉朝攻打匈奴以来，我没有一次不参战的，可是校尉以下的军官论才能还不如中等人，却因为攻打匈奴有战功而被封侯，这样的人有几十个！我李广也不比谁差，却没有一点功劳，封爵、封地都没有我的份儿，这是为什么？难道我命中不该封侯吗？"王朔说："请将军仔细回想一下，以前有没有过遗恨的事？"李广想了想，说："当年我做陇西太守时，有一次羌人造反，我引诱他们投降，结果有800多人投降了，我就在一天之内把这些人全杀了。我骗了他们。我觉得这也许就是最大的遗恨了。"王朔说："是啊，没有比杀害已经投降的人更大的罪过了。这也就是将军封不了侯的原因。"

大将军卫青、骠骑将军霍去病大规模进攻匈奴，李广多次向武帝请求随行，过了很久武帝才同意让他做前将军。元狩四年（公元前119年），李广跟随卫青攻打匈奴。出边塞后，卫青自己率领精兵追击单于，命令李广和右将军的部队合并，从东路出发。东路的路径有些迂回绕远，而且大多地方都缺少水草，根本不能驻扎军队。李广请求道："我当的是前将军，可是大将军让我从东路出征，我一直都和匈奴交战，今天有幸碰上单于，就让我当一次前锋吧，我要和单于一决高下！"然而在此之前武帝早就告诉过卫青，李广年龄已大，不要让他和单于对敌。卫青想和当时正任中将军的公孙敖一起去对抗单于，就调开了李广。

李广知道了这件事，坚决请求大将军不要把他调开。可是大将军不听，命令长史写文书送到李广府里，让李广赶快到右将军的部队里，按照文书行事。李广没向大将军打招呼就出发了，愤愤不平地前往军部。他带着士兵和右将军赵食从东路出发，由于没有军队向导，队伍常常迷路，渐渐地落在了大将军的后面。大将军和单于交战，单于兵败而逃。随后大将军向南横越沙漠，在这里遇上了前将军李广、右将军。李广拜见了大将军后，就回到了部队中。大将军派人给李广拿去了食物和酒，顺便问问行军途中迷路的情况，说是向皇上报告这次出击的详细情况，李广没有回答。

大将军派长史让李广幕府的人去受审对质。李广说："校尉们没有罪，是我自己迷了路，就让我一个人来承担罪过吧。"到了李广幕府，李广对大家说："我李广一生和匈奴作战，大小战争有70多次，今天有幸能跟大将军一起和单于对战，可是又被大将军调往东路，不仅绕远，还时常迷路，这是天意啊！如今我已经60多岁了，实在是不能再受那些小人的侮辱了。"说完就拔刀自杀了。

卫将军骠骑将军列传

从奴隶到将军

大将军卫青是平阳县人，他的父亲郑季，是个小官，在平阳侯曹寿家中做事。郑季和平阳侯的小妾卫媪私通，生下了卫青。卫青还有一个同母姐姐卫子夫，在平阳公主家做歌女，很受皇帝宠爱，卫青也就随了卫姓。卫青在平阳侯家当仆人，小的时候回到他父亲那里，父亲让他放羊。他父亲前妻的儿子从来不把卫青当成亲人看待，对待他就像对待奴仆一样。有一次，卫青跟着别人来到了甘泉宫的居室，有一个戴着枷锁的犯人对卫青说："您是贵人，将来会做官封侯。"卫青笑了笑说："我是奴婢生的，每天能不挨打受骂就已经很满足了，怎么可能做官封侯呢？"

卫青长大后成为平阳侯家的骑兵，跟随平阳公主。武帝建元二年（公元前139年），卫青的姐姐卫子夫入选皇宫。皇后是景帝的姐姐长公主的女儿，至今还没有皇子。而卫子夫刚刚进宫，深得皇上喜爱，不久便有了身孕。长公主为此十分忌妒，然而又不敢招惹卫子夫，就往卫青身上撒气。长公主找了个借口把卫青逮捕了起来，想要杀掉他，公孙敖和卫青平日很友好，就和几个壮士把卫青救了出来，卫青这才保住了命。皇上知道了这件事就召见卫青，并任命他做建章监，加侍中官衔。卫青的同母兄弟们也都得到了赏赐，公孙敖也显贵起来，当了大中大夫。

元光五年，卫青当了车骑将军，讨伐匈奴，从上谷出兵。太仆公孙贺为轻车将军，由云中出兵；大中大夫公孙敖做骑将军，由代郡出兵；卫尉李广当骁骑将军，由雁门出兵；每军各有1万骑兵。卫青领兵到达茏城，斩杀敌人数百人。骑将军公孙敖损失7000名骑兵，卫尉李广被敌人俘获，后来逃脱而回。公孙敖和李广都被判死刑，他们交了赎金，免了死刑，成为平民。公孙贺也没有功劳。

元朔元年（公元前128年），卫子夫生了个男孩，被立为皇后。卫青当了车骑将军，从雁门出塞，带领3万名骑兵攻打匈奴，紧接着卫青又从云中出塞，向西一直到高阙，占领了河南一带，直打到陇西，杀掉、俘虏了几千名匈奴兵，得到了几十万头牲畜，打跑了白羊王和楼烦王。汉朝将河南一带设立为朔方郡。卫青取得了战果，皇上特意下诏书嘉奖："匈奴违背天理，不顺应民情，悖乱人伦，欺凌弱小，凭着自己的武力多次侵扰汉朝边境。汉朝要发动军队抵抗匈奴，来惩罚它的罪恶。车骑将军卫青率领部队渡黄河，直到高阙，平定了河南一带地区，在与敌军交战的过程中表现得十分勇猛，他斩杀了敌军几千人，缴获了很多战车、物资和牲畜财产，而汉军没有受到太大的损失。所以，特加封卫青为平安侯，另赏赐3000户。"

元朔五年（公元前124年），汉朝派卫青从高阙出塞攻打匈奴。匈奴右贤王率军抵御汉军，他认为汉军不可能到达那么远的地方，就放松了警惕，开始喝酒，喝得大醉。可是没想到，汉军当天晚上就到达了，汉军包围了右贤王，右贤王惊慌失措，连忙带着几百名精兵冲破包围圈向北逃跑了。汉军顺路追赶，最终没能追上右贤王，但这次战争汉军也收获不小，捉了1万多匈奴人、上千万头牲畜。等卫青带兵回到汉朝时，使者正手拿大将军的官

卫青墓　陕西茂陵西

印等待着他的到来!

卫青进宫拜见皇上。皇上说:"大将军卫青率军作战大胜,捉拿匈奴王有十几人,加封6000户作为奖赏。"而且要封卫青的儿子为侯。卫青坚决辞谢说:"我有幸取得大将军的称号,全托皇上的福,军队获胜全靠各位将军、校尉奋力作战,这是大家的功劳。皇上已经重赏了我,我的儿子年龄还小,没有立过功,怎么敢接受这么重的封赏呢?"皇上说:"各位将军按功劳大小自然要封赏。"便按等级分赏。

匈奴和汉朝的战争还是不断。卫青又几次出塞对抗匈奴。有一次,大将军卫青从定襄出兵。合骑侯公孙敖做中将军,太仆公孙贺为左将军,翕侯赵信为前将军,卫尉苏建做右将军,郎中令李广做后将军,左内史李沮做强弩将军。他们都隶属大将军,斩杀敌人几千人而回。一个多月后,他们又全都从定襄出兵攻打匈奴,杀敌1万多人。右将军苏建、前将军赵信的军队合为一军,共3000多骑兵,独遇匈奴单于的军队,同他们交战一天多的时间,汉军将要全军被歼。前将军赵信原本是匈奴人,投降汉朝被封为翕侯,如今看到军情危急,匈奴人又引诱他,于是他率领剩余的大约800骑兵,跑到单于那儿投降。右将军苏建也是全军覆没,最后他一个人逃了回来。大将军问大家:"苏建的罪该如何判呢?"周霸说:"大将军出征以来还没处治过副将,苏建扔下部队不管,应该杀了他以显示将军的威严。"这时有人反驳道:"不能杀,兵法上说:'小部队再拼死力战,也会被大部队所打败。'苏建用几千人去和匈奴的几万人拼,持续了整整一天,士兵们所剩无几,可他仍然没有叛逃的想法,还是回来了。如果把他杀掉,将士们会寒心的,以后战争再失败,就没有人再敢回朝廷了。因此不能杀掉他。"卫青说:"我托皇上的福当上了大将军,从来没考虑过威严的问题,显示威严很不合人臣的本意。即使我有权利斩杀有罪的将军,但是一向很受重用的大臣也不能擅自在国境之外诛杀,应该先报告皇上详细情况,再由皇上亲自决定怎么处治,这样也说明做臣子的不能专权。"大家都说:"好!"于是苏建被拘禁起来。而卫青带兵进入了关塞,停止动兵。

骠骑将军霍去病

霍去病是卫青的外甥,18岁当了皇帝的侍中。他善于骑马射箭,两次跟

霍去病像

随卫青出征,皇上下令要挑选一些壮士,卫青就让霍去病当校尉。霍去病打仗很勇猛,立下了很多战功。皇上下诏书封赏:"校尉霍去病斩杀敌人2028人,其中有相国,也有官员,活捉了单于的叔父,两次功劳在全军中都是第一,所以封霍去病为冠军侯。"卫青由于损失了两位将军,还让翕侯逃跑了,就没得到加封。

大将军卫青回到京城,皇上赏赐他千金。这时,王夫人正受到汉武帝的宠幸,宁乘就劝说卫青道:"将军之所以军功还不太多,自己却食邑万户,三个儿子都受封为侯的原因,只是因卫皇后的缘故。如今王夫人得幸,而她的同姓亲戚还没有富贵,希望将军捧着皇上赏赐的千金,去给王夫人的双亲祝寿。"于是大将军卫青就用500金给王夫人的双亲祝寿。武帝听到这消息,就问卫青这样做的原因,大将军卫青把事实报告了皇上,皇上就任命宁乘做东海都尉。张骞随从大将军出征,因为他曾经出使大夏,被扣留在匈奴很长时间,这次他为大军做向导,熟知有水草的好地方,因而使大军免于饥渴,再加上他以前出使遥远国家的功劳,武帝就封张骞为博望侯。

元狩二年,皇上任命霍去病为骠骑将军。他率领1万名骑兵从陇西出塞,转战6天,和匈奴相接,杀掉了折兰王和卢胡王,活捉了浑邪王的儿子,斩杀了敌军8000多人,霍去病因此又被加封。

后来,霍去病又和合骑侯公孙敖从北地出塞,博望侯张骞、郎中令李广从右北平出塞,合力攻打匈奴。李广带着4000骑兵首先到达,随后是张骞的部队有1万人。匈奴左贤王包围了李广,李广和匈奴交战了两天损失很大,而张骞的部队却来迟了一步,等他们赶到时匈奴已经撤退了。张骞因为行军滞留罪受到了处罚,沦为平民。骠骑将军霍去病深入匈奴腹地,在祁连山捕获了很多敌人。而这时公孙敖也因行军晚到没能与霍去病会合,犯了行军滞留罪,和张骞的下场一样。骠骑将军的部队个个都是精兵强将,马匹和武器也都十分精良,士兵们勇敢地深入敌人的境内与之搏斗,也许是上天有意帮助霍去病，骠骑将军的军队从未遇到过大的危险。而其他将军的兵力、武器就比不上骠骑将军的，行军总是落后，而且常常抱怨时机不好。从此，骠骑将军更加得到皇上的重用，地位也更加显贵，与大将军卫青不相上下。

浑邪王守卫在西方，多次被汉朝打败，单于非常生气，就想杀了他。浑邪王等人想投降汉朝，就派人先到边境上等候，汉朝使者知道后就回去向皇上报告。皇上担心他们是用诈降的手段来袭击边境，就命令骠骑将军去迎接。骠骑将军渡过了黄河，对面就是浑邪王的军队，双方相互观望。浑邪王的副将看到了汉军，有很多人不想投降就逃跑了。于是骠骑将军进入匈奴的军阵，和浑邪王相见，杀掉了想要逃跑的士兵，然后带着投降的士兵们回到朝中。皇上又大加封赏了骠骑将军。

过了不久，朝廷就把归降的匈奴人分别迁徙到边境五郡原先的边塞以外，但都在河南地区，并按照他们原有的习俗，作为汉王朝的属国。

元狩四年，大将军卫青、骠骑将军霍去病奉命攻打匈奴。凡是奋力作战、敢于杀入敌军内部的士兵都归到骠骑将军部下，从代郡出塞，而大将军卫青从定襄出塞。那时赵信给单于出的计谋是汉军越过沙漠，人和马都很疲惫，根本没有力气再应战，而匈奴来个出其不备，就会毫不费力地获胜。于是匈奴就在沙漠北边等候汉军。当时卫青的军队刚出塞1000多里，看到单于的军队在列阵等候，就命令士兵出击。两方开始激烈交战，当时又赶上大风天气，飞沙走石，吹得人都看不清对方。单于感到形势不利，就带着一些精兵冲出了汉军的包围逃跑了，汉军追了半天也没追上单于。而骠骑将军也率领5万骑兵准备进军，所带的物资和大将军的数量相等，但是没有副将。骠骑将军就任李敢等人为大校，充当副将，从代郡、右北平出塞，与匈奴左贤王军队相遇，斩杀的敌军比大将军的还多。

大将军和骠骑将军回到汉朝，皇上大加赞赏了骠

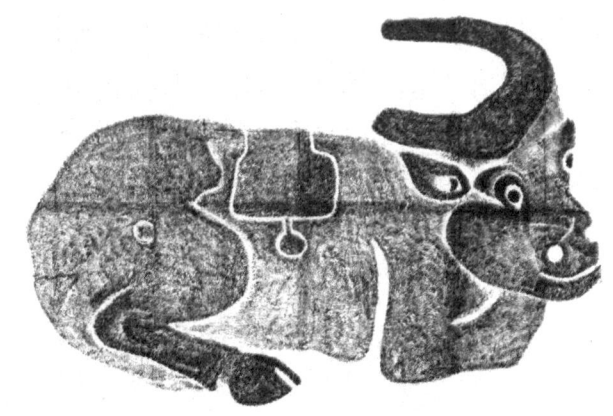

霍去病墓石刻卧牛拓片

骑将军,又加封了他。皇上还设定法令,让骠骑将军的官阶和俸禄与大将军卫青的相等。从此,大将军的权势越来越减退,而骠骑将军则越来越显贵,原来和大将军关系比较好的朋友门客也都疏远了大将军,来亲近骠骑将军。

骠骑将军平时少言寡语,不动声色,敢于行事,很有魄力。有人介绍给他看孙子和吴起的兵法,他说:"战争只看它用的是什么策略就行了,不必学古人的兵法。"皇上为他修建府院,让他去看,他回答:"匈奴还没有打退,先不必考虑家。"因此,汉武帝更加重视和欣赏他。但是骠骑将军也有缺点。因为他从少年时代就担任侍中,可以说一直显贵,所以在对待下属上就考虑得不是很周到。他不会体恤士兵,率军出征时,汉武帝派人送给他几十车食物作为军粮,可是等回来时车上还有不少剩余的米和肉,都被丢弃了,可在当时还有士兵正饿着肚子。在塞外打仗时,士兵们饿得无力应战,而骠骑将军却在一边玩游戏。

司马相如列传

文君当垆卖酒

汉朝的司马相如是蜀郡成都人,字长卿。他小的时候很喜欢读书,也喜欢练剑,父母就给他起名叫犬子。司马相如长大后,完成了学业,因为心里一直很仰慕蔺相如,便改名为司马相如。

司马相如早年很富有,他凭着这些钱当上了郎官,辅佐汉景帝,在皇帝身边当武骑常侍。可是他根本不喜欢这个官职。有一次,梁孝王来汉国朝见,跟他一起来的还有齐郡的邹阳、淮阴的枚乘、吴县的庄忌先生等,这些人都是读书人,平时显出一副很有学问的样子,而且常常高谈阔论。司马相如看到他们能言善辩,一下就喜欢上了他们,马上谎称自己有病辞去了官职,跟着梁孝王一行人去了梁国。

梁孝王把司马相如和许多读书人安排在了一起,于是司马相如就和这些儒生朝夕相处,形影不离,一起生活了好几年。司马相如受到儒生的影响,并且自己也酷爱读书,这些日子产生了许许多多的感受,就写下了著名的《子虚赋》。

后来梁孝王去世了,司马相如只好离开梁国回到自己家中,又因为在汉朝辞了官,家里越来越贫穷,因此心情很低落。他看到家中一贫如洗,又不会以买卖求生,自己也没有什么一技之长可以养活自己,一筹莫展。这时,他猛然想起了和他很要好的朋友王吉,王吉是临邛县的县令,曾经跟司马相如说过:"你长期在外游荡,到处交游求官很不容易,如果遇到什么不顺心的事就来找我。"司马相如顿时心里亮堂了一半,马上动身去城内拜访王吉。王吉见到司马相如也很高兴,对他十分恭敬,每天还不忘到他那里拜访。开始司马相如还以礼相待,渐渐地觉得麻烦,干脆说自己身体不便,谢绝了王吉的拜访。可是王吉还是一如既往地对待司马相如,甚至比以前还要谨慎恭敬。

临邛县富人很多,卓王孙家奴仆就有800人,程郑家也有几百人。他们两人商量着说:"听说县令家里来了贵客,我们应该准备酒宴招待他。"于是两人备下了酒席,请县令赴宴。县令到来时,已经有上百位客人在等候他了。到了中午,卓王孙派人去请司马相如,司马相如假称自己生病不能赴宴。王吉听说司马相如不来,自己也不能先吃,便马上起身亲自去请司马相如。司马相如见推辞不过,只好勉强答应。

酒宴上,大家都很钦佩司马相如的风采。酒兴正浓的时候,县令王吉来到司马相如面前,递上了一把琴,说道:"我听说长卿喜欢弹琴,今天大家难得聚在一起开怀畅饮,你就在此弹奏一曲,给大家助助兴!"司马相如推谢了一番,便随意弹奏了几首曲子。大家拍手叫绝。卓王孙有个女儿名叫

当垆卖酒

文君，刚刚守了寡，喜欢听音乐，刚才司马相如弹奏曲子的时候，卓文君就一直在门外偷听。司马相如知道后，就装作敬重县令，一首接一首地弹奏曲子，弹奏了好长时间也不停歇。当时所有人都静静地坐着，全神贯注地听着曲子，几乎忘记了喝酒。琴声婉转悠扬，情意绵绵，时而缓如水流，时而急如雨注，动人心弦，扣人心扉。卓文君站在门外完全被琴声陶醉了。而司马相如也仿佛忘记了周围的一切，完全沉浸在自己的琴声中，他在用美妙的音乐向卓文君传递自己的情意。卓文君偷偷地从门缝里向里屋望去，看到司马相如英俊潇洒，气质不凡，举止从容大方，心中的爱意油然而生。同时在她的脸上很快又浮过一层阴云，原来她怕自己新寡而配不上他。

酒宴结束了，司马相如回去后马上派人准备丰厚的礼物送给卓文君，向她表达了自己的深情厚谊。卓文君满心欢喜，连夜逃出了家门，来到了司马相如这里。卓王孙因女儿与人私奔，非常生气，大怒道："女儿太不成器了，居然做出这等事！真是脸都丢尽了！我恨不得杀了她，可是怎么忍心呢！唉，都是我管教不严啊！以后我不会再给她一分钱！"有人劝卓王孙不要这样，可他始终不肯听。

司马相如带着卓文君回成都，来到了他的家。当时司马相如很穷，家里空空的，除了四面墙什么都没有。卓文君在成都度过了一段日子，感觉不快乐，就对司马相如说："你和我一起去临邛，哪怕向兄弟们借贷也足以生活了，不至于苦成这样！"司马相如答应了。二人一起来到临邛。他们卖掉了全部的车马，买了一家店铺准备卖酒。卓文君负责看管店铺，掌管生意，司马相如则与雇工们一起在路边洗涤酒器。卓王孙得知自己的女儿竟然沦落到以卖酒为生的地步，感到很耻辱，就闭门不出。人们都来劝卓王孙说："你有一个儿子、两个女儿，并不缺少钱财，如今卓文君已经成了司马相如的妻子，司马相如虽然贫穷，但是他很有才华，以后肯定会有所作为。再说，他不是和临邛县令关系很好吗？你又为何这么看不起他？"卓王孙没办法，只好送给女儿100名奴仆，100万钱，还有很多衣服和物品。卓文君和司马相如经济上有了资助，就又回到了成都，用钱买了田地和房屋，生活一天比一天好了起来，后来成了富人。

相如事武帝

汉代的皇宫里有个小官，名叫杨得意，和司马相如是同乡，专门为皇上养狗。有一天，武帝读司马相如的《子虚赋》，读完后不禁赞叹道："唉！古人写的东西真是好啊！我偏偏不能和他生在同一时代！"杨得意听了说道："这篇文章好像不是古人写的吧？我的同乡司马相如说他也写过一篇文章叫《子虚赋》。"武帝很吃惊，马上召见司马相如来询问。司马相如看了文章后说："这篇文章确实是我写的。但是这篇文章只写了诸侯的事，场面不够宏大，不值得一看。我正准备写一篇《天子游猎赋》，写完后就进献给皇上。"武帝很高兴。司马相如的《上林赋》共有三个主人公："子虚"是虚构的一个人，专门称赞楚国的美；"乌有"先生，就是"哪有"这个人，来替齐国发难楚国；"无是公"就是"没有这个人"的意思，由他来说明做天子的道理。这三个人都是司马相如虚构的，实际根本不存在。然而司马相如就是靠着这三个假想的人写成了一篇长文，用华丽的语言和多种修辞方法来描写皇帝和诸侯的园林，夸耀它们是多么宏大和美丽，犹如仙境一般。赋的结尾是劝说皇帝要节俭，不能铺张浪费。这也是他写这篇文章的旨意所在。武帝看了《上林赋》，大加赞赏，立刻任命司马相如为郎官。

司马相如做郎官的那几年，正赶上唐蒙接受皇帝的命令，负责开发夜郎一带的土地。唐蒙征发巴郡、蜀郡的官兵有上千人，还征调陆路和水路的运输人员1万多人，其中有的人不服从调遣，唐蒙就把这些人给杀了，巴、蜀的百姓都十分害怕，于是产生了谋反的念头。武帝听说这件事以后，担心结果会越闹越大，就派司马相如去责备唐蒙，同时张贴布告，向巴蜀百姓说明皇上并没有这样做的意思，这才平定了民心。当时，唐蒙已经开通了通往夜郎的道路，接着就修筑通往西南夷的道路。由于需要大量的民力物力，所以不得不向巴、蜀等地征兵，做工的达到了好几万人。然而修了两年，最终也没能完成，可是士兵们却积劳成疾，死伤惨重，耗费的钱财更是数不胜数。百姓和汉朝官吏们都认为这样下去对汉朝一点好处也没有，可是已经花费了大量的人力财力，真是进退两难了。

这时，邛、笮等地的君主听说南夷和汉朝有来往，得到了很多好处，就有些动了心。他们也想像南夷那样成为汉朝的臣仆，便请求归附汉朝，让汉朝在自己的国土上设立官吏。武帝不知道该不该接受这一请求，就问司马相如。司马相如说："这些小国都接近蜀郡，与中原的交通也很便利。原来在秦朝的时候，这些国家就和中原来往密切，并设置了郡县，到了汉朝建立以后才废除。如今要真能够开通，设立郡县，那可真是太好了，有百利而无一害呀！好处将远远超过南夷。"武帝认为很有道理，就任命司马相如为中郎将，并派他出使那些小国。

司马相如和副使王然于、吕越人等带着巴蜀各地的官吏和财物，来笼络西夷。到了蜀郡，蜀郡太守和部下早就在郊界地等候了，远远地望见他们后便立刻上前迎接。县令亲自在前方引路，蜀地百姓都前来围观，他们都觉得归附汉朝是最大的光荣。这时卓王孙和临邛的乡亲们也来了，他们拜见了司马相如后，恭敬地献上了礼品和酒，表示友好。司马相如也以礼相待，表示感谢，举止自然大方而不失魄力。卓王孙面对自己的女婿司马相如，感慨万千，后悔没早点把卓文君嫁给他。现在看到女婿这样有才能，卓王孙很是欣慰，也替女儿感到高兴。为了弥补以前的过错，卓王孙分给了卓文君很多财产，与分给儿子的一样多。司马相如就这样顺利地平定了西夷，各地的君主都主动请求归附汉朝。于是，曾经边界上的关隘如今已拆除，各地互相往来沟通，友好相待，到处一片兴隆景象。司马相如回来向武帝报告，武帝非常高兴。

从那以后，有人上书告相如出使时接受了别人的贿赂，因而失掉了官职。他在家待了一年多，又被召到朝廷当了郎官。司马相如口吃，但却善于写文章。他患有消渴症。同卓文君结婚后，变得很有钱。他担任官职时，不愿意同公卿们一起商讨国家大事，而借病在家闲待着，不追慕官爵。

有一次，司马相如跟随武帝去长杨宫打猎。当时武帝正喜欢猎杀熊和猪，总是一个人骑着马亲自追赶野兽，获得猎物以后就带回来给司马相如看，而司马相如总要称赞武帝本领高强，武帝为此很是得意。司马相如看武帝总是喜欢抓捕强大的野兽，喜欢到深远的地方去，不免替他担心。于是他趁这次机会劝说武帝道："每个人都有自己的长处和短处，比如说，乌获力大无比，庆忌轻捷善射，而孟贲和夏育勇猛过人。臣认为人类既然如此，那么野兽也应该是这样，不同的野兽有着各自的长处。如今皇上喜欢到险峻的地方去，射杀力大无穷的猛兽，而对其他野兽则毫无防备。要是不知何时何地突然出现一只动作敏捷的野兽，在没有防备的情况下，猛然袭击，向着您的车子和随从们扑来，那么皇上根本来不及转移车子，人也来不及施展武力，即使有乌获的力气、孟贲的勇猛，也发挥不出来啊。那样皇上可真是太危险了！即使是个很小的野兽，也足以造成很大的伤害了。

"同样的道理，假如现在弱小的胡人和越人突然出现在您的面前，而身后是羌人和夷人在围追堵截，那么皇上该怎么办呢？臣觉得就算皇上力量再大，也会陷入险境的！

"先不说这些，就说皇上平常出行，先得要彻底清除道路上的杂草乱石，然后在道路中间最平坦最宽阔的地方驾车行进，即使这样，还是难免会出现马口中的衔铁断裂、车轴脱落等情况，何况是在荒郊野外穿行，在深山老林里骑马奔跑呢？皇上如今只顾享受捕获猎物时的快乐，却忘了应付变故的准备，这实在是很危险的呀！您现在身为天子，却总想去容易发生危险的地方，做危险的举动，臣认为皇上不应该这样。人们常说：有远见的人，能够预知将来；有智慧的人，能把祸患消灭于萌芽之中。有很多祸患都是在暗中发展起来的，然后在人们疏忽的时候猛然爆发。所以有谚语说：家有千金，不坐屋檐下。这虽然说的是小事，却说明了一个大道理啊！"

武帝听了司马相如这一番话，仿佛炎热的天气里喝下一杯凉水，立刻驾车准备回宫。在回来的路上，司马相如又向武帝呈献了一篇文章，内容是感叹秦二世治国的过失。武帝看后夸赞不已，武帝看到司马相如对自己一片忠心，就任命他为文帝的陵园令。

司马相如死后遗留一本书，这本书和以前的文章都不一样。以前的那些文章描写的都是帝王将相的奢侈生活，并且大多都是以歌功颂德为主的，而这本书写的主要是封禅的事情。全书详细地叙述了古代历史和有关的法令制度，通过古代历史来分析国家的兴亡之道，文章说理透彻，有独特的见解与感受，对于治理国家有很大的帮助。武帝读完这本书之后深深地被触动了，惊叹司马相如的智慧和才华确实无人能比。

循吏列传

孙叔敖和子产

太史公说："法令用以引导民众向善，刑罚用以阻止民众作恶。文法与刑律不完备时，善良的百姓依然心存戒惧地自我约束修身，是因为居官者行为端正不曾违乱纲纪。只要官吏奉公尽职按原则行事，就可以用它做榜样治理好天下，为什么非用严刑峻法不可呢？"

孙叔敖原本是春秋时期的一个隐居的贤人,后来楚国的国相虞丘把他推荐给楚庄王,想让他将来接替国相的位置。

孙叔敖做了3个月的官,就升为国相。孙叔敖施政十分宽松,却有禁必止。官吏们都洁身自好,百姓们都严格约束自己的行为,全国上下几乎没有出现过盗窃或者其他违法乱纪的现象。秋冬时节,孙叔敖就动员人们进山去采伐林木。等到春夏之际,趁着雨水多,河流涨水,把木材运出来,发往外地。这样,人们就找到了挣钱谋生的门路,日子过得都很富裕。

楚庄王觉得楚国的钱币分量太轻,就下令把小币改成了大币。因为大币沉重,百姓们使用起来极不方便,严重影响了商业交易。许多人因此放弃了自己谋生的职业,市场也萧条起来。负责管理集市的官员向孙叔敖报告了这个情况,说:"好好的集市如今变得混乱不堪,老百姓也不愿意在这居住,都想另谋生路,社会秩序一点都不安定!"5天之后的朝会上,孙叔敖对楚庄王说:"前段时间,我们把原来的钱币改成了现在的大币,如今管理集市的官员跟我说,社会秩序极其混乱,百姓们不能安居乐业。我想请求您下令恢复使用原来的钱币。"楚庄王点头答应了。

楚国民间有喜好矮车的习惯,楚庄王认为车身矮小不利于马的奔跑,就想把国内的车子都改成高一些的。孙叔敖说:"大王总是一次又一次地发布命令,百姓们都不知怎么办好,我看这样做不太合适。如果大王非要加高车子,还不如先通知管理里巷大门的人,让他们加高各个大门的门槛。乘车的大都是有身份的人,谁都不愿意总在过高门槛的时候下车。"楚王采纳了孙叔敖的建议。

孙叔敖不用下命令就能感化民众,使民众遵从他的教导。身边的人都仿效他做事的方式,远方的人都来观察他的言行举止,模仿他。所以后来孙叔敖三次被任命为国相的时候,他也不沾沾自喜,因为他知道这是凭着自己的能力得到的。在三次被免去国相

辎车图

职位的时候，也并不悔恨，因为他清楚那不是因为自己的过错所造成的。

子产是春秋时期人，他出身尊贵，后来又做了郑国的大夫。郑昭公在位的时候，任命自己的宠信徐挚担任国相。徐挚是个无能的人，在他当政时，国内一片混乱：官吏和百姓之间不能和睦相处，家庭中父亲不像父亲，儿子不像儿子，社会风气极为不正。大宫子期把这种情况报告给了郑昭公，于是郑昭公就任命子产为国相。

子产担任国相刚一年，民众中行为放荡的年轻人就改掉了不良的习惯；老人们手中提着的沉重东西，也被刚好遇见的壮年人接过去；小孩子们都满街地嬉笑玩闹，再不用和大人一起去下地耕田。子产担任国相两年后，集市买卖公平，不再出现哄抬物价的欺诈现象。子产任国相三年后，人们夜晚睡觉的时候，就不用再关街门，也没谁去拾别人掉落在大街上的东西。子产任国相四年后，人们白天在田里干农活的工具，都不用再带回家。子产任国相五年后，壮年男子就不用再去服兵役，谁家要是死了人，人们不用招呼，就自觉地前来参加丧礼。

贤明的子产治理郑国26年后去世，全国上下都沉浸在一片悲痛之中。

维护法纪

公仪休是春秋时期鲁国的博士。由于才学优异做了鲁国国相。他遵奉法度，按原则行事，丝毫不改变规制，因此百官的品行自然端正。他命令为官者不许和百姓争夺利益，做大官的不许占小便宜。

有位客人给国相公仪休送鱼上门，他不肯收纳。客人说："听说您极爱吃鱼才送鱼来，为什么不接受呢？"公仪休回答："正因为很爱吃鱼，才不能接受啊。现在我做国相，自己还买得起鱼吃；如果因为今天收下你的鱼而被免官，今后谁还肯给我送鱼？所以我绝不能收下。"

公仪休吃了蔬菜感觉味道很好，就把自家园中的冬葵菜都拔出来扔掉。他看见自家织的布好，就立刻把妻子逐出家门，还烧毁了织机。他说："难道要让农民和织妇无处卖掉他们生产的货物吗？"

石奢是春秋时期楚昭王的国相，他为人刚强正直、廉洁公正，既不阿谀逢迎，也不胆小避事。一次出行属县，恰逢途中有凶手杀人，他追捕凶犯，发现竟是自己的父亲。他放走父亲，归来后便把自己囚禁起来。他派人告诉

楚昭王说:"杀人凶犯,是为臣的父亲。若以惩治父亲来树立政绩,这是不孝;若废弃法度纵容犯罪,又是不忠。因此我该当死罪。"楚昭王说:"你追捕凶犯而没抓获,不该论罪伏法,你还是去治理国事吧。"石奢说:"不偏袒自己父亲,不是孝子;不遵守王法,不是忠臣。您赦免我的罪责,是主上的恩惠;服刑而死,则是为臣的职责。"于是石奢没有听从楚昭王的命令,刎颈而死。

李离,是春秋时期晋文公的法官。他听察案情有误而枉杀人命,发觉后就把自己拘禁起来判以死罪。晋文公说:"官职贵贱不一,刑罚也轻重有别。这是你手下官吏有过失,不是你的罪责。"李离说:"臣担当的官职是长官,不曾把高位让给下属;我领取的官俸很多,也不曾把好处分给他们。如今我听察案情有误而枉杀人命,却要把罪责推诿于下级,这种道理我没有听过。"他拒绝接受晋文公的命令。晋文公说:"你认定自己有罪,那么我也有罪吗?"李离说:"法官断案有法规,错判刑就要亲自受刑,错杀人就要以死偿命。您因为臣能听察细微隐情事理,决断疑难案件,才让我做法官。现在我听察案情有误而枉杀人命,应该判处死罪。"于是李离不接受晋文公的赦令,伏剑自刎而死。

太史公说:孙叔敖口出一言,郢都的市场秩序得以恢复。子产病逝,郑国百姓失声痛哭。公仪休看到妻子织出的布好就把她赶出家门。石奢放走父亲而自杀顶罪,使楚昭王树立了美名。李离错判杀人罪而伏剑身亡,帮助晋文公整肃了国法。

儒林列传

儒学的复兴

汉高祖皇帝杀死项羽后,包围了鲁国。虽然形势危急,但鲁国的儒生还在背诵经书、演奏音乐,国内歌乐声不绝于耳。可见当时的鲁国存留了圣人的风范,是个热爱礼乐的国家。当年孔子出游到陈地,慨叹地说:"回去吧!回去吧!故乡的年轻人志向远大,又有文采,不知道怎样去教导他们!"重文化礼仪,是齐人和鲁人的优良传统。

汉朝建立后,儒生们开始研究经术,讲授一些民间的礼仪。叔孙通制定了汉廷的礼仪,所以做了太常官。和他一同制定礼仪制度的儒生子弟们,也成了朝廷优先录用的对象。人们都感慨地说:儒家的学说又开始复兴了。

但是,当时天下战乱尚未止息,朝廷忙于平定四海,还无暇顾及兴办学校之事。孝惠帝、吕后当政时,公卿大臣都是武艺高强、战功卓著的人。孝文帝时略微起用儒生为官,但是孝文帝原本只爱刑名学说。等到孝景帝当政,不用儒生,而且窦太后又喜好道家思想,因此博士官职只是备员待诏,徒有其名,儒生无人受到重用。

汉武帝在位的时候,崇尚儒学,征召方正贤良的文学之士。天下的学者就像风吹一边倒那样都倾向于儒学。窦太后崇尚道家学说,极力压制儒学,儒生根本得不到重用。窦太后死后,汉武帝又重新招募儒学方面的人才。公孙弘因为通晓《春秋》,被封为平津侯。自此,儒家学风开始盛行天下。

公孙弘身为学官,担心儒道推行不畅,于是启奏皇上说:"丞相和御史大夫们说,陛下说过:'礼法是用来引导人民的,而音乐是用来教化人民的。婚姻,是夫妇的伦常大道。如今的礼乐都被破坏,朕很忧虑,所以广招天下品行端正、见多识广的人,让他们来朝廷为官。还命令负责礼仪的官员努力学习,宣扬崇尚礼仪,给天下人做个表率。太常提议,给博士们配备弟子,振兴民间的教育,开拓出一条培养人才的道路。'我和太常孔臧、博士平等人商量过了,古代夏、商、周三个朝

蒲轮征贤

武帝素喜好儒者的学术,因举用当时名儒,以赵绾为御史大夫、王臧为郎中令。赵绾、王臧又荐举他老师申公,说他的学问更高。武帝闻说,即遣使去征聘他。又闻申公年老,恐其途中受劳,因驾一辆安车去迎接申公;又用蒲草裹了车轮;使其行路软活,坐得舒适自在;又用币帛一束,另加玉璧,以为聘礼。

代中，乡间都曾办过教育，夏朝叫校；商朝叫序；周朝叫庠。三代朝廷勉励那些心地善良的人，让他们身居高位，而且名声显赫；严惩那些作恶多端的坏人，并施以刑罚。所以说办教育、树新风首先要从京师开始，然后从朝廷里到民间，逐步普及。如今，皇上发扬崇高的德行，推行正常的人伦关系，鼓励学习、研究礼仪，任用贤能的人教化天下的民众。皇上的英明就像太阳放射的光芒一样，与广阔的天地融合在一起，国内呈现一片欣欣向荣的景象。

"另外，那些古代政治教化尚未普及、礼仪制度还不完备的地方，我请求皇上委派原来的学官去发展起来。应该给每个博士官配备50个弟子，让太常去选择那些18岁以上、仪表端庄的人，作为博士的弟子，免除这些人的徭役和赋税，让他们专心研究学习。凡是爱好学习、尊老爱幼、遵纪守法、忠诚地维护自己所崇尚的思想学说的民众，还有那些由朝廷和地方官吏们谨慎考察后，认为可以成就大事的人，都可以和弟子们一同去学习。学习一年后，必须经过考试：精通一本经书以上的，可以让他们去做掌管文学掌故方面的官员；名列前茅的提拔担任郎中；如果有成绩特别突出、才能出众的人，就把名字报上来；那些不认真学习，或者才疏学浅的人就开除，举荐他们的官吏也将要受到惩罚。

"我曾经反复研究过诏书法令：它清晰地辨明了天道和人道的关系，讲清了古往今来治国理民的深刻道理。不但文辞雅正，而且文字里包含着丰富而深刻的思想。如果认真领会，切实推行，必将造福于天下。下面的官吏知识浅薄，不能深入地宣传，明明白白地告知天下。所以现在首先要选拔懂得礼仪的人才，其次再选拔研究历史典籍方面的人才。让懂得文学礼仪的人做官，提拔那些被埋没的人才。请从那些俸禄在两百石的低级官员中选拔一批通经史有才干的，升他们为左右内史和大行卒史；从那些俸禄在一百石以下的小官中选拔一批，去担任郡太守的卒史。普通的郡县各配二人，边远的郡县选配一人。具体操作时，优先选拔那些能熟读经书的人；人数不够的话，从掌故（汉代的官职名）中选取，补足左右内史卒史和大行卒史；从掌故中选拔一批补足各郡国的卒史。请把这些办法记下来，作为选拔官员的法规。其他的，仍然按照原来的律令办理。皇上您认为怎么样？"

皇上批示："这个办法可行！"此后，汉朝的公卿大臣和普通官吏中出现了许多相貌端庄、行为举止彬彬有礼的经学儒生。全国研究学习儒学也蔚然成风，儒学在汉代得以复兴。

申公，是鲁国人。高祖经过鲁国时，申公以弟子身份跟着老师到鲁国南宫去拜见他。吕太后时，申公到长安交游求学，和刘郢同在老师浮丘伯门下受业。毕业后刘郢被封为楚王，便让申公当他的太子刘戊的老师。刘戊不喜欢学习，憎恨申公，等到楚王刘郢去世，刘戊成了楚王，就把申公禁锢起来。申公感到耻辱，就回到鲁国，隐退在家中教书，终身不出家门，又谢绝一切宾客，唯有鲁恭王刘余请他，他才前往。从远方慕名而来向他求学的弟子有百余人。申公教授《诗经》，只讲解词义，而无阐发经义的著述，凡有疑惑处，便阙而存之，不强做传授。

辕固生与董仲舒

辕固生，又叫辕固，齐国人。他崇尚儒家学说，对《诗经》很有研究，在汉景帝时期，被封为博士。

有一次，辕固生和黄生在汉景帝面前争论。崇尚道家学说的黄生说："商汤和周武王并不是秉承了天命当上天子的，他们是弑杀君主，谋朝篡位。"辕固生反驳说："不对。夏桀和商纣王暴虐无道，天下人都归附于商汤和周武王。商汤和周武王明明顺应了天意和民意，诛杀了残暴的君主，被扶立为天子的，不是秉承天命又是什么？"黄生说："帽子就是再破，也必须戴在头上；鞋子就是再新，也要穿在脚上。君王就是君王，臣子就是臣子，夏桀再坏，殷纣王再无道，他也是君；商汤和周武王再圣明，他们也是臣子。君王有错，臣子不去劝说改正，反而诛杀他们，取而代之，不是弑君是什么？商汤和周武王就是造反！"辕固生说："照你这么说，始祖高皇帝，取代秦朝也是造反了？"汉景帝在一旁，默不作声，心想：要是顺着黄生说，就意味着我大汉的政权来路不明；要是赞成辕固，那就意味着将来我的王朝也可能被别的王朝所代替。过了一会儿，汉景帝笑着摇摇头，说："好了，吃肉不吃马肝，不能算不知道马肉的味道。讨论学问的人不谈商汤、周武王受命的事情，也不能算愚蠢！"两个人这才停止了争论。

窦太后信奉黄老学说，汉景帝和窦姓人都不得不按照她的要求读《老子》。一次，窦太后把辕固生叫过来，问他《老子》是怎样的一部书。辕固生很不识相，回答道："这只不过是普通人的言论罢了，没什么大道理。"窦太后勃然大怒说："是啊！儒家诗书就像管制犯人的律令条款，它怎么能比得上呢？"辕固生见窦太后生气了，转身就要走。窦太后大喝一声："站住！"接着就下令把辕固生扔到猪圈里，去与野猪搏斗。汉景帝知道窦太后因辕固生的直言而生气，就偷偷递给辕固生一把匕首，辕固生拿着匕首刺死了猪。窦太后无话可说，只好作罢。汉景帝认为辕固生正直廉洁，就让他担任清河王的太傅。后来辕固生因为生病罢了官。

董仲舒，西汉时期广川人，董仲舒学习的时候专心致志，大约有3年的时间，都不曾到家中的后花园里游玩。因为通晓《春秋》，汉景帝时代，董仲舒被封为博士官。董仲舒开坛收徒，讲解《春秋》，弟子们就根据入学时间的先后来依次向下传授。有的弟子甚至连董仲舒的面都没见过。董仲舒非常注重自己的言谈举止，举手投足都合乎礼仪，在当时很有名气。学者士人们都尊敬他，效仿他。汉武帝继位后，任命董仲舒为江都国相。他根据《春秋》中有关自然灾害和奇异天象变化规律的讲述，来推测阴阳交替运行的原理。求雨时就关闭各类阳气，释放阴气；想让雨水停止时就用相反的方法。这种方法在全国各地推行，收到了很好的效果。

董仲舒曾经被贬为中大夫，住在家里，这段时间他撰写了《灾异之记》一书。当时正好辽东高帝庙发生了火灾，主父偃忌妒他的才能，就偷走了他的书献给了皇上，想陷害他。皇上让儒生们传看这本书，儒生们都认为书中的情节带有讽刺的意味。董仲舒的弟子吕步舒不知道是自己老师写的书，也评价书的内容下流愚蠢。于是，董仲舒就被交给司法官，判处死刑，后来皇帝又下诏赦免了他。从此，董仲舒再也不敢谈论有关灾异的事情了。

善于阿谀奉承的公孙弘忌妒董仲舒的才能，十分嫉恨他，就对皇上说："只有董仲舒可以胜任胶西王的国相！"胶西王刘端性情狠毒，又好淫乱，经常触犯国法，对朝廷派来的国相和公卿大臣杀伤很多。公孙弘举荐董仲舒担任胶西国

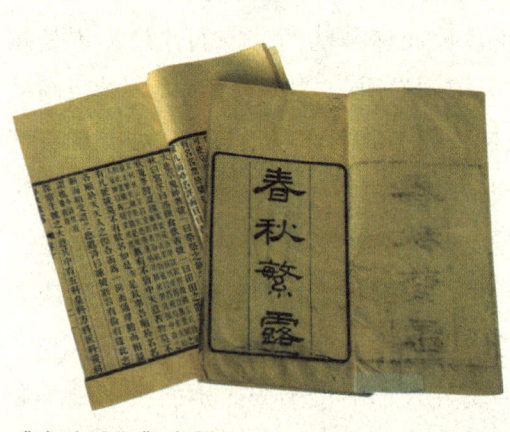

《春秋繁露》书影

国相，是有意谋害他。皇上就派董仲舒去胶西国。没想到胶西王听说董仲舒很有德行，很善待他。

后来，董仲舒担心做官久了，难免得罪人，就假装有病辞官回家了。董仲舒从来不像其他官员那样为自己、为子孙后代置备家业，只是一心扑在研究学问、著书立说上，一直到他去世为止。

酷吏列传

"苍鹰"郅都

郅都，西汉时期河东郡杨县人。汉文帝在位时，他担任郎官。汉景帝继位后，他又晋升为中郎将。因为郅都性格耿直，敢于直言进谏，经常当面训斥有过错的大臣，很快就得到了汉景帝的信任与重用。景帝到上林苑游赏，命郅都跟随。皇上的宠妃贾姬去上厕所，一只野猪突然闯了进去。皇上暗示郅都，想让他去解救，郅都不理会。皇帝拿着武器，想亲自冲进去救贾姬。郅都阻拦，跪在地上。对皇上说："失去一个姬妾，自有别的姬妾补进宫中，这样的人可以说比比皆是。陛下这样不顾及自身安危，一旦遭遇不测，谁来祭祀祖先、侍奉太后呢？"皇上听罢，丢下兵器转身回来，恰好野猪也退了出去，没有发生什么危险。太后听说了这件事，很是欣赏，赏给郅都黄金一百斤。

郅都真正出名是从镇压豪强开始的。当时，各地豪强的势力迅速膨胀，称霸地方。他们蔑视官府，不遵守国法，常常欺压百姓。济南有一家姓瞯的家族，全族有300多户人家。他们依仗人多势众，经常与官府作对，横行乡里，地方官也制止不了他们。汉景帝任命郅都为济南太守。郅都以暴制暴，刚上任就捕杀瞯氏的首恶之人，诛杀了他的全家，并对其他为恶者施以严厉的惩罚。其他的瞯氏族人都吓得大腿发颤，再不敢与官府对抗。郅都就任一年多以后，以难于管理著称的济南，秩序开始安定下来，甚至路不拾遗。周围十几个郡的太守对郅都更是由衷地敬佩，见到他就像见到自己的上司一样。

郅都为人果敢，很有魄力。他为官忠于职守，公正清廉，从不拆阅私人向他求情的信件，也不收受别人的礼物。他经常说："既然远离了父母双亲来做官,就应该竭尽全力秉公执法,为节操而死,哪里还顾得上儿女私情呢?"

汉景帝七年,郅都被迁升为中尉。丞相条侯尊贵傲慢,郅都对他也只是作揖行礼。这个时期,社会安定,民风淳朴,百姓们大多很自重,从不轻易触犯法律。犯法的人多是些皇亲国戚、功臣列侯。郅都率先采用酷刑,致使列侯和皇室贵族都胆战心惊,不敢正视郅都的眼睛。人们背后叫他"苍鹰",形容他执法异常凶狠。

汉景帝中元二年(公元前148年),被汉景帝废掉的太子临江王刘荣,因为占用宗庙的土地修建宫室而犯了法,被传到中尉府受审,由郅都负责审理。当时临江王非常害怕,请求郅都给他纸和笔,想直接写信给汉景帝谢罪,郅都没有答应。这时魏其侯窦婴派人偷偷给临江王送去纸和笔,临江王写完谢罪信后,就自杀了。窦太后知道了这件事,大怒,怨恨郅都连皇上的儿子都不肯宽容,于是就逼汉景帝罢了郅都的官,把他遣送回家。汉景帝没办法,只好按照太后的吩咐行事。

郅都回家后不久,汉景帝就派专使来到郅都的家乡,任命他为雁门郡的太守,命令他前去抗击匈奴。景帝还特批他不用按常规到朝廷当面拜谢,直接前去赴任,所有事情,都由他一人酌情裁定,可以先行后奏。匈奴人对郅都的为人处世早就有所耳闻,一听说他就任雁门太守,来戍守边境,个个惊恐万分,赶紧带领军队撤了回去,从此远离雁门。一直到郅都死,匈奴人都不敢靠近雁门郡。

匈奴人的首领曾经用木头刻制成形态酷似郅都的木头人,立在箭靶上,命令匈奴的骑兵练习射击。骑兵们因为特别惧怕郅

出行图　和林汉墓壁画　汉代

都，握箭的手哆哆嗦嗦，竟然没有一个人能射中。匈奴人对郅都恨之入骨，就派人偷偷地来到内地，到处散播诽谤郅都的谣言。窦太后本来就对郅都有成见，听到谣言后，也不管是非黑白，就立即下令逮捕郅都。汉景帝知道郅都是个忠臣，被人冤枉，想释放他。窦太后念及旧恨，坚决不允许，说："郅都是忠臣，难道临江王就不是忠臣吗？"

在窦太后的蛮横干涉下，郅都被处死。郅都死后没多久，匈奴的骑兵又开始侵犯雁门郡。

张汤得志

张汤，西汉时期杜县人。

张汤小的时候十分贪玩，他的父亲是长安县丞。有一次父亲外出办事，让张汤看家。父亲回来后，发现家中的肉被老鼠偷吃了，十分生气，用鞭子抽打张汤。张汤忍着疼痛，挖开老鼠洞，抓住了偷吃肉的老鼠，还找到了吃剩下的肉。张汤立案审讯老鼠，控告老鼠的罪状，反复拷打审问，还假装边审问边记录。之后他又把判决的结果报告给父亲，最后还把老鼠和剩下的肉都拿上来作为定案的证据，然后将老鼠当场分尸处死。父亲看着他煞有介事的样子，十分可笑，就把他写的东西拿起来看。父亲看后，感到十分惊讶，张汤所写的内容条理清晰，就像老练的法官写的一样。父亲就让张汤学习刑狱文书，研读法律。父亲死后，张汤继承父位。

当年，周阳侯田胜身为九卿的时候，曾被囚禁在长安，张汤解救了他。田胜出狱后，升官封侯，和张汤的交往依然很密切，还把张汤介绍给有权势的人。张汤在宁成属下任职，显示出非凡的才干，宁成就把他推荐给丞相府。不久，张汤又被调任为茂陵尉，负责管理为天子预修陵墓的事情。

武安侯田蚡做丞相的时候，征召张汤做内史。后来他又把张汤推荐给皇上，升为御史，帮助审理案件。在审理陈皇后巫蛊案的时候，张汤深入地追查同党。皇上认为张汤很能干，就提拔他为太中大夫。他和赵禹一起制定法令，严格地修正法律条文，约束官吏们的行为。后来，赵禹升为中尉，改任少府，而张汤任廷尉。两个人十分友好，张汤像对待自己的亲哥哥一样对待赵禹。

赵禹为官清廉，但性格傲慢。自他为官以来，总是公卿们登门拜访，他

伏生授经拓片
此汉画像石,为伏生授经故事,车马人物均可见汉时之风。有缪荃孙、郭则沄藏印。

从来不回请,以此来拒绝宾客们委托他办事。他一心一意地处理自己的公务,专心理事断案。见到法令条文,他就取来应用,从来不去复查,经常严格追究从属官员的隐秘的罪过。而张汤为人狡诈,爱占点小便宜,善于用阴谋诡计控制操纵别人。刚开始做小官的时候,就经常白拿人家的财物,和长安的一些富豪交往密切。等到位列九卿的时候,又拼命巴结名士大臣,虽然有时志不同道不合,但表面上却显示出十分崇拜他们的样子。

当时,皇上崇尚儒家学说。张汤每判大案的时候,总想在儒家的古书经义找依据。于是就让博士们潜心研究《尚书》《春秋》,并让他们担任廷尉史,遇到可疑的法律条文,就翻阅经书来评断;碰到难解决的问题,就去请皇上裁断。皇上认为对就记录下来,然后公布,以此来称颂皇上的圣明。上报的事情如果受到皇帝的批评,张汤赶紧跪地请罪,准能顺着皇帝的意思,列举出自己身边的属官,回答说:"他们本来向我建议过,就像皇上说的一样,可是我没有采纳,我真是太愚蠢了!"皇上就赦免了他的罪过。皇上认为张汤呈上的奏章是对的,他就说:"我不知道这个奏议,都是我手下的属官们办的!"就这样来向皇上举荐官吏,称赞那些人的好处,掩饰他们的缺点。如果是皇上想严办的案子,张汤就交给严厉的官员去办理;要是皇上想宽赦的案子,张汤就交给性情平和的官员去办理;处置的对象如果是贵族豪强,他就运用法令条文,巧妙地进行攻击;处置的对象要是羸弱的平民百姓,他就向皇上口头汇报。虽然根据法令要判罪,但他还是让皇上裁断。而皇上总能被张汤说服,赦免那些人的罪过。

张汤之所以能当大官,身居要职,就是因为他很会做事。张汤有很多要好的朋友,经常和他们在一起喝酒吃饭,还十分关心照顾老朋友那些当官的子弟和贫穷的弟兄。张汤不顾酷暑严寒,坚持亲自去拜访三公。所以虽说他执法严厉,心怀忌妒,办事不完全公正,但还是得到了好名声。而那些执法酷烈的官吏,都成了他的部下,为他所用。

张汤也崇尚儒学,得到丞相公孙弘的赞赏。在审理淮南王、衡山王、江都王的谋反案件时,他死追到底,不放过任何的蛛丝马迹。皇上想要释放严助和伍被,张汤说:"伍被是最先参与谋反的人,而严助是皇上信任的护卫之臣,他们居然暗中勾结到这种地步,不杀他们,难以服众!"皇上同意了张汤的建议,杀了伍被和严助。张汤总是这样打击大臣,为自己邀功,因此越来越受到器重,被升任为御史大夫。

后来,山东发生了水灾和旱灾,百姓们颠沛流离,靠政府供给,致使国库空虚。于是张汤顺着皇上的旨意,铸造银钱和五铢钱,垄断天下盐和铁的经营权;大力打击富商豪强,兼并他们的财产,然后利用法令条文,巧妙地诬陷他们,借此推行法律。每次上朝奏事,他都要和皇上长时间讨论大事,皇上听得高兴,经常忘记了吃饭。丞相李蔡不过图个虚名而已,轮不到他说话,所有的天下政事,都由张汤一个人来决定。

张汤的权势威震朝野。他生病的时候,皇上亲自去探望。

自杀身亡

在张汤的辅佐下,汉武帝兴办了很多事业。可是国家还没得到利益,百姓们却先受其害,一些贪官污吏从中营私舞弊,侵吞财物。于是张汤就利用严刑酷法来惩办那些人。因此,上到公卿大臣,下至平民百姓,都纷纷指责张汤。

匈奴派人来请求和亲,汉武帝召集大臣们商量这件事。博士狄山上前说:"和亲对我们有利。"汉武帝问:"何以见得?"狄山说:"兵器实际上就是凶器,不能经常使用。从前高帝攻打匈奴,困在平城的时候,就商议和亲。因此孝惠帝和吕后时期,天下安定和谐。到了孝文帝的时候,想去攻打匈奴,北方边境因此很不安定,人民又苦于战争。景帝时,吴、楚等七国叛乱被镇压后,再也不兴兵打仗了,人民的生活开始逐渐富裕充实起来。如今陛下发兵攻打匈奴,国库因此而空虚,边境的百姓生活困苦。由此看来,还不如和亲。"武帝问张汤,张汤心里清楚汉武帝不想讲和,于是说道:"真是愚昧儒生无知的说法。"狄山被张汤当众训斥,心中愤怒,就反驳说:"我确实是愚蠢的臣子,可我看御史大夫也是假装忠心。你从前处理淮南王、衡山王的案子时,用苛刻的刑法,放肆地诋毁诸侯王,挑拨离间,令各封诸侯国的国王惶恐不安。所以说你是假忠心。"汉武帝见狄山指斥张汤,立刻铁青着脸说:"我让你驻守一个郡的地方,你能保证不让胡虏来侵犯吗?"狄山回答:"不能。"汉武帝又问:"一个县的地方怎么样?"狄山又回答:"也不能。"汉武帝又接着问:"那驻守一个边地的城堡呢?"狄山心想,我要是再说不能,恐怕就要拿交法官治罪了,连忙回答说:"能。"皇上就派狄山去驻守一个城堡。不久,狄山就被匈奴人杀了。朝中的群臣看狄山惹恼了张汤,就白白葬送了一条性命,从此都很恐惧,谁也不敢和张汤作对。

河东人李文任御史中丞,掌管文书,经常检举不合法的事情。他和张汤有仇怨,心里十分怨恨张汤,所以凡是遇到公事能伤及张汤的地方,就挑出来示众,一点都不给张汤留情面。张汤对李文恨之入骨,总想设计陷害他。下属鲁谒居看穿了张汤的心思,想讨好他,就指使人向皇上呈上一个紧急奏章,告发李文所做的坏事。皇上把这件事交给张汤去处理。张汤看了奏章后,心花怒放,心想:让你平时给我添乱,这下机会来了,也让你尝尝我的厉害。于是就想借机杀了李文。张汤明明知道这件事是自己的手下干的,可是皇上问他紧急奏章从哪里来的,他却假装莫名其妙地说:"或许是有人和李文结下了仇怨吧!"后来鲁谒居生病,回乡下老家疗养。张汤几次亲自前去登门探望,还给鲁谒居按摩手脚。

赵王平日受尽张汤的刁难,听说张汤亲自去探望下属,觉得事情蹊跷,怀疑张汤和鲁谒居合伙干了坏事,上书皇上。皇上把这件事交给廷尉处理,这时不巧鲁谒居病死了,鲁谒居的弟弟跟这个案子也有牵连,于是廷尉就派人把他囚禁起来,关在官署。张汤处理别的囚犯的时候,看见了鲁谒居的弟弟,怕人说闲话,没理他,想暗中帮忙。鲁谒居的弟弟不知内情,就怨恨张汤,通过别人上书皇上,他向皇上告发了张汤和鲁谒居密谋害李文的事情。减宣负责处理这件事,他向来和张汤不和,经过深入的调查后,就封存了起来,没有上奏皇上。这时有盗贼偷挖汉文帝的陵墓,丞相庄青翟和张汤约好一起上朝,向皇上谢罪。见了皇上后,张汤却说自己没罪,说丞相应当一年四季按期巡查陵墓,和自己没关系。丞相一个人谢罪后,皇上让御史查办此事。丞相知道张汤是想借机迫害他,很担心。三个长史平日受尽张汤的凌辱,也都记恨张汤,想报复他。

长史朱买臣是会稽人,当初因为熟悉《楚辞》而被皇上重用,任命为太中大夫。那时张汤只是个小官,听朱买臣的差遣。后来张汤升了官,总是排挤大臣们,朱买臣就有点怨恨张汤。朱买臣的官位列于九卿之内之后,又因犯法被降了职,代理长史,前去拜见张汤。张汤趾高气扬地坐在日常所坐的椅子上接见他,他的下属对朱买臣也是不理不睬。朱买臣非常痛恨张汤,总想杀了他。还有另外两个长史,也都曾经身居高位,张汤代理丞相时,故意压制他们。这几个人就结为一气,搜寻张汤的罪状,等待机会揭发。如今见张汤想害庄青翟,三人商量后,找到庄青翟,对他说:"张汤先答应和您一同谢罪,后来又不承认,故意出卖您,明摆着就是想代替您的位置。既然到了这个分儿上,也不用讲什么情面了,我们知道张汤的秘密,不如来个先发制人。"庄青翟点了点头,答应了。

朱买臣等人派官吏分头把张汤的同党田信等人捉拿归案,强行逼供,录下证词。说是张汤每次奏明皇上的要办的事情,田信都预先知道。田信就事先囤积货物,获得大利,跟张汤平分。这件事传到了汉武帝那里,汉武帝不太相信,就试探着问张汤:"我想做的事情还没等公布,商人们就先知道了,于是他们暴敛财富。你说是不是有人走漏了消息啊?"张汤一听,也不知汉武帝是在试探他,就很吃惊地说:"还没准真有这样的人。"汉武帝听后十分不高兴。正好这时减宣将查办鲁谒居的事情也呈了上来。汉武帝这才知道张汤欺骗了他,不由得龙颜大怒,立即派人审问张汤。张汤拒不承认,坚决不认罪。汉武帝知道后,更加愤怒,又命廷尉赵禹前去。赵禹责问张汤:"你这样不守本分,难道真的以为皇上一点都不知情吗?你审理案件的时候,一共杀死了多少无辜的人?如今人证物证俱在,你还有什么可狡辩的?皇上不肯亲自来审你,是想让你自己死,这点道理还不明白吗?"张汤一听,自知难逃一死,于是就上书给汉武帝,说:"我张汤才疏学浅,原来只不过是个小小的文书。承蒙陛下宠爱我,给我三公的职位。如今我无法推卸罪责,但我只想告诉皇上,设计陷害我的人是三位长史!"张汤把信写完后,交给了赵禹,自己伏剑自杀了。

张汤死后,撇下了年迈的老母亲,家中财产总共还不值500金,而且都是平日里所得的俸禄赏赐。家人想厚葬张汤,张汤的母亲很有见识,说:"张汤是天子的大臣,被人诬陷而死,怎么能厚葬呢?"于是就用牛车拉着简陋的棺木,草草地埋葬了张汤。汉武帝看了张汤的遗书,又听说他家中什么财产也没有,就感觉到冤枉了张汤,心中不免有些后悔。此时又听说张汤母亲的话,感叹说:"没有这样的母亲就不会有这样的孩子。"于是认真查办了谋害张汤的事情。

大宛列传

张骞出使西域

张骞,西汉时期汉中人,汉武帝建元元年担任郎官。

当年,汉武帝听投降的匈奴人说,匈奴人杀了月氏王,曾经用他的头骨做喝酒用的罐子,月氏人因此十分恨匈奴人。汉武帝就想联合月氏,共同抗击匈奴。要想到达月氏居住的地区,必须经过匈奴控制区,朝廷就招募有能力出任使者的勇士,张骞以郎官的身份应征入选。

汉建元二年,汉武帝派张骞带领着100多人出发了。途中经过被匈奴占领的地区,虽然张骞等人小心翼翼,结果还是被匈奴兵发现了,全都做了俘虏。他们被匈奴扣押了十多年。这些年,张骞娶了匈奴的妻子,生了孩子,但他仍然保存着大汉的符节,从来没抛失过。时间长了,匈奴对他们就放松了警惕。张骞偷偷

张骞通西域 敦煌壁画

找到堂邑父，两人商量，趁着匈奴人不防备，骑上两匹马向西逃走了。他们一直跑了几十天，历尽了千辛万苦，逃出了匈奴，来到一个叫大宛（今中亚细亚）的国家。

大宛紧挨着匈奴，当地人还能听懂匈奴的话。张骞和堂邑父就用匈奴话与大宛人交谈起来，大宛人带他们去见大宛王。大宛王早就听说汉朝地大物博，富饶强盛，听说他们的使者来了，非常高兴地接见了他们，并问："你们要去哪里？"张骞说："我为汉朝出使月氏，被匈奴人扣留了，好不容易逃了出来。希望能得到大王的引见，我们将感激不尽，我的任务完成后，汉朝将会赠送给大王很多很多的财物。"大宛王派人护送他们到康居（约在今巴尔喀什湖和咸海之间），经康居到达了月氏。

当时，月氏王被匈奴杀了以后，月氏太子被立为王。月氏王征服了大夏（今阿富汗的北部）后，占领了那里的土地。大夏土肥水美，物产丰富，没有贼寇，而且远离匈奴，月氏王就在那里建立了大月氏国。张骞向月氏王说明了自己的来意，但月氏王不想再找匈奴报仇了，只想保持稳定的局面，结果没有采纳张骞的建议。不过因为张骞是大汉的使者，所以还是很有礼貌地接待了他。

张骞和堂邑父在月氏国居住了一年多，也没能说服月氏国王，只好返回长安。他们本想绕行回去，结果又被匈奴人抓住了。一年以后，匈奴的头领去世，爆发了内乱，张骞就带着家人和堂邑父一起逃回汉朝。

张骞从汉朝出发的时候，有100多人，在外面奔波了整整13年后，只有堂邑父和他两个人回来了。汉武帝认为张骞立了大功，就封他为太中大夫，封堂邑父为奉使君。

张骞曾经到过大宛、月氏国、大夏、康居等国，了解了它们附近各国的情况。他把自己的所见所闻都一一向皇上做了报告，并提出再次出使西域的建议。皇上听说大宛和大夏两个都是大国，有很多的奇珍异宝，又听说月氏国和康居的军队强大，这些国家又都十分渴望得到汉朝的财物。汉武帝就想用财物来跟他们疏通关系，引诱他们归附汉朝。这样就能召来不同风俗习惯的人们，汉朝还能再向外扩展出上万里的土地，大汉朝天子的威望就能遍及五湖四海了。

汉武帝又仔细盘问张骞大夏属国的具体情况。张骞说："乌孙是匈奴西边的一个小国。匈奴首领单于杀了乌孙王后,把他的儿子昆莫丢弃在荒野上。荒野上的乌鸦叼来肉喂昆莫,狼也给昆莫吃奶。单于觉得很神奇,就把他收养了。昆莫长大后,单于把乌孙王原来的民众还给了昆莫,让他去管理,派他长期守在西域。单于死后,昆莫召集兵马,练习战术,带领民众迁徙到很远的地方,不再对匈奴称臣。匈奴派兵攻打他,但几次都没有攻下,匈奴人觉得昆莫是神,也是自己的从属国,就不再攻打他。如今匈奴刚被汉朝打败,而原来浑邪王控制的地方又没人守卫。蛮夷人十分贪恋汉朝的财物,要是这时用丰厚的财物买通昆莫,招引他往东迁移,居住到原来浑邪王控制的地方,同汉朝结为兄弟,根据目前的情势看,昆莫应当是能够接受的。如果他接受了这个安排,那就等于是砍断了匈奴的右臂。乌孙归附汉朝后,它西边的大夏等国都可以招引来作为外藩属国。"汉武帝认为张骞说得有道理,就采纳了他的建议。汉元狩四年,汉武帝任命张骞为中郎将,让他拿着汉朝的旌节,带着300名勇士,每人再配备两匹马,还有1万头牛羊和黄金、绸缎、布帛等礼物再次出使西域。

张骞等人来到乌孙(在新疆境内),乌孙王昆莫亲自出来迎接,用接待匈奴首领的礼仪接见了他们,这让张骞感到十分羞愧。张骞知道蛮夷贪婪成性,就说:"汉朝的天子让我赠送礼物给大王,大王要是不拜谢,就请把礼物退回来吧!"昆莫连忙起身拜谢,张骞送给他一份厚礼,说:"如果大王能够迁到浑邪王原来居住的地方,那么汉朝就把诸侯的女儿嫁给您!"当时乌孙国四分五裂,国王年纪大了,离汉朝很远,不知它到底有多大,再说他们屈服匈奴已经很长时间了,因为害怕匈奴,所以没敢私自做出决定。

张骞又派他的部下带着丰厚的礼物,去联络大宛、大月氏、于阗(今新疆和田一带)等国家。这些人去了好久还没见回来,张骞决定不再等下去。于是乌孙王派了向导和翻译共几十个人,护送张骞回国,也借此机会到汉朝参观,还带了几十匹高头大马送给汉朝皇帝。汉武帝很高兴,热情地款待了乌孙的使者。

张骞回来后,被任命为大行令,官位列于九卿之中。一年后,张骞生病死了。乌孙的使者已经看到汉朝人多而且财物丰厚,回去报告了国王,乌孙国就越发重视汉朝。过了一年多,张骞派出的沟通大夏等国的使者,多半都和所去国家的人一同回到汉朝。于是,西北各国从这时开始和汉朝有了交往。然而这种交往是张骞开创的，所以，以后前往西域各国的使者都称博望侯，以此取信于外国，外国也因此而信任汉朝使者。

自从博望侯张骞死后，匈奴听说汉朝和乌孙有了往来，很气愤，想攻打乌孙。待到汉朝出使乌孙，而且从它南边到达大宛、大月氏，使者接连不断，乌孙才感到恐惧，派使者向汉朝献马，希望能娶汉朝诸侯女儿做妻子，同汉朝结为兄弟。武帝向群臣征求意见，群臣都说："一定要先让他们送来聘礼，然后才能把诸侯女儿嫁过去。"汉武帝命名乌孙马为"西极"，大宛马为"天马"。汉朝设置酒泉郡，以便沟通西北各国，于是加派使者抵达安息、奄蔡、黎轩、条枝、身毒国。而汉朝天子喜欢大宛的马，因此出使大宛的使者络绎不绝。

贰师将军伐大宛

汉朝的使者频繁往来于西域各国之间，那些跟随出使的人争着把自己熟悉的情况向天子汇报。有人对汉武帝说："大宛国有好马藏在贰师城，不想送给汉朝。"皇上很喜欢大宛的良马，因此就派使者带上金银财物去大宛索求好马。大宛王和群臣商量说："汉朝离我们很远，不可能派大批的军队来攻打我们，汉使者想来我国也不是很容易，我们不用怕他。何况贰师城的马是我们的宝马，怎么舍得送给他们呢？"大宛王没答应。汉朝使者很生气，责骂大宛王，用槌子敲碎作为礼物的金马，然后愤怒地离去。大宛国的官员们生气地说："他们真是太欺侮人了！"然后立即命人拦截，杀死了汉朝使者，还抢夺了他们的财物。

汉武帝知道后，十分愤怒，他听说大宛国的兵力微弱，根本不用兴师动众。就任命宠姬李夫人的哥哥李广利为将军，调发从属国的两千个骑兵，还有国内几万个不良少年，前去攻打大宛。因为这次出师的目的是想得到贰师城的好马，所以李广利被封为贰师将军。

贰师将军带领人马向西进发，渡过了盐水。途中经过的小国都很害怕，各自坚守城堡，不肯供给汉军食物。于是汉军就攻打他们，攻下来就抢食物；实在攻不下来的，逗留了几天就离开了。等队伍到了郁成，剩下的士兵只有几千人，而且都疲惫不堪。这时，郁成的军队又开始进攻汉军。汉军战败，死伤了很多的士兵。贰师将军找来各位将领商量说："以我们目前的状

马踏匈奴拓片

态,连郁成都攻不下来,何况大宛呢?"于是领兵退回,往来经过了两年的时间。退到敦煌的时候,士兵们已经所剩无几了。贰师将军派人向皇上禀告说:"前往大宛的路途遥远,还缺少食物,士兵们不怕打仗,就怕挨饿,人越来越少,恐怕都坚持不到大宛。将军请求暂时退兵,等增派援军后,再一同前往。"汉武帝听后很生气,立即派人到玉门关去拦截他们,告诉他们,谁敢进来,就格杀勿论。贰师将军害怕,就停留在敦煌,不敢再往回走。

太初二年(公元前103年)夏,汉朝在匈奴损失了浞野侯的军队2万多人。公卿和议事的官员们都建议皇上停止攻打大宛,集中精力对付匈奴。汉武帝心想:我已经讨伐大宛,连这样的小国都没能攻下,大夏等国还不得轻视汉朝,而大宛的良马也绝不会弄来。于是就惩治了说讨伐大宛不利的邓光等人,还赦免囚徒和犯了罪的士卒,又增派恶少和骑兵。一年多的时间里,汉朝相继发动了6万士兵,还不包括那些自带衣食随军参战的人。那些士兵带着10万头牛、3万多匹马,还有无数的驴、骆驼等,还带了很多粮草,各种兵器都很齐备。当时全国上下一阵骚动,相传奉命征伐大宛的校尉就有50多人。大宛王城中没有水井,所饮用的水都是从城外流进城内的,于是汉朝派遣水工随行,打算改变城中的水道,使城内无水可用。汉朝又增派了18万甲兵,戍守在酒泉、张掖以北,并设置居延、休屠两个县,护卫酒泉。汉朝还调发一部分罪犯,专门为贰师将军的队伍运送粮草。转运物资的人员络绎不绝,一直到敦煌。又任命两位熟悉马匹的人做执驱校尉,准备攻破大宛后,选取良马。

贰师将军又一次出征,这次所率的兵士无数,所经过的小国没有不迎接的,都主动地拿出食物,供应汉朝军队。汉军的军队来到仑头国,仑头国不肯投降,攻打了几天,血洗全国。此后,汉军再没有受到任何阻拦,顺利地到达了大宛,到达目的地的汉军有3万人。大宛的军队奋力反击,汉军放箭打败了他们，大宛军退入城中守卫。贰师将军派兵改变大宛城的水道，断绝了城中的水源。大宛因此受到了严重的打击。汉军包围大宛城，攻打40多天，外城被打破，又俘虏了大宛人的勇将煎靡。大宛人非常害怕，都逃进内城。大宛的高级官员凑在一起商量说："汉朝之所以攻打大宛，是因为大宛王私藏良马，汉使者前来相求，大宛王不但没有答应，还杀了汉朝的使者，这才激怒了汉朝皇帝。我们要是杀了国王，献出好马，汉军就会自动撤兵。如果他们不接受我们的条件，我们就把良马全都杀死，那时康居的援兵也快到了！"官员们都很赞同，一起杀死了大宛王，拎着被割下的人头，来见贰师将军，说："请汉军不要再攻打我们，我们献出好马，马任由您挑选，还供应你们粮食。如果您不退兵，我们就把马全部杀掉。康居的援兵也就要赶来了，救兵一来，你们就会被夹在中间，腹背受敌，你们好好想想，该怎么办吧！"此时，康居的侦察兵看汉军还很强盛，没敢靠近。贰师将军找人商量此事，说："听说大宛城内刚刚找来了会挖井的汉人，而且城内的粮食充足。我们来这儿的目的是诛杀大宛王，如今他的人头已经放在这儿了。再过几天，我军疲惫，而大宛的援军快到了，我们还不坐以待毙啊！还是见好就收吧！"于是答应了大宛国的条件，双方订立了盟约。大宛人牵出贰师的马匹，让汉人挑选，还拿出食物奉献给汉军。汉军没进入大宛的内城，撤兵回国了。

汉军分成几路撤军，其中的一支人马途中经过郁成。郁成仍旧坚持抵抗，还派兵攻打汉军。汉军失败，有几个人逃到贰师将军那里。贰师将军立即派上官桀去攻打郁成，郁成军大败。郁成王逃亡到康居，上官桀在后面紧紧追赶。康居听说汉军已经攻下了大宛，就把郁成王交给了上官桀。上官桀命令四个骑兵把郁成王捆了起来，交给贰师将军。这四个骑兵商量说："郁成王是汉朝最痛恨的人，如今活着送去，中途发生点意外就麻烦了！"于是就想杀了他。可谁也不敢动手，推来推去，最后年龄最小的骑士赵弟拿出宝剑，砍杀了郁成王。接着他们一行人追上了贰师将军的部队。

贰师将军李广利两次万里远征，攻打大宛，用了4年的时间，最后才取得胜利。皇上不再计较贰师将军的过失，封他为海西侯，又把亲手杀掉郁成王的骑士赵弟封为新畤侯。

滑稽列传

东方朔传奇

汉武帝的时候，有个人叫东方朔。他读遍了诸子百家的书，尤其喜欢钻研儒家的经术。

东方朔初到长安，就给汉武帝上书，一共用了3000片木简。相关部门派两个人一起来抬他的奏章，才抬起来。汉武帝在宫里读东方朔写给他的奏章，因为篇幅太长，每次读完一部分，就要做个记号，一直读了两个月才读完。汉武帝认为东方朔非常有才华，就任命他为郎官，把他留在自己身边。

汉武帝非常喜欢东方朔，经常赐他在自己面前吃饭。每次吃完饭以后，东方朔都要把剩下的肉揣在怀里带走，把衣服弄得尽是油污。汉武帝赏赐给他绸缎布匹，他都毫不客气地全部拿走。他用赏赐得到的钱和布帛，娶长安城里年轻漂亮的女子为妻。但是大多数娶过来一年多就把她们抛弃了，接着再娶一个。汉武帝身边的侍臣有一半以上的人都把东方朔叫作"疯子"。汉武帝听大臣们这样说东方朔，就对他们说："如果东方朔不干这些荒唐事，你们谁能比得上他？"

有一天，东方朔从宫里经过，郎官们对他说："大家都说您是一个狂人。"东方朔回答："像我这样的人，就是所谓隐居在朝廷里的人。古时候这样的人，都隐居在深山里。"

东方朔经常在喝酒喝得畅快的时候，趴在地上唱歌："隐居在世俗里，避世在金马门。既然可以在宫殿里避世，又何必隐居在深山里。"金马门，就是宦者衙署的大门，因为大门旁边有铜马，所以又叫作"金马门"。

有一次，朝廷里面的博士先生们一起刁难东方朔说："苏秦、张仪仅仅是偶然遇到大国国君，就能当上国相上卿，名传后世。但是您看看自己，研究先王治国御臣的方法，遵循圣人立身处世的道理，熟习《诗》《书》和诸子百家，又有文章著作，可以说是见多识广、聪明才辩了。可是您尽了全力来侍奉皇上，忠心耿耿几十年，官衔却不过是个侍郎，职位也不过是个卫士，这么看来，您还有不够检点的行为吧？您能说说，这又是为什么呢？"

东方朔反驳说："你们根本就不了解。那个时候和现在，是两个不同的时代,又怎么能够相提并论呢?张仪、苏秦在世的时候,周朝十分衰败,诸侯各国都不去朝见周天子,只知道用武力征伐夺取权势,占领土地。那时天下有12个诸侯国,势力不相上下,哪个国家得到人才,哪个国家就强大;哪个国家失掉人才,哪个国家就会被灭亡,所以各国国君对有才能的人无不言听计从。所以张仪和苏秦能够身居高位,名传后世。"博士们觉得他说得有些道理。

东方朔接着说:"但是现在不一样了。皇上圣明,百姓顺从,天下统一。不管发生了什么,皇上都能够轻易地加以处理,又怎么来判断一个人到底是有才华,还是没有才华呢?现在天下广大,士民众多,那些争着来给皇上出谋划策的人,多得数都数不清。但他们还是要被衣食所困,有的人甚至连进身的门路也找不到。就算是张仪和苏秦和我同在这个时代,他们又怎么能做到我现在的侍郎呢?古书上说:'天下如果没有灾害的话,即使是圣人,也没有地方施展才华。'所以说,时代不同,事情也就不同。"听到这,大家不禁点头赞同。

东方朔又说:"尽管如此,人又怎么能够不去努力地修养自身呢?《诗经》说:'在宫内敲钟,声音可以传到外面。'又说:'鹤在水泽深

东方朔像轴　明　唐寅　纸本

东方朔,汉武帝时大臣,滑稽机智,善察言观色,直言劝谏。曾以辞赋诫武帝奢侈,又陈农战强国之策,终不见用。

处鸣叫，声音可以传到天上。'能够修养自身，还担忧不能获得荣耀吗？姜尚亲行仁义，72岁遇到周文王，得以施行自己的主张，后受封在齐国，传国700年而不断绝。这就是士人所以日日夜夜研究学问，推行自己主张的原因。你们为什么还要这样问我呢？"这一番话，说得那些博士先生一声不响，个个内心佩服不已。

有一次，一只像麋鹿的动物从建章宫跑了出来。消息传到宫中，汉武帝问大臣们这是什么动物，却没人知道，于是汉武帝找来东方朔。东方朔说："皇上，请先赐给我美酒佳肴，让我饱餐一顿，我再禀告您。"吃完饭喝完酒，东方朔又说："陛下要是把一个地方的土地赏赐给我，我就说。"武帝又答应了他。于是东方朔才说："这只动物叫驺牙。每次远方有人来归附，驺牙就会先出现。因为它的牙齿前后一样，大小相等又没有大牙，所以叫作驺牙。"此后一年左右，匈奴浑邪王果然带着10万人来投降汉朝。汉武帝非常高兴，想起东方朔所说的话，于是又赏赐他很多钱财。

东方朔临终的时候规劝武帝说："《诗经》说'飞来飞去的苍蝇，落在篱笆上面。善良的君子，不要听信谗言'，'谗言没有止境，国家不得安宁'。希望陛下远离小人，摒弃谗言。"不久以后，他就病死了。"鸟之将死，其鸣也哀；人之将死，其言也善"说的就是这个意思吧。

西门豹治邺

战国时候，魏文侯派西门豹去邺县做县令。

西门豹到了邺县以后，就被人烟稀少、满眼荒凉的景象震惊到了。西门豹连忙问一位老人这究竟是怎么回事。老人回答："唉，大人不问还好，问起来我的心都痛。您看这一片，好端端的土地啊，竟然变成了这样。说起来，这都是河伯娶媳妇给闹的。"

西门豹一听，糊涂了，就问他："老人家，河伯是谁啊？"老人叹了口气，回答："这河伯啊，是漳河的神，他每年都要娶一个年轻漂亮的姑娘。要是不给他送一个姑娘的话，他就会生气，生起气来啊，就会让漳河发大水，把我们的田地和村庄全淹了。"

于是西门豹问："是谁在说河伯要娶媳妇的？"

老大爷恨恨地说："还不是那个巫婆。而且三老和廷掾（地方官官名）每年都要大伙儿交几百万的钱,但是真正用来给河伯娶媳妇的才花二三十万,剩下的就和巫婆等人一起分了。至于说那些河伯要娶的媳妇,就更加可怜了。"西门豹问:"她们怎么可怜呢?"老大爷说:"巫婆要是看到哪家的女儿漂亮,就说要她嫁给河伯,然后就下聘礼为河伯迎娶她。但是巫婆挑中的,都是穷人家的孩子,那些有钱人,只要给巫婆一些钱,就万事大吉了。"

西门豹又问:"难道巫婆给河伯娶了媳妇儿,河伯就真的能够不让漳河发大水了吗?"

老大爷说:"要是真的不发也好,可是大水照样会发啊。您看,就是因为发大水,这些土地才荒废成这个样子。而且只要是有女儿的人家,都逃走了,这里的人越来越少,最后就成了这样。"

西门豹已经知道了事情的原委,于是就对老人说:"那么等到这次河伯娶媳妇的时候,麻烦您告诉我一下,我也去送送那个姑娘。"老人答应了他。

到了河伯娶媳妇那天,西门豹早早地就到了漳河边上,等着看事情的进展。三老、廷掾和其他一些官员都来了,还有两三千个前来看热闹的老百姓们,河边上站满了人。看到西门豹带着卫士来了,巫婆和廷掾及其他大小官吏急忙上去迎接。

西门豹仔细一看,那巫婆大概70岁了,身后还跟着些穿着妖艳的女徒弟。

于是西门豹对巫婆和廷掾说:"把河伯的媳妇给我带来,看看长得漂亮不漂亮。"一会儿姑娘就被领来了。西门豹一看,就对巫婆说:"不行,她长得不漂亮,麻烦您去跟河伯说一声,说我们要重新选个漂亮的,过几天给他送去。"说完,不等巫婆反应过来,就叫卫士们把巫婆丢进了漳河。等了一会儿,西门豹问:"巫婆怎么还不回来啊?让她徒弟去催一催。"于是西门豹又把巫婆的一个徒弟丢进了河里。过了一会儿,西门豹又说:"她的徒弟怎么也不回来呢?再派一个去催催吧!"于是又把一个徒弟扔进了河里。一连扔了三个,西门豹接着说:"她们几个女人都不回来,麻烦三老去给河伯说说吧!"于是又把三老扔进了漳河。包括廷掾在内的那些人,一个个吓得面色如土。西门豹又对他们说:"派了那么多人去,都不回来,你们说怎么办呢?实在不行你们去一趟吧?!"吓得廷掾们纷纷跪地求饶。又等了一会儿，西门豹才说："看样子是河伯把她们留下了。你们都回去吧！"

这一下老百姓们都恍然大悟了，知道巫婆和廷掾们合起伙来害人骗钱。从此以后，再也没人敢说给河伯娶媳妇的事了。

揭穿了廷掾们害人骗钱的事情以后，西门豹又征发百姓们开凿了12条渠道，引漳河的水来浇灌农田。在开始凿河渠的时候，老百姓厌烦劳苦，不想干了。西门豹坚持要开渠道，并且说："可以和老百姓们一起共享成功，但是却不能和他们一起谋划事情的开始。虽然现在百姓们认为我给他们带来了辛苦，但是百年以后，希望他们能再想想我所说的话。"

直到现在，那12条渠道仍在当地发挥着作用，百姓们因此富裕起来。汉初，当地的地方官认为12条河渠上的桥梁截断了御道，彼此相距又很近，就想把渠水合并起来，还要把经过御道的3条渠水合成一条，只架一座桥。但是老百姓们不肯听从他们的意见，认为那些渠道是西门豹规划的，不能随便更改。最后，地方官还是听取了大家的意见。西门豹做邺县令名闻天下，流传后世。